Karin Haß

Bärenspeck mit Pfeffer

Mein kleines Stück Sibirien

Impressum

Herausgeber:
cw Nordwest Media Verlagsgesellschaft mbH
Große Seestraße 11 • 23936 Grevesmühlen
Tel./Fax: 03881/2339
info@nwm-verlag.de
www.nwm-verlag.de

Autor:
Karin Haß

2. Auflage 2013

Gesamtherstellung:
cw Nordwest Media Verlag
Erscheint unter dem Label: FOX

ISBN: 978-3-937431-77-2

Karin Haß

Bärenspeck mit Pfeffer

Mein kleines Stück Sibirien

Autorin Karin Haß • Sibirien hält sie gefangen.

Karin Haß arbeitete als Buchhändlerin, Industriekauffrau, Betriebswirtin und schließlich viele Jahre als Systemanalytikerin und Programmiererin in Hamburg, bevor sie das Leben in der Großstadt gegen das in der sibirischen Taiga und das Entwickeln von Computerprogrammen gegen das Schreiben eintauschte.

Das abgeschiedene Dörfchen Srednjaja Oljokma lernte sie auf einer ihrer Paddeltouren kennen und kehrte zu ihm zurück, um ein Dreivierteljahr dort zu leben. Sie begegnete Slawa, dem Pelztierjäger vom Volke der Ewenken – und blieb bei ihm.
In ihrem ersten Buch „Fremde Heimat Sibirien" schildert sie auf unterhaltsame Weise den Weg, der sie immer wieder nach Sibirien führte, und die Anfänge ihres neuen Lebens tief in der Taiga.

Über ihr neues Werk „Bärenspeck mit Pfeffer" sagt sie: „Ich bin noch immer fasziniert von der Natur und den ungewöhnlichen Lebensumständen. Beinahe jeder Tag beschert mir neue Erlebnisse – innere, äußere, schöne, kuriose, spannende, erstaunliche –, an denen ich meine Leser teilnehmen lasse."

Inhalt

Für Claudia und Slawa

Der Verstand wird Russland nie verstehen,
kein Maßstab sein Geheimnis rauben.
So wie es ist, so lasst es gehen –
an Russland kann man nichts als glauben.

Der kühle, wägende Verstand
kann Russlands Wesen nicht verstehen,
denn dass es heilig ist, dies Land
das kann allein der Glaube sehen.

Fjodor Iwanowitsch Tjuttschew
            (1803 – 1873)

Prolog

Als ich das Buch „Fremde Heimat Sibirien – Leben an der Seite eines Taigajägers" beendete, schien mir, alles sei gesagt. Doch Stillstand gibt es nicht. Neue Erlebnisse, Eindrücke und Gedanken bewegten mich dazu, sie niederzuschreiben und andere Menschen daran teilhaben zu lassen.

Ich wurde in Deutschland oft gefragt, ob ich beim Länderwechsel einen Kulturschock erlebe, und ich konnte immer mit einem „Nein" antworten. Der Grund war wohl – wie mir jetzt klar wird –, dass mich während meiner Paddeltouren in Sibirien und der ersten Aufenthalte im Dorf Srednjaja Oljokma die Schönheit der Natur und die ungewöhnlichen Erlebnisse gefangen nahmen und ich unangenehme Seiten der russischen Lebensweise nur am Rande und eher amüsiert zur Kenntnis nahm. Ich war verhältnismäßig unabhängig, denn alles, was ich unbedingt brauchte, hatte ich aus Deutschland mitgebracht, auf viele gewohnte Annehmlichkeiten verzichtete ich ohne Bedauern, und wenn mir jemand unvorhergesehen etwas schenkte oder lieh, betrachtete ich es als besonderen Glücksfall.

In den ersten beiden Jahren des Zusammenlebens mit Slawa waren wir intensiv damit beschäftigt, einen Hausstand einzurichten und uns aufeinander einzustellen, sodass wir stark auf uns selbst konzentriert waren. Doch je länger ich in Russland lebe, desto mehr gewinnen auch andere Dinge an Gewicht.

Nach wie vor bereitet es mir keine Probleme, im Dorf in der Taiga ein Leben ohne zivilisatorische Bequemlichkeiten zu führen, was unter anderem bedeutet, höchstens zehn Stunden am Tag Strom zu haben, ohne fließendes Wasser und dadurch ohne automatisch arbeitende Waschmaschine auszukommen, Kartoffeln und Gemüse selbst anzubauen und zu konservieren, auch bei minus 50 Grad das Plumpsklo im Garten aufzusuchen. Schwierig wird es für mich erst dann, wenn ich mit der sogenannten russischen Zivilisation in Berührung komme. Um nur ein Beispiel zu nennen: Wir wollten für unser Gästehaus Möbel aus Holz kaufen und unternahmen deshalb die langwierige Reise nach Tschita, der Hauptstadt unseres Verwaltungsbezirks Sabaikalskij Kraj, der wesentlich größer ist als Deutschland. Und obwohl der Rohstoff Holz reich vorhanden ist und in schier unübersehbaren Mengen auf langen Zügen abtransportiert wird, fanden wir nur Möbel aus Pressspanplatten und auch die nur in minimaler Auswahl. In den kleinen Geschäften gab es entweder nur Polstermöbel – voluminöse Ungetüme, obwohl die Zimmer in den vielen Plattenbauten sehr klein sind –, nur Küchen, nur Betten oder nur Schränke. Endlich entdeckten wir ein Geschäft, in dem es zueinander passende Betten, Schränke und sogar auch Tische gab. Von jeder Möbelart zwar nur zwei, höchstens drei verschiedene Ausführungen, aber nach der langen vergeblichen Suche mutete es dennoch geradezu märchenhaft an. Man konnte sich die Ware allerdings nicht ansehen, sondern sie nur nach Abbildungen in Prospekten aussuchen. Nach der Bezahlung erhielten wir einen Beleg, mit

dem wir zum Lager fuhren und die verpackten Teile abholten. Im Lastwagen trans-
portierten wir die Einkäufe 700 Kilometer nach Tupik. Der Ortsname bedeutet übersetzt „Sackgasse", die Autotrasse endet hier. Weiter ging es auf abenteuerlicher Piste
etwa 230 Kilometer durch verschneite Taiga und über zugefrorene Flüsse bis in
unser Dorf. Dort öffneten wir die Möbelpakete und erlebten eine böse Überraschung.
Wir hatten zwar nicht damit gerechnet, einwandfreie Ware zu erhalten, waren aber
doch erschüttert über die miserable Qualität. Die Seitenteile eines Bettes hatten ein
anderes Furnier als Kopf- und Fußteil, und die Hälfte aller Einlagebretter der Betten
war zu kurz, sodass wir die Matratzen nicht auflegen konnten. Statt der bestellten 2
m langen Betten erhielten wir 1,90 m lange. Auf dem Karton befand sich ein großer
Stempel mit drei angegebenen Längen: 180, 190 und 200 Zentimeter, die im Werk
je nach Inhalt angekreuzt werden sollten, was aber nicht geschehen war. Kein Wunder, dass es hinterher niemand wusste. Bei Schränken und Betten waren viele Löcher
an falscher Stelle vorgebohrt und mussten mit der glücklicherweise ebenfalls gekauften Elektrobohrmaschine neu angebracht werden. Für den Tisch fehlte alles Material,
das zum Zusammenbau benötigt wurde. Wir mussten mit dem Aufbau warten, bis ich
ein Jahr später Material aus Deutschland mitgebracht hatte. Das war einfacher, als
sich in Russland auf die Jagd nach den erforderlichen Einzelteilen zu begeben.
Nach vier Jahren des Lebens in Russland fällt es mir zunehmend schwerer, über
Missstände wie fehlende Dienstleistungsbereitschaft, Schlamperei, Trunksucht, kras-
sen Nationalismus, Korruption, Unfähigkeit und deren Folgen hinwegzusehen.
Slawa warnt davor, mich allzu offen dazu zu äußern. Er befürchtet, ich könne ausge-
wiesen werden. Dass jeder in Russland um die Lage weiß, ist egal – Hauptsache, man
spricht nicht darüber. Es scheint mehr Mühe darauf verwandt zu werden, den äußeren
Schein zu wahren, als die Zustände zu ändern. Eher wird der bestraft, der über das
Übel berichtet, als der, der es verursacht.
Ich wünsche meinem Gastland nichts Schlechtes nachzusagen, doch gibt es für mich
nur zwei Möglichkeiten: unbeschönigt über das zu schreiben, was ich sehe und erlebe, oder zu schweigen.

Komme ich nach langem Auslandsaufenthalt nach Deutschland zurück, nehme ich es
ganz neu wahr – Sauberkeit, Fleiß, Akkuratesse, Ordnung und Höflichkeit fallen mir
ins Auge. Und ich erlebe mein Heimatland als Serviceparadies. Ich begebe mich ins
Berliner Reisezentrum der Deutschen Bahn und will eine Bahncard beantragen, habe
aber kein Foto dabei. Die Mitarbeiterin sagt freundlich: „Einen Moment bitte, ich
hole den Fotoapparat und mache gleich die Aufnahme."
Das Angebot verblüfft mich mehr, als wenn ein Vögelchen aus dem Apparat geflogen wäre. Noch wochenlang liege ich meinen deutschen Freunden mit diesem
unglaublichen Erlebnis in den Ohren. Geradezu beglückt vernehme ich im Super-
markt an der Kasse die Worte „Guten Tag" und „Auf Wiedersehen, einen schönen
Tag noch", während mich mein Mann in Russland rügt, wenn ich beim Verlassen des

Geschäfts „Auf Wiedersehen" sage, weil ihm meine oft unbeantwortete oder mit Verwunderung erwiderte Höflichkeit peinlich ist.

Beseligt streife ich durch das Wunderland der Baumärkte. Schrauben – dicke, dünne, lange, kurze! Winkeleisen, verschiedenste Ausführungen! Holzbretter, Leisten, Kanthölzer – man kann sie in der gewünschten Länge sogar zuschneiden lassen, unfassbar! Man erhält qualifizierte Auskünfte; die Verkäufer haben eine Ausbildung durchlaufen und wissen etwas über ihre Ware! Das sind nur einige wenige Beispiele.

Und trotzdem – ich ertappe mich in Hamburg dabei, wie ich, geradezu magisch angezogen von den russischen Buchstaben, einen Laden mit ausschließlich russischen Produkten betrete und mit seltsamer Rührung und Heimweh die Dosen mit kondensierter süßer Milch und vielen anderen typischen Landesprodukten betrachte. Und im deutschen Fernsehen verpasse ich kaum eine der erstaunlich zahlreichen Dokumentationen über Sibirien. (In Russland dagegen scheint man sich kaum für das eigene Land mit den so vielfältigen Landschaftsformen und Nationalitäten zu interessieren, denn Fernsehsendungen darüber sind selten.)

Ich las viele, auch preisgekrönte Reiseberichte über Russland, und dabei fiel mir auf, wie vorwiegend distanziert und negativ die Wahrnehmungen waren. Die Schilderungen entsprachen auch meinem Eindruck, aber nur einem Teil davon. Ein anderer Teil erschließt sich, wenn man kein Vorüberreisender ist, sondern das Glück hat, sich fern der Zivilisation in den Weiten der Taiga und auf den klaren Wassern der Flüsse bewegen zu können, vor allem jedoch, wenn man die Menschen näher kennen lernt: Wie die Sibirjaken ohne allen Aufhebens mit den widrigsten Bedingungen umgehen. Wie unverstellt, hilfsbereit, herzlich und gastfreundlich sie sind und wie liebenswert trotz mancher nicht übersehbarer Mängel.

Die Widersprüchlichkeit, der man in Russland überall begegnet – ich möchte sie begreifen, suche nach einer Erklärung, die mir russische Verhaltens- und Lebensweisen verständlich macht. Russland geistig wirklich zu erfassen, ist wahrscheinlich unlösbar, schon ob der Größe und der Verschiedenartigkeit der Landesteile und Menschen. Aber es gibt doch augenfällige Gemeinsamkeiten, die eine sehr lange Tradition zu haben scheinen und nicht allein aus der kommunistischen Ära erklärbar sind, wie es oft versucht wird. Lange vergessene Romane und Erzählungen von Tschechow, Tolstoi, Dostojewski, Gogol, Puschkin, Turgenjew dämmern aus meiner Erinnerung herauf. Ich nehme mir vor, mich damit noch einmal zu beschäftigen.

Zwischen zwei Welten

Nun habe ich sie wieder verlassen, die Welt, in der ich schweren Herzens meine Tochter und die Enkelkinder zurücklasse und in der liebe Freunde leben, mit denen ich vielfältige Interessen teile und interessante Gespräche führe. Eine Welt der glatten, sauberen Straßen, der gepflegten Grünanlagen in den Städten, der angenehmen Restaurants, Einkaufsmöglichkeiten und vielfältigen Dienstleistungen.

Auf dem Moskauer Flughafen Domodedovo ist noch kaum ein Unterschied zum Westen zu erkennen. Er ist großzügig und modern ausgebaut. Glas, Stein und Metall blitzen. Geschäfte und Restaurants sind einladend geöffnet, aber die Preise sind exorbitant. Eine Tasse Kaffee kostet 190 Rubel, das sind umgerechnet 4,30 € trotz des momentan sehr hohen Eurokurses. Bis zum Anschlussflug nach Irkutsk habe ich noch viel Zeit und durchforste alle Buch- und Zeitungsstände. Obwohl allein innerhalb der Russischen Förderation über 100 Sprachen gesprochen werden, gibt es außer einer einsamen „Times" ausschließlich russischsprachige Zeitungen. Befremdlich für mich, denn selbst am Hamburger Hauptbahnhof findet man regelmäßig zahlreiche tagesaktuelle fremdsprachige Zeitungen.

Der Flug nach Irkutsk verläuft ohne Probleme. Als ich dort das Ankunftsgebäude betrete, erblicke ich sofort Slawa in der Gruppe der Wartenden. Er umfängt mich. „Moja Nemotschka, Sladkaja", flüstert er an meinem Ohr. Seine Arme, seine Stimme, sein Duft, seine Wärme – ich fühle mich an seinem Körper geborgen und vollkommen daheim, obwohl ich während meines dreimonatigen Deutschlandaufenthalts nicht so oft an ihn und an unser Leben im Dorf gedacht hatte. Bis zu meiner Abreise hatten mich Verwandtenbesuche, Treffen mit Freunden, Arztbesuche, Verlagskontakte und letzte Arbeiten am Buch, Vorführungen der in Russland gedrehten Videofilme und andere Aktivitäten voll in Anspruch genommen.

Daheim sind wir aber noch lange nicht, sondern in einer Zwischenwelt, in der sich weder Slawa noch ich wohl fühlen. Wir steigen in eines der vielen Privattaxis, die ihre Dienste anbieten. Es bringt uns zu unserer Unterkunft bei Natascha in Irkutsk. Der Fahrer verlangt 500 Rubel, obwohl die Fahrt normalerweise maximal 250 Rubel kostet. „Das ist wohl ein Spaß?", frage ich.

„Nein, kein Spaß. Es kostet 500 Rubel", antwortet er ganz ernst.

„Mein Lieber, ich weiß, welcher Preis normal ist. Ich gebe Ihnen 300 Rubel, also etwas mehr als üblich, und keine Kopeke darüber", beende ich das Gespräch. Er nimmt das Geld und schweigt.

Natascha und ihr Sohn Schenja empfangen uns wieder herzlich und gastfreundlich. Ich kenne sie schon mehrere Jahre und freue mich immer, sie zu sehen. Es ist jedes Mal wie ein kleines Nachhausekommen. Natascha weiß um meine Vorliebe für Quark und Slawas Vorliebe für „Smetana", dicke frische Sahne. Sie hat vorgesorgt und tischt auf, unter anderem Selbstgemachtes von ihrer *Datscha*. Mir scheint, dass die meisten russischen Familien eine *Datscha* haben, die der Erholung, aber in hohem Maße auch der Selbstversorgung mit Gemüse und Obst dient, obwohl daran auf Märkten und in Geschäften kein Mangel herrscht.

Von Irkutsk aus müssen wir mit der Transsibirischen Eisenbahn anderthalb Tage bis zur Bahnstation Mogotscha fahren. Wie gewöhnlich sind die Abteile völlig überheizt, aber kalt wäre noch schlimmer und normal temperiert eine unrealistische Wunsch-vorstellung. Also ziehen wir die vorausschauend mitgebrachten dünnen Hosen und T-Shirts an und machen es uns auf den Liegeplätzen bequem. Jetzt, Ende März, ist die Landschaft wenig reizvoll. Der Baikalsee und die Flüsse sind gefroren, aber es liegt kaum Schnee. Kahle Bäume und Sträucher, weite Flächen, dazwischen immer wieder Dörfer mit den typischen russischen hölzernen Bauernhäuschen – es gibt nicht viel zu sehen. Auch im Abteil schaut man sich besser nicht zu genau um, der Boden ist unglaublich dreckig. Unsere beiden männlichen Zugbegleiter, die ausschließlich für unseren Waggon zuständig sind, sind offensichtlich große Faulpelze. Irgendwann taucht dann doch einer auf und staubsaugt den Läufer, allerdings nicht den Dreck, der daneben liegt. Wie die Waggons aussehen, hängt von der persönlichen Einstellung der Zugbegleiter/innen ab. Manchmal ist es so sauber wie in der guten Stube, es hän-gen Grünpflanzen an den Fenstern und im Gang liegt ein langer bunter Läufer. Trotz-dem sind die langen Zugfahrten für mich wegen der fehlenden Waschmöglichkeiten – sieht man einmal von dem spärlichen Handwaschbecken in der Toilette ab – eher unangenehm.

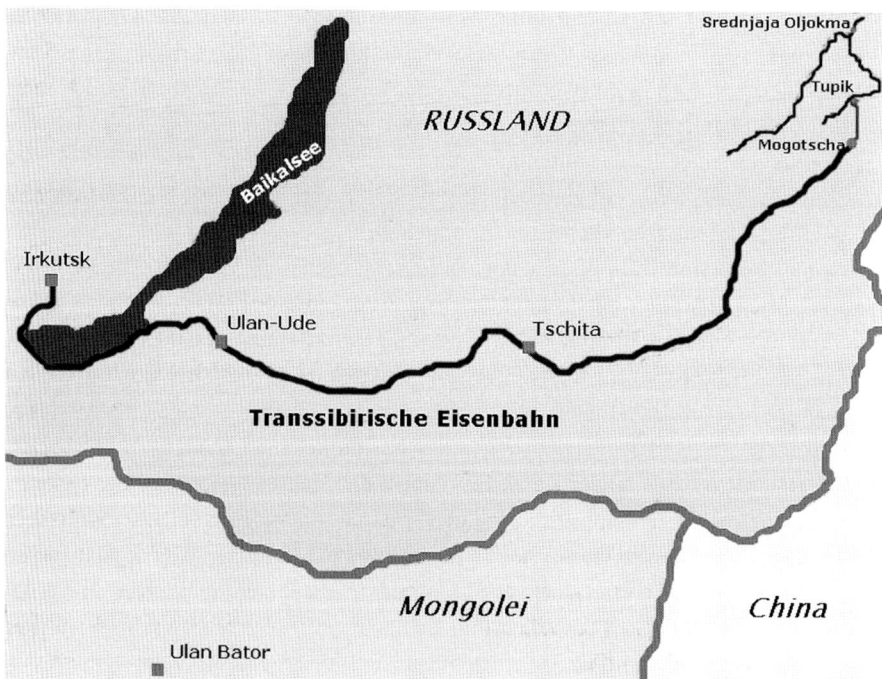

Am Abend steigt in letzter Minute, schwitzend vom Laufen, ein sauber gekleideter, schlanker junger Mann zu und bezieht eines der oberen Betten in unserem Viererabteil, Kupee genannt. Er sieht aus, als käme er eben von seiner Mama, die ihn gut ausgerüstet und mit besten Wünschen auf die Reise geschickt hat. Höflich stellt er sich mit seinem Vornamen, Andrej, vor und erzählt, er sei auf dem Wege nach Norden, um dort eine Arbeit als Fahrer anzutreten. Der Mitreisende wirkt in der Sprache etwas gehemmt und sehr unruhig. Ich schreibe es der Aufregung über die Reise zu. Spät am Abend wird auch die verbliebene vierte Liege durch einen Fahrgast belegt, und nun könnten wir uns eigentlich unter dem Singsang der Schienen dem Schlaf hingeben. Das ist aber nicht im Sinne von Andrej. Er redet ständig vor sich hin, nestelt in seiner am Boden stehenden Tasche, in der sich zahlreiche Dosen Bier befinden, turnt zwischen Bett und Gang herum und wird mit zunehmendem Bierkonsum immer unruhiger. Unsere mehrfachen Ermahnungen stoßen auf taube Ohren. Er wirkt wie unter Drogen oder zumindest psychisch gestört, was sich durch den Alkoholkonsum zu verstärken scheint. Als Andrej gerade wieder einmal im Abteil zwischen den Betten steht, richtet sich Slawa blitzschnell auf und versetzt ihm aus seinem oberen Bett mit dem Fuß einen solchen Tritt, dass er durch die offene Tür auf den Gang fliegt und ich vor Schreck beinahe aus dem Bett kullere.

„Was ist los?", stottere ich bestürzt.

„Er wollte eben dein Klappmesser vom Tisch nehmen, dieser Hund", schimpft Slawa aufgebracht.

Slawa hatte Andrej offenbar die ganze Zeit scharf im Auge behalten. Inzwischen ist es fast vier Uhr nachts, und keiner von uns konnte bisher schlafen. Dem anderen Fahrgast reicht es nun. Er geht zum Zugbegleiter und meldet die Vorfälle. Zwei Stunden später, beim Halt in einer größeren Ortschaft, kommt die Miliz und holt Andrej, dessen Reise damit beendet ist, aus dem Abteil. Es tut uns leid, aber bei seinem Zustand wäre aus einer Arbeitsaufnahme sowieso nichts geworden. Arme Mama! Sie hat bestimmt gehofft, dass er eine Arbeit aufnimmt und vernünftig lebt. Stattdessen wird er aller Voraussicht nach wieder bei ihr abgeliefert.

Slawa und ich sind froh, als wir abends in Mogotscha den Zug verlassen können. Am Bahnsteig erwarten uns Bekannte. Tolja drückt mich herzlich an die Brust und überfällt uns mit einem fröhlichen Wortschwall. Wir können bei seinem Sohn Genka übernachten, der etwas jünger ist als Slawa. Er wohnt im älteren Stadtteil Mogotschas in einem hölzernen Bauernhaus mit Garten. Die beiden im Hof angeketteten Hunde bellen und knurren gefährlich und zeigen ihre beeindruckenden Zähne. Tag und Nacht liegen die armen Kerle an der Kette. Das Innere des Hauses und auch die dreijährige Alina machen einen viel saubereren und gepflegteren Eindruck als bei unserem Besuch im vorigen Jahr, bei dem Genka noch mit seiner Frau zusammenlebte. Er hat sie aus dem Haus geworfen, erfahren wir, weil sie ständig trank und die Tochter sowie den Haushalt vernachlässigte. Inzwischen soll sie noch weiter abgerutscht sein. Was Alina und ihre Mutter wohl empfinden mögen, wenn sie sich auf der Straße begegnen?

15

Genka war noch nie in Srednjaja Oljokma und sieht sich interessiert Ausschnitte aus meinem Videofilm an, die ein paar Jagd- und Tierszenen zeigen. Und weil er nie die Gelegenheit hatte, fremde Länder zu sehen, zeige ich ihm noch Teile des Mongolei-films mit wunderschönen traditionellen Tänzen und Liedern und der einzigartigen exotischen Landschaft. Im Gegensatz zu meinen weit gereisten deutschen Freunden interessiert ihn das überhaupt nicht, sondern er schaltet den DVD-Recorder aus mit den Worten „Die Burjaten brauche ich mir nicht anzusehen."

Die abfällige Bemerkung wundert mich nicht. Ich bin es schon gewohnt, dass die einfachen, eher ungebildeten Russen, mit denen ich vorwiegend in Berührung komme, auf schlitzäugige oder dunkelhäutige Völkerschaften mit Verachtung herabschauen und ihre Meinung ungefragt und ohne Hemmungen äußern. Auch in russischen Filmen sind solche Typen immer die Bösen.

Ungeachtet bestimmter Kenntnisse und Fertigkeiten muss man nach meinem Eindruck zu den ungebildeten auch solche sozialen Schichten zählen, in denen in Deutschland eine gute fachliche und Allgemeinbildung vorherrscht. Vielleicht liegt der Grund für Engstirnigkeit und Nationalismus in der Größe und Abgeschlossenheit Russlands – es ist sich selbst genug, und die Menschen empfinden wohl auch so. Ich kann nur hoffen, dass in kultivierten Kreisen Russlands eine andere Denkweise vorherrscht.

Tolja fährt uns von Geschäft zu Geschäft auf der Suche nach Steckzwiebeln, Kalk und anderen Dingen, die wir nach Srednjaja Oljokma mitnehmen wollen. Lachend und mit den Verkäufern scherzend betritt er die Läden, seiner sonnigen Art kann niemand widerstehen. Uns gegenüber ist er hilfsbereit und großzügig. Er will, obwohl seine Pension klein ist, außer für das Benzin absolut kein Geld annehmen, weder für das Auto, geschweige denn für die aufgewendete Zeit. Sein Entgegenkommen honorieren wir deshalb regelmäßig mit Fleisch- und Fischgeschenken, wenn er zum Fischen nach Srednjaja Oljokma kommt.

25 Liter Speiseöl, 30 kg Zucker, 20 kg Salz, 20 kg ungelöschter Kalk, zwei große Aluminiumwassertöpfe stellen nur einen Teil unserer Einkäufe dar. Manches können wir in Srednjaja Oljokma entweder gar nicht oder nur in kleinen Abpackungen zu erhöhten Preisen kaufen. Den Kalk brauchen wir, weil jedes Jahr die Innenräume der Häuser frisch gekalkt werden und wir mit dem Gästehaus zwei Häuser zu versorgen haben. Die 25 Liter Speiseöl reichen etwa ein Jahr. Es stellt in Srednjaja Oljokma meistens das einzige verfügbare Speisefett dar. Auch Kuchen wird mit Öl gebacken. Butter oder Margarine gibt es nur selten zu kaufen. Viel Salz wird zum Haltbarmachen von Lebensmitteln benötigt. Wir schleppen außerdem noch eine bleischwere Handnähmaschine mit uns, die Slawa von seinem Bruder in Irkutsk erhalten hat und die wir sehr gut gebrauchen können, weil damit Leder genäht werden kann.

Etwas ungewöhnlich für Ende März taut es bereits stark. Wahre Bäche rauschen die ungepflasterten Straßen hinab und graben tiefe Rinnen in die ohnehin schon unebenen Wege. Zwischen den Betonbauten legt das Tauwetter bucklige, festgestampfte und von Unrat durchsetzte Erdflächen frei, auf denen offenbar auch in der warmen

Jahreszeit kein Gras gedeiht. Während die verwitterten alten Holzhäuser mit den hellblauen Fenstereinfassungen noch immer ihren altrussischen Charme ausstrahlen, sind die dringend renovierungsbedürftigen Bauten aus Betonplatten im neueren Stadtteil Mogotschas nur hässlich. In einem dieser vierstöckigen Häuser wohnt Slawas Freund Andrej mit Frau und Tochter. Andrej und seine Frau verdienen recht gut. Sie haben ihre Wohnung gekauft, die aus Küche, Bad, drei Zimmern und Flur besteht – alle Räume winzig und eng. Die Wohnung ist sorgfältig eingerichtet und gepflegt, das Treppenhaus aber völlig verwahrlost. Der Putz ist großflächig abgefallen, ein ehemaliger Anstrich höchstens zu erahnen, die Stufen sind ausgetreten, überall liegen Unmengen von Abfall und Dreck. Ich frage mich, warum die Bewohner das nicht ändern.

Andrej ist groß und kräftig, hat einen durch Kraftsport straff trainierten Körper, und die Beinah-Glatze mit dem kurz rasierten dunklen Haarrest bringt die schöne Kopfform und sein ausdrucksvolles Gesicht mit den vollen Lippen noch stärker zur Geltung. Seine Frau ist mittelblond, füllig und fröhlich. Ich fühle mich wohl bei ihnen, denn sie sind herzlich, unkompliziert und aufgeschlossen. Obwohl sie selbst nicht trinken, haben sie auch während Slawas früheren Alkoholmissbrauchs zu ihm gehalten. Slawa erzählt mir: „Einmal war ich zwei Wochen bei ihnen zu Besuch. Ich bin aber ständig unterwegs gewesen, immer bei irgendwelchen Kumpels, um mit ihnen zu trinken. Andrej arbeitete damals in leitender Stellung bei der Bahnpolizei und schickte abends seine Kollegen los, mich zu suchen und bei ihm zu Hause abzuliefern."

Tolja fährt uns am nächsten Tag die 100 Kilometer nach Tupik. Auf der Trasse nach Norden liegt noch immer viel Schnee, in dem die Autos hin- und herschlingern. Einen Ural-Lastwagen hat es an die Seite getragen, bis zum Fahrerhaus steckt er im Schnee. Der Fahrer ist dabei, die Räder frei zu schaufeln. Kurze Zeit darauf hat sich vor uns ein PKW festgefahren. Die vier blutjungen Burschen sind froh, als Tolja und Slawa ihnen helfen, den Wagen wieder flott zu machen. Als wir einmal halten, schlingern sie an uns vorüber, und ich frage mich, wie lange das wohl gut gehen wird. Einige Zeit darauf sehen wir den Wagen mit geöffneter Motorhaube am Straßenrand stehen. Jetzt scheint der Motor zu streiken, doch wir können uns nicht aufhalten, denn Tolja muss noch zurückfahren. Er macht sich um 18:30 Uhr auf den Rückweg, ist aber um zehn Uhr noch nicht zu Hause, als wir dort anrufen und uns nach ihm erkundigen. „Hoffentlich ist er nicht liegen geblieben", denke ich besorgt, aber eine halbe Stunde später erhalten wir erleichtert die Nachricht von seiner Rückkehr.

Unseren großen Gepäckhaufen können wir bei einer entfernten Verwandten Slawas in den Schuppen stellen. Er wird anderentags noch vermehrt durch die beiden 20-Kilo-Pakete, die ich aus Deutschland abgeschickt hatte. Pakete werden nur bis Tupik befördert, da die russische Post kein Geld ausgibt für den Transport nach Srednaja Oljokma und niemand ohne Aufwandsentschädigung diese Aufgabe übernehmen will. Im Gegensatz zur Post arbeitet der russische Zoll umso besser: Die Pakete werden genauestens durchsucht und jede Tafel Schokolade und jede nicht zugeschweißte Tüte geöffnet.

Ich muss Slawa lange zureden, bis er damit einverstanden ist, dass wir die ganze Post fürs Dorf mitnehmen. Ein Transportfahrzeug muss Slawa noch auftreiben. Eigentlich wollte Slawas Freund Dimka den Transport übernehmen, doch daraus wird nichts. Kurz vor unserer Ankunft in Tupik versagte mitten in der Taiga der Motor seines kürzlich gekauften Lastwagens. Es ist unmöglich, das schwere Gefährt mithilfe eines anderen Wagens durch unwegsames Gelände und hohen Schnee nach Tupik zu ziehen. Später im Frühjahr bilden die Flüsse unüberwindbare Hindernisse. Dimka hofft, dass er den Motor vor Ort reparieren kann.

Tupik ist der Verwaltungsort für den 42.900 Quadratkilometer umfassenden, mit 0,037 Einwohnern/km² sehr dünn besiedelten Tungiro-Oljokminskij Rajon. Die Ortschaft ist lediglich ein großes Dorf mit etwa 800 Einwohnern ohne zentrale Wasserversorgung. Wir wohnen im Gasthaus, in dem nur zwei Vierbettzimmer belegt werden können. Die anderen Zimmer benutzt die Rajon-Verwaltung als Büros, seitdem das große Verwaltungsgebäude aus Holz vor anderthalb Jahren komplett niedergebrannt ist. Die ersten drei Nächte können wir ein Zimmer allein bewohnen, das andere benutzen zwei Männer. Aber dann kommen vier weibliche Gäste, und die beiden Männer werden in unser Zimmer umquartiert. Wenn es auch nicht angenehm ist, habe ich dafür Verständnis, denn ich möchte auch nicht abgewiesen werden. Slawa und ich haben es schon erlebt, dass das Gasthaus belegt war und wir uns uneingeladen entfernten Verwandten aufdrängen und dort tagelang auf die Weiterfahrt warten mussten – eine sehr unangenehme Situation.

Das Gasthaus allerdings darf man sich auch nicht behaglich vorstellen. Im Alkoven am Flur befinden sich die Wassertonne und eines der üblichen Handwaschgeräte. Es muss mit Wasser gefüllt werden und besteht aus einem Metalleimerchen mit einem Loch im Boden, das durch einen Metallstift mit Gummidichtung geschlossen ist. Das Wasser läuft heraus, solange der Stift nach oben gedrückt wird. Eine andere Waschmöglichkeit gibt es im Gasthaus nicht.

Auf einem alten Tisch stehen ein Wasserkocher und ein uralter, rostiger, zweiflammiger Elektrokocher mit einem gefährlich aussehenden Kabel. Auf die beiden Stühle darf man sich nur sehr vorsichtig setzen, damit sie nicht zusammenbrechen. Die Zimmertüren lassen sich nicht abschließen. Deshalb tragen wir Laptop, Videokamera, Geld und Dokumente im Stadtrucksack immer mit uns, wenn wir aus dem Haus gehen. Das Steh-Plumpsklo hinter dem Haus ist so verschmutzt, dass ich meine Hosenbeine bis zu den Knien aufkremple und die Füße breitbeinig ganz außen aufsetze, bevor ich mich darüber hocke. Der Weg dorthin ist mit Hundekot übersät, und neben dem Klo liegt ein Haufen Abfall aus Plastikflaschen, leeren Konservendosen, Kartonagen und Ähnlichem.

Im Flur hängt ein Gästeheft mit drei Einträgen. „Alles war gut", „Großen Dank für Sauberkeit und Ordnung", „Ich bedanke mich für Dach und Unterkunft", lese ich und staune. Ich bin zwar froh, dass wir für umgerechnet 15 € pro Person und Nacht ein Dach über dem Kopf haben, aber zu besonderem Dank fühle ich mich angesichts des

Ambientes nicht veranlasst. In der durchaus nicht abwegigen Befürchtung, dass man uns beim nächsten Besuch die Aufnahme verweigern könnte, wage ich es aber auch nicht, kritische Worte zu hinterlassen.

Nicht nur im Gasthaus, sondern in ganz Tupik flackert das Lampenlicht im Takte des Generators auffällig und unaufhörlich. Ich weiß nicht, ob diese Art der Stromversorgung meinem Laptop und dem Akku darin schaden kann, und wage ihn deshalb kaum anzuschalten.

Während Slawa sich um den Kauf des von uns benötigten Benzins und die Organisation des Transports bemüht, nutze ich das schöne Wetter und wandere ein Stück den Fluss Tungir hinauf. Er ist an dieser Stelle in viele Arme geteilt und umfließt große und kleine Inseln, soweit ich das unter der Schnee- und Eisdecke erkennen kann. Es ist still, die Luft frisch und rein, die Sonne strahlt vom blauen Himmel. Hier draußen ist es schön. Kurz streift mich der Gedanke, dass es wohl nicht meine beste Idee war, bei diesem einsamen Spaziergang all unser Geld und die Wertsachen im Rucksack mitzutragen. Trotzdem tut es mir leid, als ich umkehren muss, weil der in der Nacht gefrorene Boden in der Mittagssonne auftaut und das Gehen erschwert. Der Schnee wird weich, und es bilden sich knietiefe Wasserlachen.

Ich mache mir Sorgen wegen unserer Rückkehr nach Srednjaja Oljokma. Die Trasse durch die Taiga ist schon bei gefrorenem Gelände schlecht genug. Wie wird sie erst sein, wenn der Boden aufgetaut und moorig ist? Und wird das Eis auf dem Fluss noch halten? Wenn sich unsere Abfahrt weiter verzögert und es so warm bleibt – vielleicht kommen wir dann gar nicht mehr weg aus Tupik und müssen wochenlang warten, bis der Fluss mit Booten befahrbar ist und uns jemand mit dem Boot nach Srednjaja Oljokma bringt? Dann hätten wir ein Jahr lang kein Benzin, könnten weder Bootsmotor noch Schneemobil noch Säge betreiben. Als ich Slawa am Abend meine Besorgnisse vorjammere, sagt er beruhigend: „Denke nicht darüber nach – alles wird gut."

Ich beschließe, seinem Rat zu folgen und darauf zu vertrauen, dass er alles regeln wird.

Am sechsten Tag unseres Aufenthalts in Tupik können wir endlich aufbrechen. Die Trasse führt nach Norden und weit weg von besiedelten Gebieten. Unser Heimatdorf Srednjaja Oljokma (übersetzt „Mittlere Oljokma") mit seinen rund 80 Einwohnern liegt am Fluss Oljokma inmitten von Bergtaiga und fern aller Fahrwege. Es gibt nur einen Weg dorthin – den Fluss. Er fließt durch unbesiedelte Landschaften von großer Schönheit. In der eisfreien Zeit ist das Dorf nur per Boot nach einer rund 300 Kilometer langen Fahrt zu erreichen. Jetzt bewegen wir uns auf dem Winterweg, der nicht immer den Flusswindungen folgt, sondern anfangs eine Abkürzung durch die Taiga nimmt.

Zu viert sitzen wir eng zusammengepfercht im Fahrerhaus eines geschlossenen Lasters, der mit Grundnahrungsmitteln für den Dorfladen schwer beladen ist. Darauf liegen unsere gesammelten Einkäufe. Im Laderaum hocken auf dem verbliebenen kleinen Platz vor der Tür Slawas junger Verwandter Wowa und ein Mann aus unserem Dorf, in dessen Gesicht der Alkoholmissbrauch deutliche Spuren hinterlassen hat.

Haar und Bart sind ungepflegt und struppig. Er sorgt schlecht für seine Frau und den sechsjährigen Sohn, ließ sie im Winter ohne ausreichendes Brennholz zurück. Im Dezember sah ich die beiden täglich mit dem Schlitten Brennholz von der Schule abholen, weil ihr eigenes aufgebraucht war.

Vor uns fährt ein Lastwagen mit unseren zehn 200-Liter-Fässern Benzin, das ein Jahr reichen muss, und hinter uns ein weiterer, der Ersatzteile für den seit mehreren Tagen defekten Stromgenerator in Srednjaja Oljokma befördert. Im Dorf soll der Lastwagen für Schule, Kindergarten und Einwohner gegen Bezahlung Holz aus dem Wald transportieren.

Es ist üblich, im Konvoi zu fahren, um sich bei Schwierigkeiten gegenseitig helfen zu können. Während einer Zigarettenpause quellen aus den Autos eine Menge Mitfahrer, fünfzehn Leute insgesamt zähle ich. Ich bin die einzige Frau unter ihnen und finde im Laufe der zwölfstündigen Fahrt nur zweimal die Möglichkeit, mich zu erleichtern, denn der Schnee abseits der Piste ist zu tief, als dass ich mich in den Wald davonstehlen könnte.

Ich höre, dass während meiner Abwesenheit der Winterweg nach Srednjaja Oljokma wegen starken Schneefalls mehrmals unterbrochen war. Die Fahrzeuge mussten warten, bis Lastwagen mit hohen Rädern den Weg neu gespurt hatten.

Wir bewegen uns im Schritttempo vorwärts. Die Räder versinken mal auf der einen, mal auf der anderen Seite in tiefen, mit Wasser gefüllten Löchern, und die Autos schwanken wie betrunken hin und her. Ich schaue ängstlich und am ganzen Körper verkrampft auf die zerfahrene Trasse, klammere mich zuweilen an Slawa fest oder schließe die Augen. Wenn die Seitenlage allzu bedrohlich wirkt, befürchte ich, dass wir umkippen, und manchmal glaube ich, dass die Räder sich in genau diesem Loch festwühlen und wir steckenbleiben werden. Meine Mitfahrer sind jedoch unbesorgt, unterhalten sich und lachen über meine Ängste. Nach einiger Zeit verlassen die Fahrzeuge die zerwühlte alte Trasse und fahren auf einer neu frei geholzten Strecke weiter, sehr langsam über die verbliebenen Baumstümpfe holpernd. Doch trotz der Unbequemlichkeiten bin ich tausendmal lieber hier in der Taiga als in einer größeren russischen Ortschaft.

Mit ihren scharfen Augen entdecken die Männer im Wald zweimal die Reste von Hirschen. Wir stapfen hin, und sie erklären mir, dass die Tiere von Wölfen gerissen wurden. Wir sehen Schneehühner und wiederholt Auerwild. Es fliegt bei unserer Annäherung nicht weit weg, sondern setzt sich in der Nähe auf einen der kahlen Lärchenzweige. Das Fahrzeug vor uns hält an. Ein blonder, plump aussehender und offensichtlich wenig treffsicherer Russe schießt mehrmals auf den Vogel, der ruhig sitzen bleibt und erst davonfliegt, nachdem ein Schuss seinen Zweig erschüttert hat. Späteren Versuchen fallen schließlich zwei Vögel zum Opfer. Einer von ihnen lebt noch und zappelt verzweifelt, als der Jäger das schwere Tier am Hals durch den Schnee schleppt. Mitleid mit der leidenden Kreatur kennt er nicht.

In der Regel bin ich froh, wenn wir die Fahrt auf dem Flusseis fortsetzen können, weil der Weg darauf ebener ist und man schneller vorankommt. Doch dieses Mal fühle ich mich keineswegs erleichtert, als wir den Fluss erreichen. Ich erblicke sofort große Wasserlachen auf dem Eis, und meine Fantasie malt in dramatischen Varianten verschiedene Untergangsszenarien. Vor meinem geistigen Auge sehe ich die Hinterräder des vor uns fahrenden Benzinlasters einbrechen und ihn langsam im Fluss versinken. Und ich stelle mir vor, dass auch unser Fahrzeug durch das Eis bricht. Wie könnten wir dann die beiden Männer retten, die hinten im Wagen sitzen? Die Tür zum Laderaum lässt sich nur von außen öffnen, jemand von uns müsste nach hinten gelangen, um das zu tun.

Obwohl die Fahrer einige Stellen meiden und häufig auf dem Uferstreifen fahren, legen wir weite Strecken auf dem Fluss zurück und überqueren ihn mehrmals, um auf der besser befahrbaren Seite weiterfahren zu können. Dem Anschein nach unbekümmert pflügen die Fahrer durch das hoch aufspritzende Wasser – nichts Schlimmes passiert. Langsam entspanne ich mich.

Endlich kommt unser Dorf in Sicht. Die Abendsonne vergoldet den schneebedeckten felsigen Steilhang, auf dem neben hohen Kiefern einzelne braune Holzhäuschen zu erkennen sind, und malt ein Bild von Idylle vor dem weiten Himmel der prächtigen Naturlandschaft. Es ist der elfte Tag nach meinem Abflug aus Deutschland.

Das Flusseis beginnt zu tauen. Wie lange wird die Eisdecke die Fahrzeuge noch tragen?

Im Dorf

Als der Laster vor unserem Haus hält, möchte ich dem Fahrer am liebsten Beifall klatschen. Er hätte es zweifellos verdient, würde allerdings mit Unverständnis reagieren, denn auch diese Fahrt war für ihn „normalno". Aufatmend klettere ich aus der Fahrerkabine und schaue mich um. Fast überall liegt noch hoher Schnee, nur an einigen Stellen hat das warme Wetter schon Spuren hinterlassen. Dunkel heben sich die kahlen Bäume vom Weiß des Schnees und vom verblassenden Himmel ab. Hügelketten in sanftem Auf und Ab umarmen das Dorf. Entlang der Dorfstraße ruhen behaglich die Bauernhäuser, in denen ich Wärme und Gastfreundschaft weiß.

Die Gebäude unserer kleinen Ortschaft gruppieren sich um zwei ungepflasterte Straßen, die teilweise mit Gras bewachsen sind. Die Häuser sind ausnahmslos aus dicken Baumstämmen errichtet – einem Baumaterial, das im umliegenden Wald geschlagen werden kann, besser als Stein isoliert und für ein angenehmes Raumklima sorgt. Vom Braun des nachgedunkelten Holzes heben sich geschnitzte, traditionell in blauen Farbtönen gestrichene Fenstereinfassungen ab. Zu jedem Haus gehören ein Gemüsegarten und ein Kartoffelacker, Garage, Schuppen und zwei Holzblockhäuschen, in denen sich die Sommerküche und die Banja, die russische Sauna, befinden. Umgeben sind die Grundstücke von beinahe mannshohen Lattenzäunen, die das Eindringen von Tieren verhindern sollen. Wird das Hoftor nicht geschlossen, kann es geschehen, dass man unversehens die frei umherlaufenden Pferde in seinem Garten vorfindet und ansehen muss, wie sie sich genüsslich die mühsam gezogenen Weißkohlköpfe und anderes Gemüse einverleiben.

Eine der beiden Straßen beginnt am Flussufer, verläuft dann parallel zum Fluss und endet nach weniger als einem Kilometer am letzten Haus vor dem Wald. An dieser Straße liegen die Schule, der Kindergarten, das Klubhaus, eine kleine meteorologische Station, die Sanitätsstelle, ein Laden sowie Wohnhäuser, unter anderem unseres und unser Gästehaus. Dahinter verläuft gleich gerichtet die zweite, kürzere Straße, hinter deren Häusern und Gärten der Wald beginnt. Etwas zurückgesetzt im Wald steht ein kleines, hässliches Steingebäude, in dem der Stromgenerator von 8 bis 10 Uhr und von 17 bis 1 Uhr nachts für Elektrizität sorgt.

Es gibt zwei kleine Läden im Dorf, von denen der eine nur im Winter durch Lastwagen vorwiegend mit Grundnahrungsmitteln wie Mehl, Reis, Nudeln, Speiseöl versorgt wird. Die Besitzer des zweiten Ladens bringen auch im Sommer mit dem Boot Produkte herbei, allerdings in zeitlichen Abständen von mindestens vier Wochen.

Von den circa achtzig Einwohnern des Dorfes sind etwa die Hälfte Russen, die andere Hälfte Ewenken, Angehörige eines Volkes der Ureinwohner Sibiriens. Viele der Dorfbewohner sind miteinander verwandt. Trotzdem gibt es keine Inzucht, denn intime Beziehungen selbst zu sehr fernen Verwandten sind tabu. Als ich unser Haus betrete, habe ich nicht das Gefühl, fort gewesen zu sein. Braun gestrichene Holzdielen, hellblau gekalkte Wände, blaue Fensterrahmen und unsere sehr einfachen, alten Möbel bieten einen vertrauten Anblick. Während wir das viele Gepäck hereinschleppen, eilt Slawas Onkel vom gegenüber liegenden Haus herbei und heizt den Ofen noch einmal nach. Er hat im Wechsel mit Slawas Schwester Viktoria täglich das Haus geheizt, damit die Kartoffeln und die Weckgläser im Vorratsraum unter der Küche nicht zerfroren, und die Hunde gefüttert. Auch Slawa war im Laufe des Winters fast nie zu Hause, sondern meistens in einer seiner Jagdhütten.

Im Dorf und besonders unter Verwandten ist gegenseitige Unterstützung normal. Slawa hatte Onkel, Tante und seine Schwester Viktoria während des Winters mit Fleisch versorgt und für letztere im Wald Brennholz geschlagen. Der über siebzigjährige, kleine, dürre Onkel erledigt alle Arbeiten immer sehr sorgfältig. Als wir am nächsten Tag zu ihm kommen, hat er gerade Hundefutter für die beiden drei Monate alten Welpen gekocht und liest jede einzelne Fischgräte aus der Futterschüssel heraus.

Slawa zwinkert mir zu: „Damit ist er jetzt eine Stunde lang beschäftigt."

Ich schenke dem Onkel schöne, handgestrickte warme Schafwollsocken mit Überschuhen aus Schafwolle, die ich auf dem Markt in Irkutsk gekauft habe. Wie es hier üblich ist, bedankt er sich nicht für das Geschenk, sondern nickt nur beiläufig.

Der Tante geht es schlecht, sie hat seit längerem ständig Schmerzen im Bauchraum und nun auch noch seit mehreren Wochen Kopfschmerzen. Der Arzt in Tupik sagte ihr, sie müsse zur Untersuchung nach Tschita ins Krankenhaus fahren. Das wollte sie um keinen Preis und kehrte ohne Diagnose und ohne Behandlung ins Dorf zurück. In den Monaten ihrer Krankheit hat sie wohl alle im Dorf vorhandenen Schmerztabletten geschluckt – ausgenommen meine. Ich gebe ihr selten welche, und dann nur Aspirin, weil ihr die vielen Schmerztabletten meiner Ansicht nach mehr schaden als nützen.

Auch meine alte Freundin Dora Michailowna macht einen kränklichen Eindruck. Sie hat sich seit ihrer Gürtelrose vor fast zwei Jahren und den danach verbliebenen Nervenschmerzen eine verkrampfte Schonhaltung von Schulter und Arm angewöhnt, die vermutlich weitere Schmerzen produziert. Ich versuche mit ihr einige behutsame Lockerungsübungen, aber das widerstrebt ihr dermaßen, dass ich es aufgebe, ihr die Vorteile solcher Übungen nahe bringen zu wollen. Ihr Mann, Iwan Georgiewitsch, grauer Haarschopf, hoch gewachsen, kräftig und mit gerader Körperhaltung, ist nach wie vor vital und fröhlich, obwohl er mit seinen über achtzig Jahren auch schon einige Einschränkungen hinnehmen muss. Zur Pelztierjagd ist er in diesem Winter nicht aufgebrochen, denn bei tiefem Frost täglich mehrere Stunden durch die Taiga zu marschieren, übersteigt inzwischen seine körperlichen Fähigkeiten. Dass seine Kräfte nachlassen, will er sich nicht eingestehen. Mit Macht versucht er, alle anfallenden Arbeiten allein zu bewältigen, auch die schweren, wie zum Beispiel das Baumfällen und das Holzhacken. Da ausschließlich mit Holz geheizt und gekocht wird, benötigt ein Haushalt große Mengen, ungefähr 60 *Raummeter* im Jahr. Sie müssen jeweils im März bis April bereitgestellt werden, denn die Transporte aus den verschiedenen

Waldesteilen lassen sich nur durchführen, wenn Fluss und Waldboden noch gefroren sind. Auch lässt sich gefrorenes Holz leichter zerhacken.

Ich habe mir fest vorgenommen, meine häuslichen Arbeiten so zu organisieren, dass Zeit bleibt für Sport, Meditation, systematisch Russisch lernen, Spaziergänge, Schreiben. Aber es will mir einfach nicht gelingen. Schon die Nahrungsversorgung beschäftigt mich mehrere Stunden täglich, weil Slawa zusammen mit seinem Cousin Igor den ganzen Tag körperlich schwer arbeitet und die beiden einen mächtigen Appetit entwickeln. Zum Frühstück bereite ich meistens aus Resten des Vortages eine Suppe, die zusammen mit Brot gegessen wird, aber mittags muss ein kräftiges Mahl mit Fleisch oder Fisch auf dem Tisch stehen. Slawa ist immer glücklich, wenn kein Gemüse darin ist – viel Fleisch nur mit Kartoffeln, Reis, Nudeln oder Brot schmecken ihm am besten. Mir allerdings nicht. Weil ich es für gesünder halte und das Kochen weniger langweilig ist, koche ich trotz der Mehrarbeit möglichst abwechslungsreich und fast immer mit Gemüse, das ich in unserem Garten gezogen und danach eingefroren, in Sand eingelagert oder in Gläsern konserviert habe. Weißkohl, Rote Bete, Möhren, Pastinaken, Steckrüben, Topinambur, grüne Bohnen, Puffbohnen, Gurken, Mixed Pickles – die Auswahl ist reichlich. Am Nachmittag gibt es zum Tee Kuchen, *Blini* oder kalten Grießbrei mit Fruchtmus. Zum Abendbrot essen wir Fleisch oder Fisch, dazu pikant eingelegtes Gemüse, Brot, Bratkartoffeln, oder ich bereite *Pirogi* mit Fleisch- und Krautfüllung zu, denn schnell verfügbarer Brotbelag wie Käse, Quark und Wurst steht im Dorf nicht zur Verfügung. Auch das Brot muss selbst gebacken werden. Einfach ist die Zubereitung von Speiseeis: Wir holen uns eine Schüssel voll Schnee und mischen aus Waldbeeren selbstgemachte Konfitüre darunter.

Vier Lastwagen Holz holen Slawa und Igor aus der Taiga, hacken es und stapeln die Scheite längs des Zaunes. Ich beschäftige mich derweil im Haus mit so spannenden Arbeiten wie Geschirr spülen und Erde sieben – und zwar viel Erde sieben. Die Erde dämpfe ich nach und nach in einer großen Schüssel auf dem Herd, um Bakterien und Pilze abzutöten. Dann säe ich Gemüse und einige Blumenarten aus und setze die kräftigsten Pflanzen später in kleine Töpfe um. Damit die jungen Pflanzen genügend Licht bekommen, nimmt Slawa die Doppelfenster heraus und nagelt Bretter zwischen die Rahmen, auf die wir die Töpfe stellen. Während Weißkohlsetzlinge wenig robust sind und häufig eingehen, wachsen Tomaten-, Auberginen-, Paprika-, Wassermelonensetzlinge usw. wie Unkraut. Das Gärtnern macht zwar viel Arbeit, aber – zumindest mir – auch Vergnügen.

Beim Anblick der mehr als dreihundert Setzlinge stöhnt Slawa auf: „Hast du dir mal überlegt, woher du später das Wasser zum Gießen nehmen willst?“

Zugegeben, die Wasserversorgung wird zum Problem, wenn die Sonne vom Himmel brennt und es längere Zeit nicht regnet, doch von solch miesepetrigen Überlegungen lasse ich mich nicht beirren. Jeden Morgen betrachte ich liebevoll meine Pflanzen. Ich würde ihnen auch etwas vorsingen, wenn es mir angesichts stimmlicher Mängel nicht zu riskant erschiene.

Die Sonne strahlt vom wolkenlosen Himmel. Der Schnee weicht allmählich, und das Tauwasser vom Dach füllt unsere Wassertonnen, in denen der Nachtfrost dann wieder dicke Eisschichten hinterlässt. Ich nehme den in der Schlafzimmerecke harrenden großen Stapel Schmutzwäsche in Angriff und bin fünf Tage damit beschäftigt: Zuerst die Weißwäsche über Nacht einweichen, sie am nächsten Tag auf dem Ofen kochen und weiteres Wasser erhitzen, gleichzeitig darauf das Hundefutter und unser Mittagessen kochen, Spülwasser hereintragen, nach Einschalten des Stroms am Nachmittag die Wäsche in der Wellrad-Waschmaschine durchrühren, wobei sie sich mehrmals verdreht und entwirrt werden muss, danach zweimal mit der Hand spülen, in der Zentrifuge schleudern und aufhängen. Das schmutzige Waschwasser aus der Maschine in Eimer ablassen, auf die Straße tragen und dort entleeren. Im Spülwasser den nächsten Wäscheposten einweichen. Am Folgetag das gleiche Spiel usw. Mit dem letzten Spülwasser alle Flächen säubern und die Fußböden wischen.

Die in Kartons lagernden, im Laufe des Winters nicht aufgebrauchten Preiselbeeren beginnen zu tauen und müssen konserviert werden. Ich will daraus Konfitüre bereiten und koche am Abend auf dem Herd Zuckersirup. Er wallt in einem unbeobachteten Moment schäumend über, verkohlt in einer dicken Schicht auf der glühend heißen Herdplatte und verbreitet im ganzen Haus schwarzen Qualm. Die Säuberung des Herdes am nächsten Morgen kostet mich zwei Stunden Arbeit und raue, rissige Hände. Und die Konfitüre muss auch noch gemacht werden.

Die Gesichter der im Freien arbeitenden Männer sind braungebrannt, während ich, ans Haus gefesselt, noch immer käseblass bin. Ich betrachte es als Ausflug, wenn ich Zeit finde, nach draußen zu gehen und Pferdeäpfel für den Garten zu sammeln oder das beim Hacken abgesplitterte Kleinholz aufzulesen, das ich gut zum Feueranzünden verwenden kann. Vier große Kartons fülle ich damit. Außer mir liest niemand Kleinholz auf, es scheint unter der Würde zu sein. Die Männer schnitzen zum Feueranzünden dünne Späne.

Die viele Handarbeit empfinde ich zwar als sehr zeitaufwendig, aber nicht als Härte. Wahrscheinlich deshalb, weil meine Kindheit und Jugend äußerst spartanisch waren. Wir Kinder mussten immer mitarbeiten, zum Beispiel im Garten das Unkraut jäten, unser Zimmer reinigen, am Wochenende alle Schuhe der Familie putzen, bei der alle vier Wochen stattfindenden großen Wäsche die kleinen Wäscheteile und Strümpfe der Familie auf dem Waschbrett sauber rubbeln. Eine Waschmaschine gab es nicht. Süßigkeiten erhielten wir selten, manchmal durften wir uns eine lange, bunte Zuckerstange aussuchen oder eine Kugel Eis kaufen, die damals einen Groschen kostete. Statt Limonade oder Cola zu trinken, mischten wir Essigwasser mit Zucker oder holten im Laden eine Kanne Molke. Man konnte auch Fleischbrühe beim Schlachter kaufen, der darin die Brühwürste hergestellt hatte. Mit dieser Brühe kochte meine Mutter Eintöpfe, manchmal mit etwas Fleisch darin. Ansonsten gab es Fleisch als Sonntagsessen. Essen wegzuwerfen war undenkbar. Mein Vater, der aus einer Arbeiterfamilie mit neun Kindern, alles Jungen, stammte, tupfte mit der angeleckten Fingerkuppe die

Brotkrümel vom Teller auf. Er war Schlosser mit kleinem Lohn. Trotzdem hatten wir nicht das Gefühl, arm oder vom Leben benachteiligt zu sein. Wir kannten es nicht anders und unsere Schulkameraden lebten ähnlich.

Eine solche Kindheit hinterlässt Spuren. Das ist wohl der Grund, weswegen mir die hiesige Essweise mit viel Fleisch und Fisch geradezu üppig erscheint. Das Wegwerfen der von der vorherigen Ernte übrig gebliebenen Kartoffeln, unbrauchbarer Felle, leerer Kaffeedosen usw. verursacht mir Unbehagen, und ich versuche, alles zu verwerten. Organische Abfälle bringe ich auf den Komposthaufen, Kaffeedosen dienen mir als Behälter für Gewürze, Salz, Zucker, Tee, nachdem ich sie in verschiedenen Farbtönen hübsch angestrichen habe.

Als ich im Schuppen Birkenrinde zum Feueranzünden hole, sehe ich dort vier große Fellballen mit noch anhaftenden Fleischresten liegen. Sie sind fast aufgetaut und müssen jetzt bearbeitet werden, damit sie nicht verderben. Es sind dicke, dichte Winterfelle von Elchen. Eines erhält der Nachbar, ein anderes Igor und zwei der Felle spannt Slawa zum Trocknen an unserer Hauswand auf. Auf den hervorragend isolierenden, unempfindlichen Fellen schlafen die Jäger am Feuer. Das kleinere Fell, das von einem Jungtier stammt, soll meins werden.

Genau wie Slawa bin ich schon begierig darauf, mehre Tage im Freien in der Taiga zu verbringen, muss mich aber noch gedulden. Slawa fährt mit Igor auf dem Schneemobil etwa 30 Kilometer die Oljokma hinab, um das im Winter benutzte Zelt und alles Gerät zu holen. Sie legen über Nacht ein Fischnetz aus und kommen am nächsten Tag mit mehreren großen Fischen und zwei Auerhähnen zurück.

„Christus ist auferstanden", werde ich am Ostersonntag von der Tante begrüßt, erhalte Küsse auf die Wangen und antworte, wie es sich gehört: „Wahrhaftig auferstanden." Viktoria schenkt uns einige mit bunten Bildchen beklebte gekochte Eier und einen Kulitsch, einen runden, hohen, schmalen Osterkuchen mit Zuckerschaum obenauf, der offenbar in einer Konservendose gebacken wurde. Damit sind der Osterfeierlichkeiten Genüge getan. Niemand im Ort ist gottgläubig. Am Abend sehen wir in den Fernsehnachrichten, wie der russische Präsident Medwedjew, Putin und weitere hohe Politiker mit ihren Familien in Moskau an den vom Patriarchen der russisch-orthodoxen Kirche zelebrierten Osterfeierlichkeiten teilnehmen. Bei uns im Dorf dagegen ist ein kirchlicher Feiertag nur insofern ein richtiger Feiertag, als er mit reichlich Wodka begossen wird. Der Strom liefernde Generator läuft wie gewöhnlich von 8 bis 10 Uhr und von 17 bis 1 Uhr nachts. Er wird lediglich an staatlichen Feiertagen auch tagsüber angeschaltet.

Der nächste zwingende Anlass zum Wodkatrinken ist der „Elterntag", der neunte Tag nach dem Ostersonntag, an dem der Verstorbenen gedacht wird. Viktoria holt uns gegen Mittag ab, und wir gehen zusammen mit Onkel und Tante zum am Waldrand liegenden Friedhof. Die Gräber sind von den Angehörigen schon Tage zuvor gesäubert und reichlich mit bunten Kunstblumen geschmückt worden. Jetzt werden Reis- und

Hirsekörner auf die Ruhestätten gestreut und Konfekt abgelegt. Es soll wohl bedeuten, dass die Verstorbenen mit uns zusammen speisen. Auf langen Holztischen breiten die Familien Essen und Trinken aus. Obligatorisch sind *Kissel*, ein aus Beeren, Zucker und Stärkemehl bereitetes Getränk, *Blini* genannte, hauchdünn in der Pfanne gebackene Mehlfladen, und in Wasser gekochter, säuerlich schmeckender Reis mit Rosinen.

Wir sitzen mit einer großen Anzahl Verwandter und Bekannter am Tisch, auf dem sich verschiedene weitere Speisen türmen. Alle langen herzhaft zu und lassen es sich schmecken. Slawa und ich trinken nur *Kissel*, manche etwas Bier und die meisten Wodka. Die Gläser werden erhoben mit den Worten „Erinnern wir uns" und „Werde ihnen die Erde leicht." Einige erinnern sich so häufig und ausgiebig, dass sie den Weg nach Hause nicht mehr schaffen. Natascha sackt sturzbetrunken vor unserem Haus zusammen und kann sich nicht mehr rühren. Sie wirkt mit ihrer kleinen, zierlichen Figur und den großen blauen Augen im schmalen Gesichtchen trotz ihrer 40 Jahre und des häufigen exzessiven Alkoholkonsums kindlich. Ihr jüngerer Mann ist groß und schlank, mit dunklen Augen im hübschen Gesicht und schwarzem, welligem Haar. Er hat stets eine frische Gesichtsfarbe und verträgt den Alkohol augenscheinlich besser. Lächelnd und mühelos hebt er Natascha auf die Arme, um sie nach Hause zu tragen. Unsere Nachbarin Ljuba schläft im Gras hinter der Brücke ihren Rausch aus und die noch junge, üppig gebaute Vika liegt berauscht auf der Uferwiese. Glücklicherweise ist das Wetter warm und trocken.

Zwei Tage später begehen wir den ersten Todestag von Valerka, Slawas Lieblingsbruder. Alle sechs Geschwister stammen von verschiedenen Vätern. Sie sind also nur Halbgeschwister und haben ein sehr unterschiedliches Äußeres. Valerka war blond, sehr groß, von kräftiger Statur und allseits beliebt. Ein Jahr zuvor stürzte er, gerade einmal 45 Jahre alt, bei einer Dienstfahrt mit dem Auto von einer dieser vielen, behelfsmäßig aus Balken und Brettern zusammengefügten, teilweise verrotteten Brücken und ertrank. Er wurde auf dem Friedhof seines Wohnorts Ust-Njukscha beerdigt. Viktoria will die Gedenkfeier für ihn vorbereiten. Sie soll gegen 14 Uhr beginnen. Slawa hatte ihr am Vortag Hirschfleisch für die Zubereitung von Buletten und drei Flaschen Wodka gebracht. Mir ist es etwas peinlich, sie die Arbeit allein machen zu lassen, und darum gehe ich am späten Vormittag zu ihr, um zu helfen. Ich vermute allerdings, dass sie schon alles perfekt vorbereitet hat und mein frisch gebackener Obstkuchen und das pikant eingelegte Gemüse überflüssig sind, denn sie ist sehr tüchtig und kennt sich mit den Gepflogenheiten einer solchen Feier aus.
Als ich bei ihr ankomme, falle ich aus allen Wolken. Sie sitzt blau wie ein Veilchen, nur nicht so schön, in der schmutzigen Sommerhütte und ist nicht fähig zu sagen, was getan werden muss und wo sich die dafür benötigten Dinge befinden. Mit Ausnahme des durch den Fleischwolf gedrehten Hirschfleischs ist nichts vorbereitet. Ihr rollen ein paar Tränen die Wangen hinab, vielleicht schämt sie sich wegen ihrer

selbstverschuldeten Hilflosigkeit. Der Cousin Wowka wuselt in der Hütte herum und brät Fleischstücke, ist aber auch angetrunken und weiß nicht Bescheid. Weil ich mich in ihrem Haushalt nicht auskenne, frage ich sie, ob es ihr recht sei, wenn ich die Sache übernehme und wir die Feier bei uns machen. Sie nickt, aber Slawa ist dagegen und meint zu mir: „Kümmere dich nicht darum. Das ist nicht deine Angelegenheit. Komm, wir gehen nach Hause und kommen um 14 Uhr wieder."

„Das können wir doch nicht machen. Du siehst doch, dass das hier nichts wird." Ich schnappe die Schüssel mit dem Hackfleisch und laufe zu uns, wo ich in Windeseile den Ofen anheize und anfange, Buletten zuzubereiten, Kartoffeln zu schälen und dergleichen. Slawa ist wütend über meine Eigenmächtigkeit. Wir streiten uns, und er läuft aus dem Haus. Nach einer Weile kommt er zurück und sagt: „Brate die Buletten fertig und nimm sie mit hinüber. Natalja Petrowna hilft bei Viktoria und macht alles Notwendige."

Natalja Petrowna ist eine entfernte Verwandte, sehr umsichtig und arbeitsam. In kurzer Zeit hat sie eine Menge verschiedener, leckerer Speisen auf den Tisch gestellt. Am meisten staune ich über Viktoria, die keine drei Stunden nach einem Zustand völliger Orientierungslosigkeit wieder fast normal agiert. Sie kann beim „Erinnern" sogar schon wieder mithalten. Auch Wowka ist ganz versessen darauf. Slawa verrät mir, dass Wowka schon um sechs Uhr morgens bei Viktoria aufgetaucht war und Wodka trinken wollte, was dann wohl zu dem Fiasko geführt hatte.

Elf Personen sitzen am Tisch, wegen des guten Wetters im Hof. Für den Verstorbenen legt Natalja auf ein mit Wodka gefülltes Teeglas Brotscheiben und *Blini*, sodass er symbolisch an unserem Mahl teilnimmt. Natalja würdigt Valerka mit einigen Sätzen, bevor wir die Gläser heben: „Die Erde sei ihm leicht." Wieder nimmt jeder einen Bissen von dem Reis mit Rosinen, *Blini* und *Kissel* zu sich. Sogar dem Hund wird ein Stück *Blini* gegeben mit der Bemerkung: „Erinnere dich."

Am Ende der Feier will ich beim Abwaschen helfen, aber Viktoria besteht darauf, es allein zu machen. Ich vermute, dass ihr das Vorgefallene unangenehm ist und sie sich deshalb nicht wohl fühlt. Das tut mir leid, und ich umarme und küsse sie zum Abschied. Sie lässt es kurz zu, weist mich dann aber zurück: „Genug." Sie spricht mit tiefer, männlicher Stimme, und ihr Gebaren wirkt oft schroff. Derbe Gesichtszüge, schlechte Zähne und eine untersetzte Figur bestimmen ihr Äußeres. Ihr Mann ist vor über zehn Jahren verstorben. Liebe empfängt sie nicht, und sie vermittelt den Anschein, dass sie auch keine will und braucht. Nach meinem Eindruck ist sie im Herzen aber liebevoll. Sie tut, was sie kann, für ihre vier, nun schon erwachsenen und nicht mehr im Dorf lebenden Kinder, die alles gern nehmen, sich aber sonst nicht um ihre Mutter scheren. Uns gegenüber ist sie immer hilfsbereit.

Nach dem Verlassen ihres Hofes sehe ich Wowka zu ihr zurückkehren – der Wodka ist noch nicht alle.

„Feuer! Feuer!" Dieser Ruf ist in einem Dorf, das nur aus Holzhäusern besteht und keine Löscheinrichtungen hat, äußerst beängstigend. In Schuppen und Garagen lagern in Fässern die Benzinvorräte für ein Jahr. Aufgeschreckt von den Schreien, sehen wir nahe unserem Gästehaus Qualmwolken aufsteigen. Slawa rennt sofort in die Richtung, ich etwas langsamer hinterher. Viktorias Toilettenhäuschen steht in hellen Flammen. Das Feuer wird durch die vielen herbeigeeilten Helfer eimerweise mit Wasser aus den Wassertonnen gelöscht. Übrig bleibt ein verkohlter Bretterhaufen. Viktoria hatte trockenes Gras im Garten abgebrannt, übersehen, dass das Feuer noch nicht völlig erloschen war und war weggegangen. Die Nachbarin bemerkte das brennende Klo und alarmierte weitere Nachbarn, bevor ein größerer Schaden entstehen konnte. Das Häuschen stand direkt am Zaun zu unserem zweiten Grundstück, auf dem das trockene Gras des Vorjahres einen Brandteppich zum Gästehaus bildete. Eine Ermahnung an uns, diese Brandgefahr zu beseitigen, denn schon eine über den Zaun geworfene, brennende Zigarette kann bei trockenem Wetter das Gras entzünden.

Den ganzen April hindurch scheint täglich die Sonne. Es ist windstill und relativ warm, doch die Illusion von Frühling zerschellt an den kalten Frostnächten. Nachdem sie den harten Winter mit unter minus 50 Grad wieder einmal hinter sich gelassen haben, liegen unsere Hunde ausgestreckt in der Sonne und genießen die wärmenden Strahlen. Katja hatte im Dezember sechs Junge geworfen, die sich draußen in der mit Heu ausgepolsterten Hundehütte trotz der Kälte zu gesunden, kräftigen Welpen entwickelt haben. Sie ähneln mit ihrer schwarz-weißen Fellzeichnung ihrem Vater Druschok. Slawa gab sie alle weg bis auf einen Rüden, den er „Tarzan" taufte. Der Onkel gegenüber nahm eine Hündin und nannte sie „Wjuga" (Schneetreiben). Wir aber nennen sie „Wredinka" (Schädliche). Lassen wir etwas auf der Treppe liegen, können wir sicher sein, dass sie es sich, kaum dass wir uns abgewandt haben, schnappt und damit auf die Straße rennt. Dort kann sie sich ungestört mit dem Diebesgut beschäftigen. Auch fehlende Pantoffel, Arbeitshandschuhe, Gartengeräte gehen auf ihr Konto.

Einer unserer Nachbarn, Nikolaj, ein junger Mann von kleiner, schmächtiger Figur, den ich noch nie lachen oder lächeln sah, hat in Ust-Njukscha etwas zu erledigen und bittet zwei weitere junge Männer und Slawa, ihn zu begleiten. Das Dorf liegt ebenfalls am Oljokmafluss, aber in der Amurskaja *Oblast* und 40 Kilometer südlich der Grenze zu Jakutien. Auf der 280 Kilometer weiten Fahrt dorthin kann alles Mögliche passieren und die Hilfe mehrerer Männer notwendig machen. Die Reise muss auf dem Eis der Oljokma zurückgelegt werden. Steile Felsformationen, dichter Wald und Hügelketten verhindern den Landweg. Obwohl in absehbarer Zeit mit dem Aufbruch des Flusseises zu rechnen ist, begeben sie sich in Nikolajs kürzlich gebraucht gekauftem Laster auf den Weg, nachdem sie zuvor noch Slawas 300 Kilogramm schweres Schneemobil auf die Ladefläche gefahren haben. Falls der Laster unterwegs liegen bleibt, kann mit dem Schneemobil Hilfe herbeigeholt werden. Am dritten Tag nach ihrem Aufbruch wollen sie zurück sein. Ich warte am dritten Tag, ich warte am vierten Tag. Unruhig geworden rufe ich schließlich spätabends bei Boris in Ust-Njukscha an – unser dörfliches Kartentelefon über Satellit funktioniert gerade einmal – und erfahre, dass die Vier nach ihrer Abfahrt aus Srednjaja Oljokma um drei Uhr nachts in Ust-Njukscha angekommen und gegen Mittag wieder abgefahren sind.

Demnach hätten sie also wie geplant am dritten Tag zurück sein können. Irgendetwas muss schief gelaufen sein. Es hält mich kaum noch im Haus, und ich trabe in den nächsten Tagen andauernd zum Fluss hinunter, um Ausschau zu halten. Die von der Sonne beschienenen Ufer sind schneefrei, und obwohl das meterdicke Flusseis noch nicht aufgebrochen ist, fließt Wasser über die Eisfläche, stellenweise bereits etwa 60, 70 Zentimeter hoch.

Die Männer sind inzwischen schon den dritten Tag überfällig. Nachdem ich mich telefonisch vergewissert habe, dass sie nicht nach Ust-Njukscha zurückgekehrt sind, gehe ich zu Irina, Nikolajs Mutter. Dort sitzt auch Nikolajs Frau mit den beiden Kindern. Ich bitte Irinas Lebensgefährten Kolja, mit seinem Laster loszufahren und Hilfe zu leisten, aber der meint, es wäre ihm zu riskant, bei den jetzigen Wegverhältnissen mit nur einem Fahrzeug loszufahren. Sie würden schon noch kommen, schließlich hätten sie doch das Schneemobil an Bord, mit dem käme man überall durch. Nicht überzeugt und niedergeschlagen begebe ich mich zu Dora Michailowna und Iwan Georgiewitsch. Dieser meint, mit dem Schneemobil könne man nicht mehr auf dem Fluss fahren. Er hätte es zwei Tage zuvor versucht, aber die Ketten griffen nicht mehr. Er kam weder vor noch zurück und war froh, als er das Fahrzeug zusammen mit einem Helfer wieder ans Ufer bugsiert hatte. Der Schnee sei tief und völlig matschig und an vielen Stellen von Wasser überschwemmt. Seiner Meinung nach säßen die Männer irgendwo fest. Zu Fuß kämen sie jetzt wahrscheinlich auch nicht weit, denn es sei zu vermuten, dass auf dem Eis der zu überquerenden Nebenflüsse ebenfalls schon viel Wasser stünde. Außerdem müsse man täglich damit rechnen, dass der Eisgang beginnt. Wie die Chancen stehen, könne man nur sagen, wenn man wüsste, wo sie gestrandet sind. Iwan Georgiewitsch empfiehlt, die Organisation für Katastrophenfälle zu benachrichtigen, damit sie mit einem Hubschrauber die Strecke absuchen und die Männer holen. Ich solle unseren Ortsvorsteher bitten, bei der dortigen Zentrale anzurufen.

Der Ortsvorsteher ist bekannt dafür, dass er möglichst gar nichts macht, sich aus allem heraushält und gegenüber den Oberen in Tupik den Mund hält. Letzteres ist wohl auch der Grund dafür, dass er den Posten trotz Beschwerden der Dorfbewohner noch immer bekleidet, denn es ist für den Rajonchef recht bequem, nicht mit irgendwelchen Missständen konfrontiert und mit Forderungen behelligt zu werden.

Daher bin ich nicht erstaunt, als der Ortsvorsteher es ablehnt, Hilfe anzufordern. Er wüsste die Telefonnummer nicht, ist seine lapidare Ausrede. Meine Odyssee führt mich schließlich zu Natalja Petrowna, der, wie mir scheint, einzigen Person im Dorf mit Blick über den eigenen Zaun. Sie begleitet mich zum Telefon.

Wir erreichen den Vertreter des Rajonchefs abends zu Hause. Natalja Petrowna erklärt ihm die Lage und bittet ihn, am nächsten Morgen die Organisation für Katastrophenfälle zu benachrichtigen. Ich wundere mich, wie oft sie ihm alles wiederholen muss – als wäre er der russischen Sprache nicht mächtig. Mit etwas besserem Gefühl gehe ich nach Hause.

Am späten Abend, es ist bereits 23 Uhr, höre ich ein Schneemobil nahen und vor unserem Haus halten. Ich stürze aus der Tür. Tatsächlich, es ist Slawa. Er sieht irgendwie unirdisch aus – sehr bleich und mit unnatürlich blickenden Augen.

„Warum kommst du erst jetzt? Was ist mit den anderen? Sind sie in Gefahr?", überfalle ich ihn mit Fragen.

„Sie sind noch am Fluss, etwa 90 Kilometer von hier", antwortet er erschöpft. „Ich erzähle dir später alles, zuerst muss ich zu Kolja. Wir brauchen seine Autobatterie, und er muss morgen früh ganz zeitig mit mir los."

Ich erzähle ihm, dass wir den Katastrophenschutz angefordert haben und frage, ob der noch benötigt wird.

„Nein, bloß nicht. Die Männer wollen den Laster keinesfalls aufgeben, sie würden sich nicht ausfliegen lassen", wehrt er ab.

„Dann lass uns sofort anrufen und die Sache abblasen."

Von meinem Telefon aus rufen wir den Vertreter des Rajonchefs wieder an, und jetzt wird mir auch klar, warum Natalja Petrowna solche Verständigungsschwierigkeiten hatte: Er ist betrunken. Wie sich herausstellt, hat er nicht mitbekommen, auf welcher Strecke die Männer gesucht werden sollten – er spricht von dem Teil oberhalb unseres Dorfes statt von der Strecke nach Ust-Njukscha. Wir sind nicht sicher, ob er in seinem Zustand versteht, dass die Suche nicht stattfinden soll und telefonieren sicherheitshalber am Morgen noch einmal mit ihm.

Als Slawa von Kolja zurückkommt, erzählt er mir kurz, was geschehen ist, bevor er ins Bett fällt. Er hat drei Nächte nicht geschlafen.

Der Laster war mitten in der Nacht mit drei Rädern ins Eis eingebrochen, glücklicherweise an einer Untiefe. Die Männer hackten das Eis vor dem vierten Rad auf, damit der Wagen gerade stand. Danach stand er in einem wassergefüllten Loch, umgeben von hohem Eis. Sie hackten vor den Vorderrädern einige Meter Eis weg, fällten Baumstämme, mit denen sie eine schiefe Ebene auf die Eisfläche bauten. Inzwischen war aber das Wasser durch das Tauwetter weiter gestiegen. Motor, Batterie, alles stand unter Wasser – der Wagen ließ sich nicht mehr starten. Sie mussten versuchen, den Laster mit eigenen Kräften die schiefe Ebene empor und ans Ufer zu ziehen. Dafür bauten sie sich eine Winde, indem sie einen Baumstamm in einem Eisloch versenkten. Es klingt nicht problematisch – ein Eisloch. Aber es dauert lange und erfordert viel Kraft, mit der Axt ein durchgehendes Loch in hartes, meterdickes Eis zu hacken. Und je tiefer das Loch wird, desto schlechter lässt sich die Axt handhaben. Selbst mittels dieser Winde ließ sich das schwere Gefährt nur zentimeterweise bewegen, und das Wasser stieg weiter an. Sie konnten es sich nicht leisten, zu pausieren und zu schlafen. Sie drehten die Winde, Zentimeter um Zentimeter, bis sie den Wagen an den Uferrand gezerrt hatten. Die Kräfte aller vier Männer wurden dazu gebraucht, sodass Slawa mit dem Schneemobil nicht eher losfahren konnte. Der Schlafmangel

31

verursachte Halluzinationen. Nikolajs Schwager rief plötzlich jemandem etwas zu. Als er gefragt wurde, mit wem er gesprochen habe, antwortete er: „Da ging eben die Lehrerin vorbei." Manchmal sahen sie doppelt, nickten mitten in einer Tätigkeit ein oder taumelten wie betrunken. Slawa fühlte sich zuweilen, als schlafe er und träume das Gesehene nur.

Der am Ufer stehende Wagen ist noch immer nicht außer Gefahr, denn beim Eisaufbruch steigt das Wasser durch Eisstauungen oft plötzlich um bis zu drei Meter an und schiebt meterdicke Eisplatten die Ufer entlang. Darum ist es jetzt wichtig, den Laster so schnell wie möglich in Sicherheit zu bringen.

Am folgenden Morgen fahren Slawa und Kolja los, um eine Autobatterie hinzubringen. Die Fahrt auf den Schneemobilen ist dort sehr schwierig, wo das Eis vom Wasser überflutet ist. Dann pflügen die Mobile wie Boote mit hochstehendem Bug durch das Wasser, nur noch mit dem hinteren Teil der beiden Raupen in Kontakt mit dem Untergrund. Keinen Tag zu früh kehren die Männer mit dem geretteten Lastwagen zurück – am nächsten Tag beginnt der Eisgang.

Während er im Vorjahr mit hohen, übereinander geschobenen Eisblöcken, die auf Inseln und Uferstreifen strandeten und noch lange der Sonne trotzten, einen spektakulären Anblick bot, ist er in diesem Jahr wenig eindrucksvoll. Mehrmals gerät er viele Stunden ins Stocken, weil sich das Eis gestaut hat. Die Männer des Dorfes warten begierig auf freies Wasser, denn sie wollen endlich wieder mit den Booten hinausfahren, zum Fischfang und in die Taiga, um Enten und vielleicht auch größeres Wild zu erlegen. Es dauert etliche Tage, bis das Gewässer weitgehend eisfrei ist. Nur an den Ufern liegen noch große Schollen, die langsam dahinschwinden.

Immer wieder beobachten wir jetzt Vogelzüge in Richtung Norden – Enten, Gänse und Schwäne fliegen laut rufend in langen Formationen über uns hinweg. Sie vermitteln mir ein Gefühl von Weite, Ungebundenheit, frühlingshaftem Aufbruch und Schönheit. Ich weiß nicht, ob Slawa das Gleiche empfindet, wenn er mich nach draußen ruft, um mir einen neuerlichen Vogelzug zu zeigen, oder ob er nur ans Fleisch denkt.

 Lediglich die Enten lassen sich in unserer Gegend nieder, Gänse gar nicht und Schwäne sehr selten. Wenn doch, werden auch sie bejagt. Aus ihren futterreichen Winterquartieren kommend, sind Wildenten und Schwäne wohlgenährt und schmecken sehr gut, während das hier überwinternde heimische Auerwild im Frühjahr noch mager und zäh ist.

Scharen von Möwen spielen in der Luft über dem Fluss und verschwinden wieder. Eine Menge Raben bevölkert für einige Wochen das Dorf, sie werden nicht gern gesehen. Viele Spatzen tummeln sich dieses Jahr im Ort, und wir beobachten Schwärme von Bachstelzen, die immer nur kurz an einem Platz verweilen, wie auf Befehl plötzlich abheben, hierhin und dorthin fliegen. Flink laufen die grau, weiß und schwarz gezeichneten Vögel über die Erde, zierlich mit den Schwänzen wippend. Etwas später treffen die gelb-schwarzen Schafstelzen ein und picken auf dem umgepflügten

Kartoffelacker die Würmer aus dem Boden. Abends erfreuen wir uns am melodischen Lied eines gefiederten Sängers, der einen großen ziegelroten, scharf abgegrenzten Kehlfleck hat. Sein Lieblingsplatz ist die Stromleitung vor unserem Haus. Aber irgendwann verlässt auch er wie all die anderen das Dorf.

Nachdem der Schnee vollständig weggetaut und das Eis davongeschwommen ist, hat die Sonne ihre Schuldigkeit getan und verbirgt sich hinter grauen, kalten Wolken. Wonnemonat Mai? Nicht hier. Stürmische Winde umbrausen uns, bringen Kälte, Schnee oder Schneeregen, sodass wir wieder ins warme Haus flüchten und uns in Pullovern verkriechen. „Oij, oij, was für ein Wetter", lamentieren wir und schütteln die Köpfe, als wäre das nicht in jedem Jahr so.

Slawa belädt das Boot mit dem schweren steinernen Denkmal für Valerkas Grab. Freunde Valerkas hatten es in Mogotscha angefertigt und den Transport, der das größte Problem darstellt, den Verwandten überlassen. Von denen fühlt sich außer Slawa keiner veranlasst, sich aktiv oder finanziell zu beteiligen. Für Slawa aber ist es ein Herzensbedürfnis. Er ließ das Denkmal im Winter mit einem Laster hierher befördern und bringt es nun die 280 Kilometer nach Ust-Njukscha. Zusätzlich nimmt er fünf große Säcke Kartoffeln mit, zwei von uns und drei von Viktoria, die er in Ust-Njukscha verkaufen will. Angeblich soll man dort jetzt im Frühjahr 1200 Rubel pro Sack erlösen. Igor begleitet ihn, denn er soll ihm helfen. Weil Igor in den letzten Wochen viel bei uns gearbeitet hat, gebe ich ihm 3000 Rubel, damit er in Ust-Njukscha einige ihm notwendige Dinge kaufen kann, die hier nicht erhältlich sind. Ich tue es heimlich, denn Slawa wäre bestimmt dagegen.

Erst nach zwölf Tagen kehren sie zurück. Ein Untersatz für das Denkmal musste angefertigt und für den Transport ein Auto organisiert werden. Auch der Kauf von Benzin in Juktali für die Rückfahrt nach Srednjaja Oljokma gestaltete sich wieder schwierig, und zuletzt verhinderte Dauerregen den Start. Slawa, dessen Einkommen in erster Linie vom Jagdglück abhängt, hat seine ganze finanzielle Reserve für diese Aktion aufgebraucht. Der Verkauf der Kartoffeln sollte einen Teil der Kosten abdecken, doch das Schlitzohr von Händler behauptete, er hätte kein Geld flüssig. Slawa solle ihm die Kartoffeln dalassen, das Geld würde er später erhalten. Der Mann ist bekannt dafür, dass er das Geld dann schuldig bleibt. Slawa lehnte ab: „Da schütte ich die Kartoffeln lieber in den Fluss."

Schließlich einigten sie sich so, dass Slawa im Austausch für die Kartoffeln Produkte aus dem Laden des Händlers im Wert von 3000 Rubeln nahm. Daraus resultiert ein sehr spezielles Geschenk, das Slawa mir nun freudig präsentiert: vier Rollen extra weiches, rosa Toilettenpapier mit Himbeerduft für meine empfindlichen Körperteile. Er fragt später auch nach, ob ich es schon benutzt und wie es mir gefallen habe. Außerdem bringt Slawa einen Eimer Eier mit sowie Milch, die ihm Ira und Boris überlassen haben, an die 30 Liter. Wir lassen sie sauer werden. Aus einem Teil bereite ich Quark, den anderen Teil verschlingen wir täglich als Dickmilch. Wir sind ausgehungert nach Milchprodukten, denn solche gibt es hier nur ab und zu im Winter als Käse zu kaufen.

Von Igor weiß Slawa nichts Gutes zu berichten. Er hat beim Aufstellen des Denkmals nicht geholfen, sondern war ständig mit irgendwelchen Leuten unterwegs und hat getrunken. Als ich Igor frage, was er von den 3000 Rubeln gekauft hat, wird er verlegen und antwortet nicht. Also hat er alles mit seinen neuen „Freunden" durchgebracht. Ich wusste, dass er in den Neujahrsfeiertagen, nach fast neun Monaten Abstinenz, wieder begonnen hatte zu trinken, dachte aber, er würde etwas vernünftiger sein. Aus Prinzip bezahle ich auch den Trinkern Arbeit nur mit Geld in der Hoffnung, dass sie sich damit etwas Vernünftiges statt Alkohol kaufen. Weil sie aber in der Währungseinheit „Flasche Wodka" rechnen und der Wodka im Dorf teuer ist, wird von mir entsprechend viel Geld als Bezahlung erwartet – das sie umgehend in Wodka umsetzen. Die meisten Leute hier im Dorf bezahlen daher gleich mit Wodka, den sie billig in Tupik oder Ust-Njukscha gekauft haben und für solche Zwecke auf Vorrat halten, und kommen dabei sehr günstig weg. Bisher sträube ich mich aus ethischen Gründen, es ebenso zu machen.

Ich sehne mich danach, einige Tage am Fluss zu verbringen, und Slawa sagt schon seit Wochen immer wieder mit sehnsuchtsvoller Stimme: „Les, Les" (Wald, Wald). Es spricht nichts dagegen. Die wichtigsten Arbeiten sind geschafft, alle Setzlinge im Garten ausgepflanzt und alle Samen ausgelegt. Die kräftigen Tomatenpflanzen in dem mit Vlies abgedeckten Gewächshaus beginnen schon zu blühen. Empfindliche Pflanzen wie Gurken, Zucchini, Wassermelonen und Auberginen stehen in mit Heu, Mist und Erde aufgefüllten Hochbeeten unter einer schützenden Folie, die tagsüber bei Sonnenschein gelüftet wird. Jeden Morgen gehe ich hinaus und erfreue mich an ihrem guten Gedeihen. Viktoria soll während unserer Abwesenheit morgens die Folie lüften und abends wieder schließen.

Bei gutem Wetter trägt uns das Boot den Tungir hinauf. Wir schlagen das Zelt oberhalb des Ufers an einem ebenen Platz im Wald auf, und Slawa legt am gleichen Abend noch einige Fischnetze aus. Danach sitzt er noch lange draußen. „Ich liebe den Aufenthalt in der Taiga. Stundenlang könnte ich so dasitzen, die Gerüche, Geräusche, Bewegungen wahrnehmen und die Tiere beobachten", sagt er versonnen.

Als Slawa am Morgen die Netze einholt, laufen die Hunde parallel zum Boot am Ufer mit. Sie folgen Katja, der starken, zähen Anführerin. Druschok humpelt stark, denn er hat sich die Pfote verletzt oder wund gelaufen, und Tarzan ist sehr müde. Er setzt sich nach einigen hundert Metern hin und jault kläglich als wolle er Katja auffordern, doch Rücksicht auf ihn zu nehmen und nicht noch weiterzulaufen. Aber die kümmert sich nicht darum, und so folgt er ihr schließlich. Die Drei waren zuvor zwei Tage lang unterwegs gewesen. Man hatte sie 40 Kilometer vom Dorf entfernt am Fluss gesehen, wo sie auf eigene Rechnung jagten. Erst kurz vor unserer Abfahrt waren sie zurückgekommen. Wir staunen, dass der erst ein halbes Jahr alte Tarzan den Ausflug so gut überstanden hat.

Unsere Hoffnung auf zwei schöne Tage erfüllt sich nicht. Die Sonne scheint zwar, aber ein eiskalter, stürmischer Wind macht das Ausbringen der Netze schwierig und den Aufenthalt im Freien unangenehm. Die Nacht ist klar und schön, aber kalt. Die Fischausbeute bleibt mager.

Als wir am dritten Tag ins Dorf zurückkommen, empfängt mich ein trauriger Anblick. Die Pflanzen, die unter der Folie ausreichend geschützt hätten sein sollen, sind zu schlappen, grünlichen Schnüren geworden, ihre erfrorenen Blätter hängen kläglich herab. Es sollen mehrere Grade Nachtfrost geherrscht haben, höre ich. Weil aber bei den anderen Leuten die Pflanzen nicht gelitten haben, vermute ich, dass Viktoria unsere Beete nicht mit Folie abgedeckt hatte, sondern Slawas Abwesenheit genutzt hatte, um sich wieder einmal ordentlich volllaufen zu lassen. Gerade zwei Wochen zuvor hatte er ihr wegen der Trinkerei die Leviten gelesen, worauf sie sich zusammengenommen hatte.

Viktoria verliert mir gegenüber kein Wort über das Fiasko, äußert weder Bedauern noch gesteht sie ein Versäumnis ein. Meinen Verdacht spreche ich Slawa gegenüber nicht aus, denn er gibt Fehler und Schwächen seiner Verwandten mir gegenüber selten zu, weil er sich für sie schämt. Ich hoffe aber, dass ihr dieses Ereignis eine Lehre war und sie das nächste Mal sorgsamer sein wird. Noch immer halte ich sie – bis auf gelegentliche Ausrutscher – für gewissenhaft und zuverlässig.

Des Winters Hinterlassenschaft: Mehr als 2 Meter misst die Eisdecke.

Ein Taigajäger reist nach Hamburg

Von meiner Idee, mit mir zusammen Hamburg, meine Tochter und die Enkelkinder zu besuchen, ist Slawa überhaupt nicht begeistert. „Ich bin nicht gerne in Städten. Meine Welt ist die Taiga, nur dort fühle ich mich wohl. Fahr doch allein."

„Deutsche Städte sind nicht wie russische. In Hamburg gibt es keinen Staub und Schmutz, sondern viel Grün und Wasser, große gepflegte Parks, Gartenrestaurants – es ist eine attraktive Stadt, in der man sich wohl fühlen und erholen kann. Und die Enkelkinder brennen darauf, dich kennen zu lernen. Es wird dir ganz bestimmt gefallen!", versuche ich, ihn zu überzeugen. Widerstrebend stimmt er schließlich zu.

Die zweite Hürde ist das Visum. Wir müssen nach Nowosibirsk zum deutschen Konsulat fahren und es dort beantragen. Das bedeutet eine 300 Kilometer lange Bootsfahrt von Srednjaja Oljokma nach Juktali zur Bahnstation der Baikal-Amur-Magistrale (BAM) und eine zweieinhalbtägige Bahnfahrt nach Nowosibirsk.

Am Abend vor unserer Abfahrt haben wir eine Meinungsverschiedenheit. Nach einem kurzen Wortwechsel erklärt Slawa, dass er nicht fahren werde, und er wirft die zur Reise bereitgelegten Sachen wieder in den Schrank. In solchen Momenten kann man mit Argumenten bei ihm nichts ausrichten; er verweigert sich jedem vernünftigem Gespräch. Wieder einmal wird mir klar, dass Slawa ein absoluter „Bauchtyp" ist, in der Hauptsache gesteuert von seinen Emotionen. Sehr liebesfähig, aber auch aufbrausend, halsstarrig und widersprüchlich. Je nach Laune kann er heute diese und morgen eine andere Ansicht vertreten. Selbstkritik liegt ihm fern und auf alles, was auch nur im Entferntesten nach Kritik riecht, reagiert er ablehnend und empfindlich. Die Empfindlichkeit bezieht sich allerdings nur auf seine eigene Person. Im Umgang mit anderen ist er alles andere als zimperlich. Und es gibt noch weitere Eigenschaften, die mir nicht gefallen. Ich hadere mit mir. Warum bloß habe ich mich auf die Verbindung mit ihm eingelassen? Mit Bauchtypen bin ich doch noch nie klargekommen. Zum wiederholten Mal möchte ich weg von ihm, weg aus dem Dorf, weg aus dieser geistigen Ödnis. Zu seinem abgewandten Rücken sage ich: „Dann fahre ich eben allein – und wenn ich das tue, kehre ich nicht zurück."

„Dann fahr doch!"

Fast spüre ich Erleichterung. Endlich wieder ungebunden und frei sein! Sich Interessen und Hobbys widmen können, aber vor allem: meiner Tochter und den Enkeln näher zu sein. Es kümmert mich wenig, dass ich neben vielen persönlichen Sachen alles, was ich mit einer Menge Geld gekauft und mit großem Aufwand hierher geschafft habe, zurücklassen muss. Slawa wird als – für hiesige Verhältnisse – wohlhabender Mann zurückbleiben. Das wird ihn aber nicht glücklicher machen. Er wäre verzweifelt und zu jeder Kurzschlusshandlung fähig. Bei der Vorstellung wegzugehen, überkommt mich Trauer. Trauer um eine verlorene Liebe, um den Verlust von Wärme und Zärtlichkeit, Trauer darüber, dass unsere Bemühungen umeinander vergebens gewesen sein sollen. Ich höre auf zu packen und mache einen langen Spaziergang.

Am nächsten Morgen gegen neun Uhr kommen Boris und Ira. Es war verabredet, gemeinsam mit ihnen nach Ust-Njukscha zu fahren. Zu ihrer Verwunderung schläft Slawa noch; er hat ihnen nicht abgesagt. Obwohl er eine Minute vorher noch entschlossen schien, nicht zu fahren, ändert er plötzlich seine Meinung: „Wir fahren."

Ich kann so schnell nicht umschalten und will auch nicht. „Nein, ich fahre später allein los, und zwar über Tupik, weil ich jetzt nicht mehr nach Nowosibirsk muss."

Ira schüttelt den Kopf. „Wie die Kinder!", sagt sie und redet mir dann gut zu. Slawa umarmt mich. Ich bin bedrückt und nicht wirklich erfreut über diese Wendung, lasse mich aber umstimmen. Zwei Stunden später fahren wir los. Mein Bedrücktsein hält die ganze Fahrt über an, obwohl Slawa sich sehr um mich bemüht und die abwechslungsreiche, teils felsige Landschaft herrlich anzuschauen ist. Die Taiga ist in frühsommerliches, frisches Grün gehüllt und duftet intensiv, an den Ufern blühen rote Lilien, blaue Kuhschellen und eine Strauchart mit knallgelben Blüten.

Auf halber Strecke treffen wir Slawas angeheirateten Onkel und dessen achtzehnjährigen Sohn Thomas aus dem westlich orientierten Litauen in einer *Isbuschka* an. Sie haben uns schon erwartet. Slawas Bruder Wowka aus Ust-Njukscha wollte sie mit dem Boot nach Srednjaja Oljokma bringen, aber unterwegs versagte der Motor. Sie mussten auf einen Ersatzmotor warten, den wir ihnen jetzt mitbringen. Während der Wartezeit erlegten sie einen Hirsch und angelten, die *Isbuschka* ist geräumig und befindet sich an einem sehr schönen Platz – alles Faktoren, die den ungewollten Aufenthalt attraktiv machen konnten. Als ich Thomas frage, wie es ihm in Russland gefällt, antwortet er höflich: „Gut." Aber sein Vater erzählt mir kurz darauf, dass Thomas von der Reise alles andere als begeistert ist. Es ist „das erste und letzte Mal", dass er Russland bereist. Ich befrage ihn daraufhin noch einmal. „Was gefällt dir denn nicht?"

„Hier am Fluss ist es okay. Aber die Anreise war unangenehm. Es war schmutzig, ungepflegt, staubig. Die Leute sind unfreundlich, helfen nur, wenn man ihnen Geld gibt für Benzin."

Später erfahre ich, dass sie aus Litauen nach Irkutsk geflogen waren und sich von dort aus telefonisch bei einem sehr entfernten Verwandten in Tupik erkundigt hatten, ob er sie mit dem Boot nach Srednjaja Oljokma bringen könne. Dieser antwortete: „Kauft das Benzin für die Fahrt, dann bringe ich euch hin."

Daraufhin nahmen sie die weitere Bahnstrecke über Tynda nach Ust-Njukscha in Kauf, um von dort aus nach Srednjaja Oljokma zu gelangen. Der litauische Onkel behauptete, kein Geld für den Kauf von Benzin zu haben, worauf Wowka sich aus verwandtschaftlichen Gründen verpflichtet fühlte, die Besucher auf eigene Rechnung zu transportieren, obwohl er arbeitslos ist und bestimmt keine Kopeke übrig hat. In Srednjaja Oljokma quartierten sie sich bei Viktoria ein und ließen sich vor der Abreise von ihr Geld geben, weil sie keins hatten, um sich auf dem Rückweg zu ernähren. Dieser Onkel kommt jedes Jahr hierher zu Besuch, und zwar ohne seine Frau, die eigentliche Verwandte. Sie ist die Schwester von Slawas Onkel im gegenüber liegenden Haus und von Slawas, Viktorias und Wowkas Mutter. Er behauptet, es gehe ihr gut, aber man hat von ihr seit Jahren merkwürdigerweise keine Nachricht mehr erhalten, weder schriftlich noch telefonisch. Er gibt auch ihre Telefonnummer nicht bekannt.

Nachdem der Ersatzmotor befestigt ist, fahren wir alle gleichzeitig ab, ein Boot in Richtung Srednjaja Oljokma, zwei Boote nach Ust-Njukscha. Boris und Ira haben einen weiblichen Welpen an Bord, den sie jemandem bringen sollen. Die Hündin sieht mager aus, ihr Fell ist stumpf. Ira geht sehr liebevoll mit dem Tier um. „Podruga" (Freundin) und „Dorogaja" (Teure) spricht sie es an. Schon allein diese Haltung würde mich sehr für Ira einnehmen. Sie ist etwas füllig und ein mütterlicher, liebevoller, ruhiger Mensch, hat aber Seiten, die ich ihr auf Grund dessen nie zugetraut hätte. Ich erfahre, dass sie in Irkutsk aufgewachsen ist, dort als Kranführerin gearbeitet und die Sportart Fallschirmspringen betrieben hat. In Irkutsk lernte sie Boris kennen und folgte ihm nach Srednjaja Oljokma, wo jetzt noch seine Mutter und Schwester leben. Sie hat in der ersten Zeit dort viel geweint, weil es ihr überhaupt nicht gefiel, erzählt sie mir. Ich höre, dass sie, wenn es ihre Zeit erlaubt, mit auf die Jagd geht und Flugwild erlegt.

In Ust-Njukscha, einem größeren, typisch sibirischen Dorf aus Holzhäusern, wohnen wir bis zur Abfahrt unseres Zuges bei Boris und Ira. Ihr Haus ist geräumig, etwa so groß wie unseres, aber bei ihnen leben außer der zwölfjährigen Tochter noch die erwachsene Tochter mit Ehemann und den beiden Kindern. Ich mag nicht fragen, weshalb die junge Familie aus dem Haus, das sie vorher bewohnt hat, jetzt zu den Eltern gezogen ist. Vielleicht sind es finanzielle Gründe. Zusammen mit uns ist das Haus voll. Zusätzlich kommen viele Besucher, die Neuigkeiten aus Srednjaja Oljokma hören wollen. Viele haben Verwandte dort. Jedem wird Tee, Kaffee und Essen angeboten. Ira ist ständig mit Essenmachen beschäftigt: *Pirogi*, *Pelmeni*, *Blini*, gekochtes und gebratenes Fleisch. Das bringt sie aber nicht aus der Ruhe, obwohl sie außerdem noch zweimal täglich zwei Stunden außer Haus arbeitet. Glücklicherweise haben Boris und Slawa am Tag unserer Abfahrt einen Elchbullen erlegt, sodass genug Fleisch vorhanden ist. Außerdem hält die Familie zwei Kühe, deren Milch zu Quark verarbeitet, zum Kochen verwendet und verkauft wird. Ich wundere mich, dass offenbar kein Geldmangel herrscht, denn für die Kinder werden oft Limonade, Kekse, künstlich schmeckender Joghurt und Ähnliches gekauft. Besonders die elfjährige Tochter liebt diese Sachen und begleitet mich gern beim Einkaufen. Im Laden erzählt sie mir dann hintersinnig, dass diese Sorte Kekse äußerst lecker schmeckt oder dass sie gerade jetzt besonders durstig ist. Ich kaufe dann schon einmal Schokolade, Eis oder Früchte für die Kinder, beschränke mich aber meistens darauf, Eier, Käse, Wurst, Tomaten und Brot für die tägliche Versorgung des großen Haushalts beizusteuern, anstatt Geld für wenig gesunde und aus meiner Sicht verzichtbare Sachen auszugeben. Verglichen mit unserem Dorf, dessen Laden im günstigsten Fall einmal im Monat per Boot aus Tupik beliefert wird, ist Ust-Njukscha ein Einkaufsparadies.

Das Familienleben ist harmonisch, getrunken wird nicht oder besser gesagt nicht mehr, denn eine Zeitlang trank Boris sehr viel. Obwohl ich manchmal abwasche, komme ich mir doch ziemlich unnütz vor, ein etwas ungemütlicher Zustand, trotzdem die Familie uns immer das Gefühl vermittelt, willkommen zu sein. Zu Boris hat Slawa ein besonders herzliches Verhältnis, er ist gern in seiner Gesellschaft. Im Winter gehen sie zusammen in Slawas riesigem Jagdterritorium der Zobel- und Elchjagd nach.

Unser Zug nach Nowosibirsk fährt erst am übernächsten Abend in Juktali ab, das sich einige Kilometer von Ust-Njukscha entfernt an der Bahnstrecke der Baikal-Amur-Magistrale, kurz BAM genannt, befindet.
Die Strecke verläuft parallel zur TRANSSIB, aber mehrere hundert Kilometer nördlich von ihr. Sie führt durch Permafrostgebiet, erdbebengefährdete Zonen und sieben Gebirgszüge, durch die dreißig Tunnel gebohrt werden mussten. Auf mehr als 2000 Brücken überquert der Zug Bäche und Flüsse, die glasklar aus umliegenden, bis zu 3000 Meter hohen Bergen herabströmen. Am Flüsschen Tschara entdeckte man 1978 den bis dahin unbekannten Halbedelstein Charoit, der nur dort und unweit davon an einer Fundstelle in Jakutien vorkommt. Er ist lila mit dunklen Einsprengseln.
Bevor es dunkel wird, können wir noch einen Teil der beeindruckenden Landschaft bewundern. Auf kahlen Bergen liegt noch Schnee, davor dichte grüne Wälder. Auch der nächste Morgen empfängt uns mit einem herrlichen Panorama. Die einsame, abwechslungsreiche, gebirgige Taigalandschaft begleitet uns bis über den Baikalsee hinaus, an dessen Nordende die Bahn einige Kilometer entlangfährt. Lange Tunnel hüllen uns in Finsternis. Nachdem wir das Baikalgebirge verlassen haben, wird das weiterhin waldreiche Gelände zunehmend flacher und stärker besiedelt.
Auf dem Weg nach Nowosibirsk am Ob überqueren wir die großen sibirischen Flüsse Lena und Jenissej, die ihre gewaltige Breite aber erst viel später erreichen. Eine Mitreisende, die mitten in der Nacht an einer der Bratsker Bahnstationen aussteigt, weckt mich, um mir das „Bratsker Meer" zu zeigen, einen riesigen Stausee, der durch das Aufstauen des aus dem Baikalsee kommenden Flusses Angara geschaffen wurde. Rechts und links von Wassermassen umgeben, fährt der Zug minutenlang über die breite, lange Staumauer. Mehrere Stunden danach erreichen wir Taischet, wo die BAM in die Bahnstrecke der TRANSSIB mündet.
Nach drei Nächten und zwei Tagen Bahnfahrt kommen wir morgens um halb fünf in Nowosibirsk an. Die Dame am Informationsschalter des Bahnhofes bietet uns an, ein Taxi zu rufen. Wir nehmen das Angebot gern an, verblüfft über den Service, müssen uns aber nicht lange wundern: Der Fahrer ist ihr Mann und knöpft uns, die wir die hiesigen Tarife nicht kennen, einen zweieinhalbfachen Fahrpreis ab, wie wir später feststellen.
„Bitte bringen Sie uns zu einem Hotel, das gut, aber nicht teuer ist, und das sich in der Nähe des deutschen Konsulats am Krasnij Prospekt befindet", bedeute ich dem Chauffeur.

Er zeigt uns, wo sich das deutsche Konsulat befindet und bringt uns dann in ein zentral gelegenes Hotel. Unsere frühzeitige Ankunft gibt uns Gelegenheit, noch am gleichen Morgen zum Konsulat zu gehen und die erforderlichen Dokumente sowie den Visumantrag abzugeben. Dort ist alles effizient organisiert, und die russischen Mitarbeiter sind nicht übermäßig, aber doch freundlich. Die Vollständigkeit der Unterlagen wird bei der Abgabe kontrolliert. Innerhalb eines Tages erfolgt die Bearbeitung, und bereits am nächsten Tag ab 14 Uhr werden die Visa ausgegeben.

Ein paar Schritte weiter befindet sich ein kleines Reisebüro, in dem man Flüge nach Deutschland buchen kann. Wir können erst einen Tag nach dem Erhalt des Visums abfliegen, aber in Nowosibirsk lässt es sich gut aushalten. Die Stadt wurde 1863 gegründet und ist mit anderthalb Millionen Einwohnern die größte Stadt Sibiriens. Zumindest im Zentrum ist alles sauber und gepflegt. Es gibt zahlreiche Restaurants mit westlich anmutendem Service, man kann sogar draußen sitzen. In unserer Nähe ist ein kleiner Park, der auf den Krasnij Prospekt führt, zu einem Springbrunnen und schönen, blumengeschmückten Anlagen. Gleich daneben befindet sich ein Museum, in dem zu meiner großen Freude eine Ausstellung der Gemälde Nikolaj Rerichs stattfindet. Ich kenne ihn schon lange. Die Klarheit, innere Kraft und Spiritualität seiner Bilder berühren mich stark.

Im Hotel gibt es einen sehr beflissenen Service: Am Abend unserer Ankunft klingelt das Zimmertelefon und eine Männerstimme bietet Slawa „Mädchen" an. Slawa sagt nein. Nach einigen Minuten klingelt es abermals, Slawa sagt wieder nein. Als das Telefon ein drittes Mal läutet, ergreife ich den Hörer und fauche: „Das reicht jetzt! Ich mache es selbst." Von da an ist Ruhe.

Die Furcht vor terroristischen und kriminellen Anschlägen ist in Russland groß. Überall – vor oder in Kindergärten, Schulen, Geschäften, öffentlichen Einrichtungen, Betrieben, Hotels – stehen Sicherheitsleute, manchmal in Zivil, manchmal in schwarzen Uniformen mit der gelben Aufschrift „Wache". Nicht zu Unrecht, denn es gab in der Vergangenheit viele terroristische Anschläge mit entsetzlich vielen unschuldigen Opfern, unter denen sich zahlreiche Kinder befanden.

In unserem Hotel steht neben dem Tresen ein Sicherheitsmann in Zivil und guckt. Den ganzen Tag bis in die Nacht steht er und guckt. Fast habe ich den Eindruck, er wohne dort hinter seinem winzigen Stehtischchen.

Auch die Züge werden von Sicherheitsleuten begleitet. Beim Kauf der Fahrkarte muss der Pass vorgelegt werden, und beim Einsteigen kontrolliert die Zugbegleiterin, ob der Name auf der Fahrkarte mit dem Pass übereinstimmt. Auf den Flughäfen gibt es doppelte Kontrollen. Bereits beim Betreten der Eingangshalle des Flughafens in Nowosibirsk wird unser Gepäck durchleuchtet und eine Körperkontrolle mittels Metalldetektoren durchgeführt. Die Prozedur wiederholt sich, als wir nach dem Einchecken in den Wartebereich für den Abflug gehen.

Recht spät, die Abflugzeit ist schon fast erreicht, wird für unseren Flug nach St. Pe-

tersburg „Boarding" angezeigt, aber ohne Angabe eines Gate, und es ist auch kein Gate geöffnet. Ich frage jemanden vom Personal, warum wir nicht an Bord gehen können und erhalte zur Antwort: „Beunruhigen Sie sich nicht, es ist alles normal."
Etwas später folgt die Anzeige „Boarding beendet". Da es keine Information über eine Verspätung gibt, finde ich es eher unnormal, dass wir trotzdem noch in der Abflughalle sitzen. Dann strömen plötzlich Leute aus den Ausgängen herein. Wieso denn das jetzt?
Slawa wird immer nervöser: „Wieso weißt du nicht Bescheid? Du bist doch schon so oft geflogen!"
Ich gehe zum zweiten Mal zum Personal, das weiterhin auf dem Standpunkt beharrt, es sei alles normal. Irgendwann wird wieder „Boarding" angezeigt, sogar mit der Nummer vom Gate, aber es werden nur die eingelassen, die vorher herauskamen. Unser Häuflein Zurückgewiesener steht ratlos herum, bis zufällig ein Bediensteter kommt und fragt, warum wir denn nicht an Bord gingen.
„Wir dürfen nicht", antworten wir verzagt.
„Nein, nein, gehen Sie jetzt."
Von meiner Sitznachbarin erfahre ich dann, dass die Maschine aus Wladiwostok mit Verspätung in Nowosibirsk ankam und die Reisenden aus Wladiwostok in der Abflughalle warteten, bis sie wieder startklar war. Dann nahmen sie ihre Plätze wieder ein, bevor die Fluggäste aus Nowosibirsk zustiegen.
Slawas Vertrauen in meine Weltgewandtheit ist erschüttert, nachdem ich mich als unwissender Trottel geoutet habe. Noch dazu, da ich mir in St. Petersburg gleich noch einen Schnitzer erlaube. Wir müssen dort zu einem anderen Terminal fahren, und man soll sich für den Shuttlebus am Infoschalter in der 1. Etage anmelden. Die 1. Etage ist in Russland aber das, was in Deutschland als Erdgeschoss bezeichnet wird, sodass ich den Schalter erst einmal an falscher Stelle suche.
Mit dem Bus wird sehr ökonomisch verfahren. Wir warten zweieinhalb Stunden, bis sich genügend Mitfahrer eingefunden haben. Zwischen unserer Landung und dem Weiterflug nach Hamburg sollten acht Stunden liegen, einen Teil der Zeit haben wir mit Verspätung und Warten auf den Bus schon herumgebracht.
Am Hamburger Flughafen wundert sich Slawa wieder, dass ich nicht genau weiß, wo unser Bus abfährt und erst die verschiedenen Haltestellenschilder prüfen muss. Dass ich in den letzten Jahren immer auf anderen Flughäfen gelandet bin und sich in der Zwischenzeit einiges geändert hat, berücksichtigt er nicht. Es ist doch meine Heimatstadt, also sollte ich alles wissen. Seine Haltung spiegelt die Lebensumstände im Dorf wider. Dort ändert sich im Laufe der Jahre kaum etwas. Man lernt in der Jugend, wie gejagt und gefischt wird, wie Schneemobil und Bootsmotor funktionieren und repariert werden und kommt mit diesen Kenntnissen aus. Neues Wissen zu erwerben ist unnötig.
Um keinen weiteren Imageverlust zu erleiden, passe ich während des Hamburg-Aufenthalts scharf auf, um nicht etwa in die falsche Straße einzubiegen oder andere Un-

sicherheiten zu offenbaren. Auch Slawa bemüht sich, das Gesicht zu wahren. Er stellt meistens eine unbewegte, coole Miene zur Schau – alles *normalno* –, damit er nicht in den Ruch eines staunenden Dorftrottels gerät. Dass er die Unterschiede zu Russland genau registriert, verraten seine Bemerkungen. Auf der Busfahrt zu mir nach Hause will eine ältere Dame zusteigen, fragt aber vorher den Fahrer, ob sie mit dieser Linie zu einer bestimmten Straße gelangt. Er empfiehlt eine andere Verbindung und erklärt ihr genau, wie sie fahren soll.

„Das würde in Russland kein Busfahrer machen", meint Slawa.

Ich denke an deren mürrische, unbeteiligte Mienen und die Uraltbusse mit den heruntergekommenen, ramponierten und schmutzig aussehenden Innenräumen. Was für ein Gegensatz! Verstohlen streiche ich über das saubere, samtige, in leuchtenden Farben gemusterte Sitzpolster und erfreue mich an der makellosen, sonnengelben Lackierung im gepflegten Inneren.

Am nächsten Tag zeige ich Slawa die Umgebung meiner Wohnung. Wir machen einen langen Spaziergang über den Ohlsdorfer Friedhof, dem größten Parkfriedhof der Welt, in dem sich 15 Seen und außergewöhnlich schöne, gewaltige Laubbäume befinden. Leider sind die üppigen vielfarbigen Blüten der zahlreichen, über mannshohen Rhododendronbüsche schon lange abgefallen. Sie sind Verwandte des in den Wäldern Sibiriens verbreiteten *Bagulniks*, dessen Sträucher Ende Mai mit kleinen, pinkfarbenen Blüten übersät sind und dessen Holz, bricht man es, einen intensiven Duft ausströmt.

Unser Weg führt uns außerhalb des Friedhofs um den Bramfelder See. Als der Ewenke an meiner Seite die vielen Wildenten und Gänse herumschwimmen und über die Wiesen watscheln sieht, leuchten seine Augen auf, und es zuckt ihm förmlich der rechte Zeigefinger. „Wie fett die sind!" Dann überlegt er, ob man nicht ganz früh am Morgen, wenn noch keine Leute unterwegs sind…, und mit einem Knüppel…?

Die Ewenken gehören, wie zum Beispiel auch die Ewenen, Burjaten, Tschuktschen, Korjaken usw., zu den Ureinwohnern Sibiriens und lebten mit domestizierten Rentieren nomadisch von Jagd, Fischfang und den Früchten des Waldes. Auch jetzt noch, trotz der Jahrhunderte langen Russifizierungsmaßnahmen, die während der über siebzigjährigen sowjetischen Regierungsperiode besonders intensiv erfolgten, ist ihr Denken und Fühlen untrennbar mit der Jagd und dem Leben in der Taiga verbunden.

Der folgende Tag sieht uns im Einkaufsgewimmel der Innenstadt. Unsere vorwiegend aus Arbeitskleidung bestehende „Sommergarderobe" bedarf der Ergänzung. Im Dorf haben wir kaum Gelegenheit, normale Kleidung zu tragen. Sie würde zu rasch verschmutzen bei den unvermeidlichen körperlichen Tätigkeiten. Unsere Nachbarin Polina, eine verwitwete Ewenkin um Mitte vierzig, hat ab und zu den Wunsch, ihre Weiblichkeit ein wenig zu pflegen und sich herauszuputzen, was man ihr keineswegs verdenken kann. Trotzdem wirkt es in dieser Umgebung etwas lächerlich, wenn sie in schicken Hosen, Stadtjacke und Hut die Dorfstraße entlangspaziert, einmal rauf und einmal runter – viel mehr kann man ja nicht machen. Als Abschluss der Parade wäre noch der Besuch eines Nachbarn denkbar, bei dem man sich gemeinsam vor den Ofen hockt, Zigaretten qualmt und über Dinge spricht, die jeder bereits weiß.

Ich lotse Slawa so lange durch die Kaufhäuser, bis wir die Kleidung gefunden haben, in der wir uns wohl fühlen – Sachen aus Naturfasern im sportlichen Stil. Ihm fällt auf, dass auch die Leute um uns Naturfasern bevorzugen, im Gegensatz zu Russland. Dort sieht man, abgesehen von den wundervollen Pelzwaren, viel billigen Ramsch aus Kunstfasern, verziert mit Pailletten, Perlen, Gold- oder Silberaufdruck. Frauenkleidung ohne Firlefanz scheint den Geschmack nicht zu treffen.

Der Unterschied zwischen dem Aussehen russischer und deutscher junger Mädchen und Frauen könnte größer nicht sein. Während die russischen in der Regel schlank, meistens hübsch mit feinen Gesichtszügen, geschminkt und mit Sorgfalt gekleidet sind, latschen uns in der Hamburger Innenstadt an diesem Montagvormittag fast ausschließlich dicke, unvorteilhaft gekleidete Trampel mit plumpen Physiognomien über den Weg. Mein Gott, so hässlich sind die Deutschen? Das hatte ich vorher noch nie so empfunden. Ich kann es Slawa und mir nur so erklären, dass die mit dem ansprechenden Äußeren alle auf der Arbeit oder in der Schule sind; es sind noch keine Schulferien.

Wo die vielen Pfunde herkommen, ist unübersehbar. Die vielen Restaurantplätze im Freien sind bei dem schönen, sommerlichen Wetter voll belegt, und überall befinden sich gut besuchte Imbissstände.

Am Tag darauf fahren wir zu meiner Tochter Claudia und den drei Enkelkindern nach Nordwest-Mecklenburg. Als wir in Grevesmühlen aus dem Zug steigen, betrachten Levi, Birk und Kim den Bärenjäger aus Sibirien noch scheu mit großen Augen, als befürchteten sie, er würde gleich ein großes Messer ziehen oder mit einem Gewehr losballern. Wir quetschen uns alle fünf in Claudias kleines Auto und fahren in ihr Dorf, das aus nur wenigen Häusern besteht und sich in unmittelbarer Ostseenähe befindet. Dort fühlt sich Slawa sofort freier als in der Großstadt.

Die Kinder führen ihn übers Feld zu einem mit Bäumen bestandenen Hügel, wo der Fuchs hausen soll, der Claudias Hühnerbestand dezimiert. Wir finden frische Spuren am Eingang zum Fuchsbau und etwas später seine „Toilette". Slawa zeigt den Kindern auch Rehspuren und deren „Bett im Kornfeld", worauf sie sich begeistert auf weitere Spurensuche begeben. Als ich Slawa noch von den vielen Wildschweinen in der Umgebung erzähle, wird er vollends unruhig. Fleisch, das unbehelligt einfach so herumläuft! Ich versichere ihm, dass er auch ohne das Wild genügend Fleisch zu essen bekommen wird. Eine seiner schlimmsten Befürchtungen vor der Reise war – eingedenk meiner Vorliebe für Gemüse und Milchprodukte –, dass er auf Fleischnahrung weitgehend verzichten müsse – eine grausame Vorstellung für jemanden, für den Fleisch das Nahrungsmittel Nummer 1 darstellt.

Als Claudia dann noch einen auf der Straße gefundenen, vom Auto getöteten Dachs anbringt, damit Slawa ihn zerlegen und sie daraus Hundefutter kochen kann, wird mir zum ersten Mal wirklich bewusst, wie wildtierreich das dicht besiedelte Deutschland ist. Fast scheint es mir, dass ich diejenige bin, die Deutschland neu kennen lernt. Verwundert zähle ich Slawa all die heimischen Säugetierarten auf, die mir einfallen. Auch auf dem Anwesen wimmelt es von Tieren: Ziegen, Gänse, Enten, Hühner, Hunde, Katzen. Unsere Hündin Katja wäre hier in ihrem Element. Nach einiger von ihr verursachten Aufregung würde allerdings bald Stille auf dem Hof herrschen. Totenstille. Die Katzen sind sogar mir ein Dorn im Auge. Sie fläzen sich auf Sesseln, Sofas und Betten herum und dringen wie in einem Gruselfilm durch jedes geöffnete Fenster und jede Tür wieder ein, nachdem ich sie aus dem Haus geschmissen habe, damit sie gefälligst in Stall und Scheune Mäuse fangen. Aber nein, was auf dem Tisch steht, ist viel leckerer, und weglaufen tut es auch nicht. Bei einem meiner Fangversuche stößt eines dieser widerspenstigen Geschöpfe eine Tischlampe um, die in tausend Stücke zerschellt, und fügt mir, als ich es schließlich am Schwanz erwische, mit den Krallen tiefe Kratzer zu. Die Kratzer entzünden sich, meine Hand schwillt an wie ein Blasebalg – wahrscheinlich blubbert schon der Eiter darin. Ich kann es nicht länger ignorieren und fasse einen Arztbesuch ins Auge. Claudia gibt mir winzige weiße, homöopathische Kügelchen zum Einnehmen. Gerade noch verkneife ich mir die abfällige Bemerkung: „Das hilft doch sowieso nicht", und schlucke sie, um meinen guten Willen zu demonstrieren und um nichts unversucht zu lassen, dem Messer des Chirurgen zu entgehen. Wider Erwarten geht die Schwellung innerhalb von zwei Tagen fast vollständig zurück, meine Antipathie den Katzen gegenüber jedoch bleibt. Das ist denen aber egal. Sie machen sich an mich heran, legen sich auf meinen Schoß und schnurren – Hauptsache, es ist warm, wen kümmern da negative Schwingungen. Die am Schwanz gezogene meidet mich verständlicherweise, was ich dankbar zur Kenntnis nehme. Allerdings scheue ich mich, den anderen eine gleiche Behandlung zukommen zu lassen, um Tischlampen und homöopathische Kügelchen nicht zu sehr zu reduzieren.

Die unverbauten, ursprünglichen Ostseestrände an der Mecklenburger Küste gefallen uns sehr, ebenso die umliegenden Orte mit den typischen, schönen alten Bauernhäusern aus Ziegeln in sanftem, hellem Rot und mit blühenden Vorgärten. Ich genieße den lange entbehrten Anblick gepflegter Ortschaften ohne Dreck und heruntergekommene Häuser, den freundlichen Service und das gute Angebot in den Gartenrestaurants wahrscheinlich mehr als Slawa, der all dies in Russland nicht vermisst, weil er es nicht kennt. Ich habe den Eindruck, dass die meisten Russen keinen Sinn für eine saubere, schöne Umwelt haben. Sogar in unserem Dorf lagern manche Leute den Abfall gleich hinter ihrem Gartenzaun. Es stört sie nicht, beim Verlassen ihres Hofes von leeren Blechdosen und Wodkaflaschen, Plastikabfällen, zerbrochenen Gerätschaften und Lumpen begrüßt zu werden. Unserem Haus gegenüber befindet sich eine abschüssige Wiese, die zum Flussufer hinunterführt und den Blick freigibt auf das mit verschiedensten Pflanzen bewachsene Feuchtgebiet und das silbrige Band des Flusses. Seitdem in der anderen Hälfte unseres Doppelhauses, die lange leer stand, die neue junge Lehrerin wohnt, fällt mein Blick stattdessen auf ihre Abfälle.

Auf dem Rückweg nach Hamburg besuchen wir Lübeck. Mein geschiedener Mann und seine Frau wohnen dort. Sie holen uns mit dem Auto bei Claudia ab und führen uns durch die wunderschöne Altstadt Lübecks. Nach dem Essen in einem der am Wasser befindlichen Restaurants fahren sie uns nach Hamburg. Slawa ist ganz überwältigt von diesen Freundlichkeiten – dabei müssten wir uns als geschiedene Leute doch spinnefeind sein?

Wir haben noch einige Tage Zeit bis zum Abflug, in denen ich Slawa Hamburg zeigen und ihn mit Freunden bekannt machen will. Das sonnige, warme Wetter verschönt unseren Aufenthalt. In der historischen Speicherstadt an einem Platz am Wasser entdecken wir eine Freitanzfläche, auf der Leute Tango tanzen, umgeben von Zuschauern und weiteren Tanzwilligen. „Das würde in Russland niemand machen", staunt Slawa. Ja, das glaube ich gern. Werden in Fernsehfilmen tanzende Paare gezeigt, so treten sie immer nur von einem Bein aufs andere, wie ein Tanzbär auf der heißen Eisenplatte. Vielleicht liegt das an der – ausschließlich gespielten – russischen Schlagermusik, zu der man wahrscheinlich gar nichts anderes machen kann. Die Lieder hören sich balladenhaft an, richtig lieb und irgendwie alle gleich. Es ist, als würde man ständig nur Ralf-Siegel-Kompositionen hören. Den Russen gefällt es jedoch. Sie sind ganz hingerissen, schwenken die Arme und Feuerzeuge bei Konzerten. Wenn allerdings ein westlicher Schlager gespielt wird, was sehr selten vorkommt und dann ist er mindestens 30 Jahre alt, tobt der Saal.

Die Sängerinnen sind fast ohne Ausnahme bemerkenswert schön oder vielleicht nur bemerkenswert schön geschminkt. Unabhängig von ihrer äußeren Erscheinung wirken aber auch sie alle irgendwie gleich, als bestünde ihre Persönlichkeit einheitlich daraus, hübsch auszusehen, entzückende Kleidung zu tragen und jedem zu gefallen. Eine Ausnahme ist der russische Superstar Alla Pugatschova. Alla tritt immer in komischen wallenden Gewändern auf, die wahrscheinlich ihre üppige Figur kaschieren sollen.

In den letzten Jahren weilte ich nur im Winter in Hamburg. Jetzt betrachte ich die sommerliche, grüne Stadt mit neuen Augen und genieße unsere Ausflüge in vollen Zügen. Wir sind den ganzen Tag unterwegs. Planten und Blomen – der herrliche Park im Zentrum, die Alster – der große See im Herzen der Stadt, die vielen Kanäle – Hamburg hat mehr Brücken als Venedig. Die Elbe mit all den großen Frachtern, Motorjachten, Seglern, Paddlern. Der Hafen und die Landungsbrücken, wo Straßenmusikanten Seemannsmusik und Hans-Albers-Lieder spielen. Menschen am Elbstrand und auf Parkwiesen, die sich sonnen, lesen, spielen, grillen. Stadtviertel mit Jugendstilbebauung, Wohnstraßen, gesäumt von riesigen, schönen Laubbäumen. Ich liebe diese Stadt.

Besonderen Eindruck machen auf Slawa die wohlgenährten Alsterschwäne und die Enten im Park. Er kann es nicht fassen, dass sie so ungefährdet umherschwimmen und -watscheln und will unbedingt mit ihnen fotografiert werden, damit er das den Jägern daheim zeigen kann. Ansonsten hat es den Anschein, dass er wenig wahrnimmt von der Stadt. Kaum nach rechts und links blickend geht er an meiner Seite.

„Sag mal, siehst du überhaupt etwas?", frage ich enttäuscht.

„Ich sehe alles, sogar den kleinen Riss in deinem Schuh."

Den hatte ich selbst noch nicht bemerkt. Seine Art zu sehen ist eine völlig andere als meine. Wie in der Taiga erfasst er mit einem Blick alles ganz genau, während ich schon beim Sehen sondiere und nur die mich interessierenden Bilder aufnehme. Vielleicht hat diese Gewohnheit mit der Reizüberflutung zu tun, der man in einer Großstadt ständig ausgesetzt ist.

Verena und Jörg hatten mir schon im Winter angekündigt, dass sie Slawa gern einige interessante Plätze zeigen möchten. Verena ist eine frühere Arbeitskollegin, gradlinig, ehrlich, voller Energie, Fröhlichkeit und mit einzigartiger positiver Ausstrahlung. Im Gespräch hört sie genau zu und stellt ohne vorgefasste Meinungen Fragen, wenn sie eine Aussage in ihrer Bedeutung nicht genau erfasst zu haben meint. Das Zusammensein mit ihr ist immer belebend und erfrischend für Geist und Seele. Auch Jörg, ihren Mann, erlebe ich so positiv. Eine seiner herausragenden Eigenschaften ist sein enormes Wissen auf vielen Gebieten. Trotzdem wirkt er nie belehrend oder besserwisserisch. Das Gespräch mit ihm ist nie eine Einbahnstraße, sondern immer ein anregender Austausch, der einen die Zeit vergessen lässt.

Sie holen uns Sonntag früh mit dem Auto ab. Über die beeindruckende Köhlbrandbrücke fahren wir zum Hafen, wo Jörg wieder mit seinem Wissen glänzt und ich mich ziemlich anstrengen muss, um Slawa alles zu übersetzen. Zu Fuß gehen wir durch den am Sonntag für den Autoverkehr gesperrten alten Elbtunnel, der mich durch seine architektonische Ästhetik sehr beeindruckt. Eine kleine Gruppe leicht angeheiterter, fröhlicher junger Leute hat sich auf der verblüffend schmalen Fahrbahn niedergelassen. Einer ruft uns zu: „Habt ihr schon mal überlegt, was passiert, wenn der ein Leck kriegt?" Wir lachen und gehen weiter, während das Gelächter hinter uns sehr plötzlich verstummt. Ich drehe mich um und sehe, dass Slawa ihnen die Faust zeigt.

„Was machst du da?", erschrecke ich.

„Die haben über uns gelacht", reagiert er aggressiv und ist etwas beschämt, als ich ihm die Situation erkläre.

Wir pausieren in einem Straßencafé mit einer – auf Wunsch eines einzelnen Herrn – guten Auswahl an Fleischgerichten und bummeln anschließend über den Dom mit seiner riesigen Achterbahn und den vielen irrwitzigen Fahrgeschäften. Derartiges hat Slawa noch nie gesehen. Hoch oben, aus der Gondel des Riesenrades fällt unser Blick auf das bunte Gewimmel unter uns und auf die Hafenumgebung.

Auch mein Bekannter Hubert hat schon Pläne gemacht. Er ist Jäger und will Slawa seine Gewehre und Trophäen zeigen. Eigentlich möchte Slawa gar nicht, weil er befürchtet, neidisch zu werden, aber in Wirklichkeit möchte er doch und ist dann völlig gefesselt von Huberts Sammlung – einunddreißig ausgesuchte Gewehre, achtzehn Pistolen, nicht gezählte, wunderbar selbst gearbeitete Jagdmesser, eine Superauswahl an verschiedenen Patronen, die meisten selbst hergestellt. Davon kann Slawa nur träumen. Schließlich muss er sich aber losreißen, denn wir wollen wegen Slawas Schmerzen im rechten Unterbauch noch zum Arzt. Er hatte diese Schmerzen schon häufig und in unterschiedlicher Intensität, aber eine Untersuchung in Russland brachte keine Diagnose. Auch der Arzt in Hamburg stellt bei der Erstuntersuchung nur fest, was es nicht ist: keine Blinddarmentzündung und kein Leistenbruch. Für weiterführende Untersuchungen fehlt uns die Zeit, denn unser Flug geht schon am übernächsten Tag. Am Abend ruft Hubert uns an. Er hat einem befreundeten Arzt, der sich auf Naturheilkundeverfahren spezialisiert hat, Slawas Beschwerden geschildert. Dieser glaubt zu wissen, worin das Problem besteht und wie man es beheben kann. Wir können kurzfristig zu ihm kommen, Hubert wird uns mit dem Auto hinbringen.

Die Untersuchungsmethode, die den Verdacht dieses Arztes zur Diagnose werden lässt, erscheint mir anfangs wie Hokuspokus. Danach erklärt uns der Arzt, dass sich in der Leistengegend ein tief liegender Muskel befindet, der verkrampft sei (oder entzündet, genau weiß ich es nicht mehr). Er werde jetzt einige Zeit den Finger auf eine bestimmte Stelle in der Leiste pressen. Slawa stöhnt vor Schmerzen dabei. Es folgt eine leichte Massage, und wir bekommen die mir schon bekannten homöopathischen Kügelchen, die Slawa einige Tage einnehmen soll. Bezahlen müssen wir nichts. Zum Dank überreiche ich ihm mein soeben erschienenes Buch „Fremde Heimat Sibirien". Slawas Schmerzen klingen am nächsten Tag ab und kehren auch später nicht wieder. Er ist geheilt nach jahrelangen Beschwerden. Uns kommt es wie ein Wunder vor, dass wir über Hubert an den vielleicht einzigen Arzt in Hamburg geraten sind, der sofort die richtige Diagnose und Behandlungsweise parat hatte.

Der Tag der Abreise ist gekommen. Nicht nur mir fällt der Abschied schwer. Auch Slawa ist traurig, denn er hat meine Tochter und die Enkelkinder sehr ins Herz geschlossen und schon jetzt, nach den wenigen Tagen in Hamburg, großes Verlangen danach, sie wiederzusehen. Später spricht er noch oft mit Sehnsucht von ihnen und kann viel besser verstehen, warum ich niedergeschlagen bin, wenn ich lange nicht bei ihnen war. Er hat mein früheres Umfeld, mein anderes Leben und eine Seite an mir kennen gelernt, die im Dorf nie zum Vorschein kommt. Mit Hilfe meiner in Hamburg verbliebenen Kleidung verwandle ich mich aus dem dörflichen Aschenputtel in eine ansehnlichere Ausgabe meiner Selbst, und während ich im Dorf selten jemanden besuche oder einlade, weil es außer Wetter, Garten und Klatsch keinen Gesprächsstoff gibt, pflege ich in meiner Heimatstadt vielfältige Kontakte mit gebildeten, interessanten Menschen, scherze, lache, führe lange Gespräche. Waren wir unterwegs und kommen nach Hause, ist der Anrufbeantworter voller Anrufe. Intensiv nutze ich das Internet für den Austausch von E-Mails, und es verschafft mir Zugang zu Informationen jeglicher Art.

Aus unseren Gesprächen entnehme ich, dass sich Slawas Horizont beträchtlich geweitet hat, und sein Verhalten mir gegenüber zeigt, dass er begriffen hat, auf wie viel ich zugunsten unseres Zusammenlebens verzichten muss.

Trotz der herrlichen Landschaft, die an den Fenstern vorübergleitet, ist die Zugfahrt auf der BAM, der Baikal-Amur-Magistrale, dieses Mal nicht besonders angenehm. Wir teilen das Abteil mit einem Mann von etwa Mitte 30 und seinem fünfjährigen Sohn. Der Vater hat blondes, schütteres Haar und sein hervorstehender, spitzer Bauch wird von erstaunlich dünnen, langen Beinen getragen. Den Bauch füttert er mit viel Bier und Räucherfisch, die eine unheilvolle Verbindung eingehen. Während er bierschwer im unteren Bett schläft, steigen so übelriechende Gase zu uns herauf, dass mir beinahe schlecht wird. Ich schiele zu Slawa hinüber. Er hat den Kopf vollständig mit dem Bettzeug verhüllt. Ich mache es ihm nach, aber der Geruch ist durchdringend. Dann ziehe ich das Fenster herunter, aber es klemmt, so dass ich meine Nase nur durch einen kleinen Spalt stecken kann. Wäre sie doch länger! Schließlich stehe ich auf und verbringe die Nacht auf dem Klappsitz im Gang. Nach einiger Zeit kommt Slawa ebenfalls heraus und leistet mir notgedrungen Gesellschaft. In der Morgendämmerung wird es ziemlich kühl und immer ungemütlicher. Nachdem unser Reisegefährte ausgeschlafen hat, tritt er munter aus dem Abteil und fragt erstaunt, warum wir denn auf dem Gang sitzen. Soll man da antworten: „Sie haben so entsetzlich gepupst." Nein, das geht nicht. Wir entscheiden uns für: „Wir konnten nicht schlafen."

Sein kleiner Sohn hat, wie wir hören, Magenschmerzen und sieht bejammernswert aus, wird aber ausschließlich mit chinesischen Tütensuppen versorgt. Er tut mir sehr leid, ich kann ihm aber nicht helfen, weil wir keine leicht verdaulichen Speisen, Magentee oder Ähnliches dabei haben. Sein Zustand wird immer Besorgnis erregender, er erbricht sich schließlich und hat Durchfall. Sein Vater schimpft ihn aus: „Du bist selbst schuld. Warum hast du dir nicht immer die Hände gewaschen, wie ich es dir gesagt habe?"

Am Bahnhof werden sie von der Großmutter und der Mutter abgeholt, die ein kleines Kind auf dem Arm trägt. Der Junge wird flüchtig begrüßt und geht dann unbeachtet hinter den Erwachsenen her, die sich angeregt unterhalten. Er sieht aus wie ein kleines, elendes Gespenst.

An der Bahnstation Juktali erwartet uns Boris. Nach der Überquerung der Njukscha, eines Nebenflusses der Oljokma, steigen wir in das Auto, das am anderen Ufer auf uns gewartet hat. Boris Schwiegersohn sitzt am Steuer des mitgenommenen, alten PKW und legt die sieben Kilometer nach Ust-Njukscha zurück wie ein siegversessener Rallyefahrer – die Steine auf der Trasse spitzen zur Seite oder knallen an das Chassis, die Reifen quietschen. Ira empfängt uns mit leckerem Essen, und in der heißen Banja können wir die Unannehmlichkeiten der langen Zugreise mit viel Wasser abspülen.

Wir haben es eilig, nach Hause zu kommen. Zu lange schon mussten sich andere Leute um unsere Hunde und den Garten kümmern. Am nächsten Tag durchpflügt unser Boot das Wasser der Oljokma, umweht uns waldduftender Fahrtwind, ziehen im Wasser spiegelnde Felswände, sonnenbeschienene Inseln und grüne Hügelketten an uns vorüber.

Ernüchterung

Kolja und sein rotes Auto stehen zufällig am Ufer, als wir abends um halb zehn vor Srednjaja Oljokma anlegen. Wir können unsere vielen Sachen in sein Auto laden und sind schnell zu Hause. Es ist noch hell, so dass ich einen Gang durch den Garten machen kann. Alles ist in den sechs Wochen unserer Abwesenheit üppig gewachsen, denn es hat viel geregnet, wie Kolja uns erzählte. Auch die Tomaten tragen reichlich Früchte, wälzen sich aber auf dem Boden und haben viele Seitentriebe. Sie sind nicht ausgegeizt und hochgebunden worden. Die Möhren wurden nicht verzogen, sie stehen dicht an dicht. Die Beete sind voller Unkraut, auf den Wegen zwischen den Beeten und im Blumengarten vor dem Haus steht es sogar kniehoch. Ich hatte Viktoria viel Geld gegeben für die Pflege des Gartens und ihr gesagt, sie solle jemanden dafür bezahlen, wenn sie die Arbeit nicht selber machen wolle oder könne. Nach hiesigem Tarif hätte man dafür täglich zwei Stunden Arbeit bezahlen können. Am nächsten Tag erfahre ich, dass einmal jemand auf den Beeten Unkraut gejätet hat. Das war alles. Unsere Nachbarin Ljuba hatte Viktoria angeboten, die Tomaten hochzubinden und auch sonst im Garten zu helfen, aber Viktoria hatte das Angebot nicht angenommen. Wahrscheinlich tat es ihr leid, das Geld wegzugeben. Eine Erklärung, Entschuldigung oder das Angebot, einen Teil des Geldes zurückzugeben, kommen nicht über ihre Lippen. Mein Vertrauen hat Viktoria nun endgültig verspielt.

Ein weiteres Ärgernis nach unserer Rückkehr ist, dass keine Getreidemischung für die Hundefütterung mehr vorhanden ist. Der Onkel gegenüber sollte unsere drei Hunde füttern, und Slawa hatte ihm vor unserer Abfahrt einen halben Elch, einen Sack Kartoffeln und einen 50-Kilo-Sack Getreidemischung gebracht. Da ich sonst immer das Hundefutter koche, wusste ich, dass innerhalb sechs Wochen höchstens 25 kg gebraucht werden und hatte ihn gebeten, nur einen halben Sack abzugeben. „Das ist nicht deine Angelegenheit", bekam ich zur Antwort. „Den Rest nehme ich nach der Rückkehr zurück."

Doch der Sack ist leer. Im Dorf gibt es kein Hundefutter zu kaufen. Mit der nächsten Lieferung ist erst im Winter zu rechnen, wenn mit Lastwagen größere Mengen an Waren transportiert werden können. Die Alternative wäre jetzt der Kauf von teurem Buchweizen. Slawa hat aber kein Geld.

Die nächste Hiobsbotschaft ist, dass es nur noch ab nachmittags von 17 Uhr bis nachts um 1 Uhr Strom gibt statt wie früher zusätzlich ab 8 Uhr morgens zwei Stunden. Der Akkumulator, welcher zum Starten des Stromgenerators benötigt wird, ist seit Wochen kaputt. Damit das Dorf überhaupt Strom hat, fährt ein Mann jeden Nachmittag zur Elektrostation, um mit seiner Autobatterie den Stromgenerator zu starten. Wann Ersatz geliefert wird, steht in den Sternen, denn möglicherweise weiß der Verantwortliche in Tupik noch gar nichts davon, weil es keine Sprechverbindung dorthin gibt. Den Radiofunk nach Tupik hat man eingestellt, nachdem ein öffentliches Karten-

Satellitentelefon installiert wurde, aber das funktioniert die meiste Zeit nicht. Es wird dann ausgetauscht und arbeitet ein Weilchen, bis der nächste Defekt auftritt. Jetzt ist es schon seit zweieinhalb Monaten außer Betrieb. Meine private und mit 1,80 € pro Gesprächsminute sehr teure Telefonverbindung via Satellit ist die einzige Kommunikationsmöglichkeit nach draußen. Würde ich sie in Notfällen nicht zur Verfügung stellen, könnte weder der Arzt in Tupik angerufen noch könnten Verwandte informiert werden, wenn jemand im Dorf schwer krank oder gestorben ist. Umgekehrt aber kann mein Iridium-Telefon aus Russland nicht von allen russischen Telefonen angewählt werden, wahrscheinlich deshalb, weil die Telefonanbieter keinen Vertrag mit Iridium haben und Iridium deshalb die Kosten nicht in Rechnung stellen kann. Mir wird der Ernst der Lage erst wirklich bewusst, als es einige Tage nach unserer Heimkehr morgens an die Tür klopft. Jemand möchte mein Telefon benutzen, weil eine Frau aus dem Dorf über Nacht gestorben ist und deren Tochter in Tschita benachrichtigt werden soll.

Wie üblich nehmen die Leute im Dorf alles hin, ohne aktiv zu werden, aber meine Geduld ist erschöpft. Ich schreibe einen korrekten und höflichen Brief an den Rajonleiter in Tupik, in dem ich alle Mängel auflistet und ihn bitte, dafür zu sorgen, dass die Verantwortlichen die Arbeit machen, für die sie monatlich ihr Gehalt bekommen. Außerdem bemängle ich, dass die Rajonverwaltung für die Beförderung der Post, der Renten und der Gehälter der Angestellten monatlich nur 50 Liter Benzin zur Verfügung stellt. „Niemand besitzt einen Bootsmotor, der nur 50 Liter Benzin auf 640 Kilometer verbraucht. Nötig sind 250 – 300 Liter Benzin, dazu Dieselöl plus Geld für den Verschleiß des Motors“, schreibe ich.

„Das nützt sowieso nichts“, sagt Slawa und gibt damit die allgemeine Haltung wieder. Außerdem haben die Leute Angst, dass sie Schwierigkeiten bekommen könnten, wenn sie aufmucken. Der Glaube an Recht und Ordnung ist in Russland noch viel weniger verbreitet als der Glaube an Gott.

Slawa und ich haben uns entweder auf der Bahnfahrt während der nächtlichen Sitzung im kalten Gang des Waggons oder in Ust-Njukscha einen Infekt zugezogen. Halsschmerzen, Husten und Schnupfen sind die unangenehmen Folgen. In der keimfreien Luft unseres Dorfes treten solche Erkrankungen trotz der Kälte im Winter nicht auf, weil ich sie aber aus Deutschland kenne, sehe ich darin kein großes Problem. Ich lasse alles etwas ruhiger angehen, arbeite nicht zu viel und mache Dampfbäder mit Tschuschatnik, einer kniehohen Strauchart mit nadelförmigen Blättchen und sehr aromatischem Duft. Nach einigen Tagen klingen die Beschwerden ab, nicht so bei Slawa. Er hat tagelang etwas erhöhte Temperatur, wird bei der kleinsten Anstrengung kurzatmig und leidet, wie ich es schon vorausgesehen hatte, unübersehbar, schwer und lange. Für Dampfbäder mit Tschuschatnik hat er keine Geduld, sondern verlangt immer nach Tabletten. Ich gebe ihm Aspirin, aber das stellt ihn nicht zufrieden, denn hier ist es üblich, sofort mit der chemischen Keule zuzuschlagen und Antibiotika „einzuwerfen“.

Die will ich ihm jedoch nicht verabreichen, solange ich keine ernsthafte Erkrankung erkennen kann.

Es zeigt sich wieder unser vollkommen unterschiedliches Verhalten bei Erkrankungen. Slawa ist in der Regel pessimistisch und befürchtet das Schlimmste, tut aber aktiv wenig für eine Besserung. Ich bin eher zuversichtlich und verhalte mich gesundheitsbewusst. Die Ausnahme wäre eine Krebserkrankung, bei der ich zwar die Chancen für eine Heilung wahrnehmen, mich aber auf einen tödlichen Ausgang einstellen würde. Keiner ist gefeit, eines Tages mit einer solchen Diagnose konfrontiert zu werden. Ich hoffe, dass ich in dem Fall mit der Erkrankung so umgehen kann wie meine Freundin Christel, die an einer aggressiven Form von Brustkrebs erkrankte. Sie erlebte in dem keine vier Jahre währenden Zeitraum bis zu ihrem Tod einen bewundernswerten inneren Reifeprozess, der zweifelsohne dazu beitrug, dass sie sich trotz Operationen und Chemotherapie die meiste Zeit gut und energievoll fühlte und ein ausgefülltes Leben führte.

Knapp vier Monate vor ihrem Tod hatte ich sie in ihrem schönen Haus in Gifhorn besucht. Sie sah wie immer jugendlich, schlank, hübsch und fit aus. Es war Mitte März, das Wetter stürmisch und regnerisch, doch sie schlug mir einen Marsch durch Wald und Heide vor, den sie wirklich genoss, während ich nur wieder ins Warme und Trockene wollte. (Niemand glaubt mir, dass ich in Deutschland bei null Grad mehr friere als in Sibirien bei 30 Grad Frost.) Christel sprach offen über ihre Erkrankung und deren Risiken. In einem Brief schrieb sie mir später: „Die letzte Untersuchung ergab mehrere Metastasen in inneren Organen. Ich muss mich damit abfinden, dass der Krebs stärker ist als ich. Wir weilen alle nur zu einem kurzen Besuch auf dieser Erde, und meiner wird kürzer sein, als von mir gewünscht."

Auch ihr Tod wenig später war besonders. Sie hatte sich mit Freundinnen für einen Ausflug verabredet, rief dann aber an und sagte ab, weil „es ihr nicht so gut ginge". Die Freundinnen ahnten, dass es mehr als das war und reisten kurz entschlossen zu ihr. Sie lag im Sterben. Täglich kam eine Gemeindeschwester, um sie zu versorgen. Die Freundinnen blieben einige Tage, umgaben sie mit Fröhlichkeit, unterhielten sich mit ihr, grillten auf der Terrasse und bezogen sie, soweit möglich, mit ein. In dieser Atmosphäre entschlief sie friedlich. Ihr Verhalten ist mir Beispiel und große Ermutigung.

Hier in Srednjaja Oljokma bräuchte ich fürs erste einen Koffer Placebos, denn dann könnte ich auf Verlangen immer Pillen verteilen, ohne Schaden anzurichten.

Es gibt bei uns keinen Arzt, sondern einen „Feldscher". Feldschere werden in Russland an medizinischen Fachschulen ausgebildet. Das angestrebte Ausbildungsniveau liegt ungefähr zwischen dem einer Krankenschwester und eines Arztes. Die Aufgabe eines Feldschers besteht darin, in abgelegenen Gebieten die medizinische Grundversorgung zu übernehmen und schwerere Krankheitsfälle an einen Arzt zu überweisen. Unser Feldscher behilft sich häufig mit Vitaminspritzen, vor allem dann, wenn ihm andere Medikamente ausgegangen sind und Nachschub wegen zeitweiliger Unbefahr-

51

barkeit des Flusses nicht möglich ist. Egal, unter welchen Beschwerden der Patient leidet, er bekommt eine Serie Vitaminspritzen verabreicht. Das ist aber auch egal, weil er in der Regel ohnehin nicht weiß, auf welche Krankheit die Symptome zurückzuführen sind. Als Slawa unter einer Furunkulose litt, reinigte der Feldscher die aufgebrochenen der ständig neu entstehenden Furunkel und gab ihm Spritzen. Als keine Besserung eintrat, fragte Slawa, um welche Art von Injektionen es sich handele. Es waren Vitaminspritzen. Zum Glück hatte ich in meiner Medizinkiste Antibiotika, nach deren Einnahme die Krankheit dann abheilte.

Ansonsten ist unser Feldscher ein netter, sympathischer Mann, der sich sehr um die Kranken bemüht. Allerdings ist er etwas geschwätzig. Obwohl wir ihn nicht konsultiert haben, erzählt er im Ort, wir hätten die Schweinegrippe mitgebracht. Slawa ist empört. In der gegenwärtigen Situation ist das vergleichbar mit dem Einschleppen von Pest und Cholera, denn in Russland herrscht momentan eine unglaubliche Schweinegrippen-Hysterie. Täglich wird im Fernsehen über Erkrankungsfälle berichtet, die Leute in den Städten tragen Mundschutz, es werden unzählige Impfungen vorgenommen. Auf den Flughäfen werden bei aus Gefährdungsgebieten ankommenden Passagieren obligatorisch Temperaturmessungen durchgeführt. Die Leute erzählen sich untereinander von angeblich vielen Todesfällen, die der Öffentlichkeit verschwiegen würden, um Panik zu vermeiden. Was man nicht weiß, wird frei erfunden. Flugs erscheint auch ein Präparat auf dem Markt – und natürlich in der Fernsehwerbung –, das angeblich die Grippe heilt.

In Russland sind die meisten Medikamente frei verkäuflich, die man in Deutschland nur auf Arztrezept erhält. Ohne ärztliche Diagnose werden sorglos Präparate geschluckt, die nicht immer angebracht sind. Apotheken gibt es wie Sand am Meer, und die Apotheker verkaufen bedenkenlos die stärksten Medikamente gegen harmlose Beschwerden. Verglichen mit Deutschland sind die Arzneimittel billig. Bei gleichen Inhaltsstoffen kosten sie manchmal nur ein Drittel dessen, was in Deutschland dafür bezahlt werden muss.

Während Slawa leidet und ich mich noch nicht wieder wohl fühle, kommen Gäste aus Ust-Njukscha, Slawas Bruder Wowka und seine Lebensgefährtin Sweta. Eine Einladung oder die Frage, ob uns das zu diesem Zeitpunkt recht ist, wie es in Deutschland selbst unter engen Freunden und Verwandten üblich ist, ist hier unnötig. Mir wird während der Woche ihrer Anwesenheit nicht ganz klar, weshalb sie gekommen sind. Aus verwandtschaftlicher Zuneigung wohl eher nicht; ich bemerke keine herzliche Zuwendung und keinen intensiven sprachlichen Austausch zwischen den Brüdern. Sweta kennt hier niemanden und langweilt sich. Sie schläft bis elf Uhr und sitzt die übrige Zeit meistens herum, während sich Wowka im Dorf bei Bekannten und Verwandten aufhält. Obwohl ich ihn nicht genug kenne, um sein Verhalten zu deuten, scheint er schlechte Laune zu haben. Vielleicht hatte er gehofft, dass Slawa mit ihm zum Fischen und zur Elchjagd fahren würde, aber Slawas Erkrankung, wegen der er sogar zwei Tage das Bett hütet, verbietet das. So fahren Wowka und Sweta in Cousin

Igors Begleitung einen Tag zum Fischen. Mit gutem Erfolg, denn sie können eine Milchkanne voll Fisch einsalzen und später mit nach Hause nehmen. Einen Hecht gibt Wowka mir zum Braten. Darüber bin ich froh, denn ich weiß bald nicht mehr, was ich den Gästen vorsetzen soll. Vor der Deutschlandreise hatten wir die Kühltruhe geleert und abgeschaltet und nach der Rückkehr noch keine Gelegenheit zur Jagd und zum Fischfang gehabt. Es sind nur noch einige selbst gemachte, geräucherte Elchwürste da, die inzwischen knochenhart getrocknet sind, und etwas Speck, den wir aus Ust-Njukscha mitgebracht haben. Wie üblich gibt es in unserem Dorfladen weder Fleisch und Wurst, noch Eier, Käse oder Ähnliches. Ich backe fast täglich Kuchen oder süße *Bulotschki* und Brot. Der Garten ist voller Gemüse, aus dem ich abwechslungsreiche Gerichte koche, doch die vegetarische Ernährung stößt nicht auf Begeisterung. Wowka und Sweta hatten wohl kaum mit einer so ungewöhnlichen Bewirtung im Hause eines Ewenken gerechnet.

Das Essen der Ewenken besteht traditionsgemäß aus Fleisch, und davon größere Mengen. Slawa erzählte mir einmal: Er, Igor und ein anderer, älterer Ewenke hatten einen Elch erlegt. Sie brieten sich Leber und Herz, die bei einem Elch naturgemäß sehr groß sind, aßen das rohe Mark aus den Beinknochen und verspeisten anschließend einen großen Topf gekochtes Fleisch. Danach meinte der ältere Ewenke: „Jetzt bin ich ein bisschen satt."

Sweta ist eine kleine, zierliche Frau von 42 Jahren und Ewenkin. Sie erzählt mir, dass sie im Garten lediglich Kartoffeln anbaut und bei Bedarf Gemüse kauft. Das Fleisch in der Gefriertruhe geht bei ihr nie aus, denn ihre Verwandten leben das ganze Jahr über mit der Rentierherde in der Taiga und erlegen wilde Rene, deren Fleisch sie ins Dorf bringen. Ende August will Sweta 300 Kilometer weit in die Taiga ziehen und dort bis Neujahr bleiben, um Zobel zu jagen. Rentiere werden Ausrüstung und Lebensmittel transportieren. Sie ist die einzige weibliche Jägerin in Ust-Njukscha und hat sich und ihre Kinder nach dem frühen Tod ihres Mannes damit ernährt. Seit vier Jahren lebt sie mit Wowka zusammen und saß in dieser Zeit nur im Dorf, weil er das so wollte. Im Gegensatz zu Wowka, der kein Jäger ist, hat sie weder Angst vor Bären noch vor Wölfen – sagt sie. Allerdings erzählt Igor nach dem Ausflug zum Fischen schmunzelnd, dass Wowka sie nachts nach draußen begleiten musste, weil in der Nähe ein Wolf heulte, und sie deshalb Angst hatte, allein zu gehen. Dabei sind die Wölfe so scheu, dass man sie fast nie zu sehen bekommt und die Jäger sehr selten einen erlegen können.

Auch ein anderes Tier sorgte für Unruhe. Während Igor in der Nacht am See weilte, schliefen Wowka und Sweta im Zelt und wurden durch lautes Tapsen geweckt. Mutig nahm Wowka die Taschenlampe und begab sich nach draußen, konnte aber niemanden entdecken.

„Igor, du?", rief er überlaut und fuchtelte hektisch mit der Lampe umher.

Es waren weder Igor, Bär, Elch oder Hirsch – es war ein Hase. Bei der Erinnerung an

Wowkas Auftritt lacht Sweta Tränen. Hasen machen beim Laufen so laute Geräusche, dass man denken könnte, ein Elch käme daher, erklärt mir Slawa.

Nach einer Woche fahren Wowka und Sweta zurück. Unseren Hund Druschok nehmen sie mit. Sie können ihn gut gebrauchen und uns genügen zwei Hunde – Katja und ihr Sohn Tarzan. Nachdem wir wieder allein sind, brauche ich mir nicht mehr so viel Mühe zu machen mit der Essenszubereitung. Slawa will abnehmen und isst wenig. Vor unserer Deutschlandreise hatte er immer kräftig zugelangt und reichlich Übergewicht angesetzt, sich darüber aber kaum Gedanken gemacht. Im Zug nach Nowosibirsk jedoch hatte er die Auswirkung üppigen Essens in Gestalt eines Mitreisenden ständig vor Augen. Dieser hatte in der Koje unter uns gelegen. In der Hitze des Abteils hatte sich der Bauch des Mannes unbedeckt, groß und weiß wie Schweinespeck dem unfreiwilligen Betrachter entgegengewölbt. „So werde ich auch bald aussehen, wenn ich weiterhin ungehemmt esse", muss Slawa sich gesagt haben.

Auch Viktorias Gäste brechen auf zur Heimreise. Ihr Sohn mit Frau und Tochter aus Tschita sowie ihre Tochter mit Ehemann aus Tupik hatten bei ihr Urlaub gemacht und fahren nun mit dem Boot zurück nach Tupik. Im Ehemann der Tochter erkenne ich den plumpen, blonden Russen, der auf meiner Herfahrt im Winter das Auerwild erlegt hatte. Geld haben sie offenbar keins, denn die Tochter bittet Viktoria darum, um Zigaretten für die Rückfahrt kaufen zu können. Viktoria sagt ihr, sie solle es im Laden anschreiben lassen. Fürsorglich bringt die Tochter auf Viktorias Rechnung auch gleich noch fünf Flaschen Wodka mit. Schließlich ist der Weg lang und man will unterwegs keine Not leiden. Statt der Tochter die Flaschen abzunehmen und sie zurück in den Laden zu bringen, ärgert sich Viktoria nur. Sie ärgert sich auch, wenn mit schöner Regelmäßigkeit einmal jährlich der andere Sohn aus Sabaijkalsk mit seinen drei Vorgesetzten im Schlepptau zum Fischen kommt. Uneingeladen wohnen sie bei ihr und lassen sich von ihr ernähren und bekochen, ohne Lebensmittel beizusteuern oder ihr von den gefangenen Fischen abzugeben. Sie erduldet das seit Jahren stillschweigend, um Verstimmungen zu vermeiden.

Es ist im Dorf nicht üblich, Konflikte offen anzusprechen. Als ich mich zum Beispiel im Laden bei Natalja Petrowna über verdorbene Eier beschwerte und ihr außerdem Konservendosen zurückbrachte, die seit über einem Jahr abgelaufen waren, bezeichnete sie das Slawa gegenüber als schlechtes Verhalten und trug es mir lange nach. Alexander, der in Mogotscha die Einkäufe für sie tätigt und die Waren im Boot hierher bringt, hatte offenbar eine Quelle, bei der er Lebensmittel bekam, die eigentlich hätten entsorgt werden müssen. Als im Laden das erste Mal verdorbene Eier verkauft wurden, glaubte ich noch an einen unglücklichen Zufall, aber im darauf folgenden Monat wiederholte sich der Vorfall. Fast alle im Dorf klagten untereinander darüber, aber keiner beschwerte sich bei Natalja Petrowna, weil man eine unangenehme Reaktion befürchtete, die darin bestehen konnte, keinen Kredit mehr zu erhalten. Viele Leute im Dorf sind bei ihr verschuldet, hauptsächlich wegen hohen Wodkakonsums. Am

Wodka, den sie für etwa 70 Rubel pro Flasche einkauft und für 200 Rubel verkauft, verdient sie besonders gut, auch wenn man die hohen Kosten für den Transportweg berücksichtigt. Wodka ist deshalb immer vorrätig, selbst wenn es sonst nichts mehr zu kaufen gibt und der Laden wie leergefegt wirkt. Da sie mit den Rentenauszahlungen betraut ist, kann sie die aufgelaufene Schuld gleich mit der Rente verrechnen.

Slawa macht nach seiner Rückkehr aus Deutschland natürlich im Dorf bei Verwandten und guten Bekannten die Runde. Er möchte wissen, was in der Zwischenzeit passiert ist und hat selbst ja auch eine Menge außerhalb des gewöhnlichen Geschehens erlebt und zu erzählen.

„Da wollen bestimmt alle von dir wissen, wie es war?", vermute ich.

Er schüttelt den Kopf. „Sie fragen nach Preisen und wollen erfahren, was ich mitgebracht habe. Wie es in Deutschland aussieht, wie die Menschen leben, was ich gesehen habe, interessiert keinen. Wenn ich etwas darüber erzähle, lenken sie ab. Und als ich erwähnte, ich hätte beobachtet, dass die Deutschen auch Bier und Wein nur in geringen Mengen trinken, feixten sie und meinten, die seien eben unfähig zum Trinken."

„Sie wissen nichts, weil sie nichts wissen wollen. Sie leben wie in einem kleinen, dunklen Keller", sage ich zu ihm. Er nickt bedrückt.

Nur das Notwendigste ist im Laden bei Natalja Petrowna zu bekommen.

Indian Summer an der Oljokma

Noch wärmt die Herbstsonne, doch schon bald werden die ersten Flocken fallen.

Einfach leben

Langsam normalisiert sich unser Leben nach der Rückkehr wieder. Slawa hat seine Erkrankung überwunden und widmet sich einigen dringenden Arbeiten. Er ersetzt das angekohlte hölzerne Garagentor. Ein defektes Stromkabel hatte einen Brand verursacht, der glücklicherweise bemerkt und gelöscht werden konnte, bevor sich der Brand ausgeweitet hatte und das Schneemobil Schaden nehmen konnte.

Ich ernte eimerweise Gurken, Puffbohnen, grüne Bohnen und konserviere sie. Die süßen Markerbsen essen wir statt Knabbergebäck am Abend roh, und aus den Möhren, die ich auslichten muss, bereite ich mit der aus Deutschland mitgebrachten Küchenmaschine fast täglich einen Liter frischen, köstlich schmeckenden Möhrensaft. Vielleicht hätte ich aber besser nicht eine riesengroße Schüssel Römersalat in Marinade als Abendbrot aufessen sollen. Vierundzwanzig Stunden lang erinnert mich mein Verdauungssystem sehr unangenehm daran, dass ich keinen Wiederkäuermagen habe.

Abgesehen davon, dass wir uns beide nach einem Aufenthalt in der Taiga sehnen, muss Fleisch und Fisch herbeigeschafft werden. Zusammen mit Igor fahren wir Ende August die Oljokma abwärts. Es regnet zwar nicht mehr, ist jedoch kalt und windig. Dick angezogen und von Slawa fürsorglich in eine riesengroße Schaffelljacke gehüllt, bin ich gut geschützt.

Am ersten Lagerplatz angekommen, schleppen Igor und Slawa das Gepäck aufs hohe Ufer, fällen mit unserer kleinen Motorsäge die abgestorbenen Baumstämme, die unser Lager gefährden könnten, und zerkleinern sie zu Feuerholz. Auch einige junge Lärchen fallen der Säge zum Opfer. Die langen, dünnen, mit der Axt schnell entrindeten Stämmchen bilden das Gerüst für unser geräumiges, 12 Quadratmeter großes Zelt aus dicht gewebter Baumwolle. Es ist schon viele Jahre in Benutzung und trägt deutliche Gebrauchsspuren. Die Jäger benutzen diese Zelte auch im Winter, wenn sie sich auf der Suche nach Zobelspuren weit von den Jagdhütten entfernt aufhalten. Ein kleiner, transportabler Blechofen, der im Laufe der Nacht immer wieder mit Holz gefüttert werden muss, sorgt auch bei starkem Frost für erträgliche Temperaturen im Zeltinneren. Der Rauch zieht durch das Ofenrohr ab, das durch eine runde, mit Blech verkleidete Öffnung in der Zeltwand nach außen führt.

Igor und Slawa arbeiten Hand in Hand, schnell und umsichtig. Worte sind unnötig. Jeder weiß, was zu tun ist. Bald steht das Zelt auf der kleinen Waldlichtung oberhalb der Uferböschung. Unweit davon legt Slawa die Feuerstelle an. Er rammt zwei angespitzte Birkenstämmchen mit anderthalb Metern Abstand in den Boden. An ihren oberen Enden befinden sich Astgabeln, in die Slawa eine Querstange legt. Daran befestigt er aus starkem Draht gebogene Haken, an die wir Töpfe und den Teekessel hängen können. Bevor er darunter ein kleines, begrenztes Feuer anlegt, befreit er den Waldboden in einigem Umkreis von allem Brennbaren.

Anschließend fahren die Männer los, um im Fluss Fischnetze auszulegen. Ich koche inzwischen auf dem Feuer Abendessen und Tee, umschwärmt von den kleinen, gemeinen Kriebelmücken. Von denen soll es weltweit 1000 verschiedene Arten geben. Wir haben nur läppische zwei, aber die reichen uns schon. Sie beißen kleine Löcher in die Haut, die bluten und tagelang höllisch jucken. Unter dem Mikroskop muss ihr Gebiss wie das eines Tigers aussehen, denke ich mir. Auch die Tiere leiden unter ihnen. Zu manchen Zeiten sitzen die Plagegeister zuhauf in den Ohren der Elche, die dann wild mit dem Kopf schüttelnd durch die Taiga stürmen und schlecht hören – ein Vorteil für die Jäger.

Am Abend wird es empfindlich kühl. Die Männer legen warme Kleidung an und nehmen Elchfell, Schlafsäcke und Regenschutz mit, als sie aufbrechen, um nachts am See einem Elch aufzulauern. Ich verziehe mich ins Zelt in den Daunenschlafsack und friere eine Weile vor mich hin, nachdem ich hochmütig darauf verzichtet hatte, den kleinen eisernen Ofen mit Holz zu füttern. Laut Herstellerangabe liegt der Komfortbereich des Schlafsacks bei minus 8 Grad, der Extrembereich bei minus 18 Grad. Von Komfort kann trotz der über dem Gefrierpunkt liegenden Temperatur keine Rede sein. Der Hersteller hat mit seiner optimistischen Angabe weit daneben gegriffen. Und was passiert wohl, wenn man sich dem Extrembereich aussetzt? Stirbt man dann nur an Unterkühlung statt den Erfrierungstod zu erleiden? Ich verzichte auf Experimente und breite die Schaffelljacke über dem Schlafsack aus, worauf mir dann endlich warm wird.

Ohne Wild kehren die Jäger am Morgen zurück. Die Beute an diesem Platz war mager: eine Ente und ein Hecht. Wir packen und verstauen alles im Boot, um einige Kilometer weiter zu einem anderen Platz zu fahren. Unterwegs halten wir an. Igor führt die Hunde in den Wald und geht dann hinter ihnen her, nachdem er sie von der Leine gelassen hat. Sie laufen parallel zum Fluss im Wald entlang. Slawa und ich fahren währenddessen ein ganzes Stück weiter, legen an einer vereinbarten Stelle an und warten still. An dieser Stelle werden die Hunde das Wild ins Wasser treiben beziehungsweise es wird versuchen, über den Fluss zu entkommen. Alle – Hunde, Wild, Igor und Slawa – scheinen zu wissen, warum genau diese Stelle die richtige ist, nur ich weiß es nicht. Sie behalten Recht.

Slawa, der von einem erhöhten Punkt aus das Wasser beobachtet hat, gerät blitzartig in Bewegung, schiebt das Boot ab, springt hinein, startet den Motor und fährt stromabwärts. Ich sehe immer noch nichts. Endlich erkenne ich es: Im Wasser schwimmt ein Reh um sein Leben. Slawa fährt ganz nah heran, bevor er schießt, denn es würde versinken, wenn er es nicht gleich zu fassen bekäme. Am Ufer warten die Hunde und werden ausgiebig gelobt.

Es dauert eine ganze Weile, bis Igor herankommt. Das Tier wird zerlegt, die Hunde erhalten gleich einige Innereien. Auch sie mussten, wie wir, lange auf Fleisch und Fisch verzichten.

Unser neuer Lagerplatz, den wir kurze Zeit darauf erreichen, erfordert nur wenige

Katja untersucht die Beute.

Vorbereitungen. Es gibt bereits eine Feuerstelle und Platz für das Zelt. Als Imbiss verspeisen wir die gebratene Rehleber. Rehfleisch sei das sauberste Fleisch, weil immer
ohne Parasiten, erklärt mir Slawa.

Nachdem die Männer aufgebrochen sind, um auch hier an mehreren Stellen des Flusses Netze auszulegen, koche ich die Ente und bereite damit eine Reissuppe für das
Abendbrot zu. Zum Abkühlen stelle ich sie auf den feuchten Waldboden. Da gerade
keine Männer und keine Mücken anwesend sind, nutze ich die günstige Gelegenheit
zur ausgiebigen Körperwäsche im Fluss. Ach, tut das gut! Sauber und mich wie neu-
geboren fühlend, schlüpfe ich in meine Kleidung und höre auch schon das Boot den
Fluss heraufkommen.

„Die Männer werden sich freuen über die kräftige Reissuppe", denke ich, während
ich das Geschirr aus dem Essenskoffer nehme, muss mich aber kurz darauf nach einem Blick in den Topf korrigieren: „Die Männer hätten sich gefreut über die kräftige
Reissuppe, wenn Tarzan sie nicht vorher aufgefressen hätte." Ihm hat sie geschmeckt,
nicht ein einziges Reiskorn ist übrig geblieben. Aber selbst wenn – das hätten wir
dann auch nicht mehr gewollt, man hat schließlich seinen Stolz. Katja muss gelitten
haben, als Tarzan vor ihren Augen den Topf ausschleckte. Sie war in Sichtweite angekettet. Auf den küchenfertig vorbereiteten Hecht können wir leider gleichfalls nicht
zurückgreifen. Den hatte Tarzan schon einige Stunden vorher in einem Eimer im Boot
entdeckt.

Abends begeben sich Slawa und Igor zu einem See, der nur etwa zweihundert Meter vom Lager entfernt ist. Um Mitternacht höre ich unweit des Zeltes einen langen, lauten, schrillen Jammerlaut, den ich nicht zuordnen kann. Danach sehe ich das Licht einer Taschenlampe, und jemand wirft etwas ins Zelt, bevor ich wieder einschlafe. Am Morgen finde ich neben mir einen toten Zobel. Er hatte den Jammerlaut ausgestoßen, nachdem Tarzan ihn gefangen hatte, konnte diesem jedoch noch zwei Bisswunden an Wange und Nase zufügen. Das Zobelfell taugt jetzt noch nichts. Die Hunde wollen auch das Tier nicht fressen. Sie mögen Zobelfleisch nicht besonders, obwohl sie es im Winter, wenn viele Zobel gefangen werden und sie kein anderes Fleisch bekommen, dann doch vertilgen.

Ein Elch hat sich nicht blicken lassen. Vielleicht hat ihn der Wolf abgeschreckt, der in der Nacht geheult hat. Leider habe ich das Heulen verschlafen.

Nachdem die Fischnetze eingeholt sind, packen wir alles zusammen und fahren dieses Mal in die Nähe einer geräumigen *Isbuschka*. In deren Umfeld legen Slawa und Igor eine Menge Netze aus, wobei uns der Himmel eine lange, kräftige Dusche verpasst, nachdem er uns am Vormittag mit Sonnenschein zum Wegpacken der Regenkleidung verleitet hatte.

Diese Nacht bleibt alles im Boot, außer der Essenskiste und unseren Schlafsachen. Auf dem eisernen Öfchen in der Hütte braten wir eine große Pfanne Fischleber und Rogen aus dem morgendlichen Fang und legen uns satt und zufrieden zum Schlafen nieder.

Am Morgen brechen wir relativ früh auf, der Nebel liegt noch dicht und kalt über dem Fluss. Ich bedaure, die Unmengen dickfleischiger Birkenpilze zurücklassen zu müssen, die in der Umgebung der Hütte wachsen, aber wir werden am Abend noch nicht zu Hause sein, wo ich sie verarbeiten könnte.

Mit dem Fang aus den Netzen können wir zufrieden sein, mehr brauchen wir nicht. Beim Einholen des letzten Netzes sehen wir frische Elchspuren am Ufer. Igor und Slawa vereinbaren wieder einen Treffpunkt, worauf Igor mit den Hunden das Boot verlässt und wir ziemlich weit vorausfahren und dann am gegenüber liegenden Ufer einige Zeit warten. Wieder winkt mich Slawa eilends ins Boot und braust los. Ich sehe was, was du nicht siehst – das Spiel kenne ich schon. Plötzlich schießt er während des Fahrens, eine Hand am Steuer, mit der anderen das Gewehr an die Wange pressend. Endlich erkenne ich den Kopf einer Elchkuh, die, wie von Slawa beabsichtigt, auf Grund des Schusses die Breite des Flusses überquert, statt zurück ans nahe Ufer und in den Wald zu flüchten. Das gibt ihm Zeit, auf Schussweite heranzufahren. Mit dem Boot im Nacken schwimmt die Elchkuh angstvoll und keuchend dem, wie sie glaubt, rettenden Ufer zu. Ich höre die schnaubenden Atemzüge, sehe die Todesangst in ihren Augen und fühle mich schrecklich. Ihre Anstrengung ist vergeblich. Sobald sie die Hufe im flachen Wasser aufsetzt, erlegt Slawa sie.

Die Jäger zerlegen das Tier an Ort und Stelle. Katja und Tarzan fressen sich an den ihnen zugeworfenen Teilen satt.

Mit einem Reh, einer Elchkuh und einem 40-Liter-Fass voller Fische fahren wir zurück ins Dorf, wo die Männer die großen Elchteile in kleinere zerlegen und eine Menge davon an Verwandte und Bekannte verschenken. Einen Teil des Fleisches frieren wir ein, einen anderen Teil konserviere ich in Einweckgläsern und einen Eimer voll stellen wir zum baldigen Verbrauch in die Permafrostgrube im Garten und schließen sie mit einem Deckel. In unserer Gegend taut die obere Bodenschicht in der warmen Jahreszeit bis in eine Tiefe von etwa zwei Metern auf. Darunter befindet sich Permafrostboden, der sich in mir unbekannter Mächtigkeit nach unten fortsetzt. Die Eisgruben in unseren Gärten müssen zwei Meter tief ausgehoben werden, um die dort aufbewahrten Lebensmittel im Sommer kühl zu halten. Laut Definition ist Permafrostboden „Boden, der in unterschiedlicher Mächtigkeit und Tiefe unter der Erdoberfläche mindestens 2 Jahre ununterbrochen Temperaturen unter dem Gefrierpunkt aufweist." In Sibirien erreicht der Permafrost Tiefen bis zu 1500 Metern.

Es ist inzwischen Anfang September geworden. Mit drei bezahlten Helfern aus dem Dorf beginnt Slawa mit der Kartoffelernte. Er verschont mich nach Möglichkeit mit solchen Arbeiten. Natürlich bin ich trotzdem den ganzen Tag beschäftigt mit Essenmachen für uns und die Helfer und mit dem Konservieren von Gartenfrüchten.
Nachdem die Kartoffeln im kühlen, aber frostsicheren Vorratsraum unter der Küche eingelagert sind, brechen Slawa und Igor auf, um Preiselbeeren zu sammeln. Ich pflege daraus Konfitüre zu kochen, Obstkuchen und Pirogi zu backen und das ganze Jahr hindurch täglich drei Liter eines Tee-Fruchtsaft-Getränks zuzubereiten. Um unseren Jahresbedarf zu decken, brauchen wir etwa sieben Eimer voll. Viele andere wild wachsende Beeren bereichern außerdem unseren Speisezettel: Sumpfheidelbeeren, rote Johannisbeeren, dunkelrote Moosbeeren, orangefarbene Multebeeren, fast schwarze Traubenkirschen, Eberesche und Hagebutte. Überdies noch dunkelblaue Vinograd (eine spezielle Art von Weinbeeren), süße blaue Schimolost (ein Geißblattgewächs) und Mochowka (eine Art Johannisbeere mit ganz besonderem Aroma). Abhängig von der Beeren- beziehungsweise der Pilzart werden Waldfrüchte von Mitte Juli bis in den Oktober hinein gesammelt.
Slawa und Igor kommen erst am nächsten Tag zurück. Sie haben in einer Jagdhütte übernachtet und bringen außer den Beeren Fische mit – einen Taimen, den sibirischen Huchen, Barsche und zwei Nalims. Der Nalim, die Aalquappe, kann in unserer Gegend bis etwa 40, 50 Zentimeter groß werden und hat weiches Fleisch. Wir mögen diesen Fisch nicht besonders und verfüttern ihn meistens an die Hunde.
Bisweilen habe ich Igor gegenüber ein schlechtes Gewissen, denn mir scheint, dass Slawa ihn mitunter ohne entsprechende Gegenleistung unsere Arbeit tun lässt. Igor wehrt sich nicht dagegen, er stellt auch keine Forderungen, sondern nimmt, was Slawa ihm gibt. Das Gespräch, das mir Slawa nach ihrer Rückkehr schildert, ist daher bezeichnend:
Igor: „Ich möchte einen Nalim nehmen, mir schmeckt er gebraten sehr gut."

Slawa mit barscher Stimme: „Die Hunde wollen auch fressen, denen schmeckt Nalim auch!"

Igor sitzt eine Weile stumm da, dann sagt er: „Ich habe eine große Pfanne, darin könnte ich den Nalim gut braten."

Slawa: „Na und? Ich habe einen großen Topf. Darin kann ich den Nalim prima kochen für die Hunde."

Igor gibt einige undefinierbare Töne von sich, erwidert aber nichts.

Natürlich bekommt er den Fisch, doch mir tut Igor leid, weil er es niemandem gegenüber fertigbringt, sich für seine Interessen stark zu machen, einmal nein zu sagen oder einen akzeptablen Gegenwert für seine Arbeit zu verlangen. Ich vermute, dass er sich manches Mal ungerecht behandelt oder übervorteilt fühlt und seine Unzufriedenheit in sich hineinfrisst, statt sich zu äußern.

Das öffentliche Telefon ist gerade einmal drei Monate kaputt und schon – ruck, zuck – erscheint jemand, um es durch ein neues zu ersetzen. Damit können die Leute etwa zwei Stunden telefonieren, bis es den Dienst einstellt. Der Telefonmensch ist glücklicherweise noch im Ort. Er stellt fest, dass das Kabel nicht in Ordnung ist. Es sei ein nicht systemgerechtes Kabel, das man dort angebracht habe. Für das Kabel sei er aber nicht zuständig, da müsse jemand aus Mogotscha kommen. Er selber sei von der Telefonfirma aus Blagoweschinsk. Der Verdacht liegt nahe, dass das Telefon gar nicht kaputt war, sondern der Fehler von Anfang an beim Kabel lag. Um das Kabel in Ordnung zu bringen, muss ein zweiter „Spezialist" nun noch einmal 100 Kilometer auf der Autotrasse und 320 Kilometer auf dem Fluss zurücklegen, den Rückweg nicht gerechnet, und das hoffentlich bald. Als gelernte Betriebswirtin würde es mich interessieren, wer die immensen Kosten trägt, die durch schlampige Arbeit und schlechte Qualität verursacht werden.

Nach über einem Monat kommt endlich wieder einmal ein Boot aus Tupik an, das Waren für den Laden, Post, die Pensionsgelder und die Gehälter für die Angestellten in Kindergarten, Schule und Elektrostation bringt. Für den Laden scheint es fast nur Wodka und große, eineinhalb Liter fassende Bierflaschen mitgebracht zu haben, Lebensmittel sollen in zwei Wochen geliefert werden. Ich hatte gehofft, Eier und Käse kaufen zu können und bin enttäuscht.

Viele Dorfbewohner werden von ganz anderen Gefühlen bewegt: Geld ist da, Wodka ist da – Herz, was willst du mehr? Das halbe Dorf ist tagelang im Vollrausch, darunter die beiden Männer, die in der Elektrostation für den Strom sorgen, sodass der Generator mehrmals mit bis zu anderthalb Stunden Verspätung eingeschaltet wird. Unser junger Nachbar Wowa zerschlägt im Suff den Fernsehapparat. Slawas Tante ruft beim Herbeikommen schon von Weitem mit schriller Stimme „Karina, Karina!", was mir signalisiert, dass auch sie betrunken ist. Sie hat dann immer den Drang, mich zu küssen, und ich halte ihr, um nicht unfreundlich zu sein, ergeben meine Wange hin, obwohl ich die Alkoholküsse nicht mag.

Beinahe erstaunlich ist es vielleicht, dass mir keiner der zahlreichen Alkoholiker als Mensch unsympathisch oder unangenehm ist. Sie kommen mir manchmal vor wie fehlgeleitete Kinder und sind trotz ihrer Schwächen liebenswert. Ich lebe mit ihnen in freundlicher Nachbarschaft. Wenn sie betrunken sind, halte ich mich fern oder schicke sie weg mit der Bitte, nüchtern wiederzukommen. Obwohl sie im Suff untereinander oft gewalttätig sind und einander Verletzungen mit Fäusten, Messern, sogar Äxten, Stühlen oder anderen Gegenständen zufügen, habe ich nie Angst vor ihnen.

Die Harmonie und Reinheit der Umgebung scheint auf das Seelenleben der Dorfbewohner keinen merkbaren Einfluss auszuüben. Gerade jetzt im September während der Laubfärbung ist die Natur von beispielloser Schönheit. Die Sonne scheint vom wolkenlosen, blauen Himmel, die Luft ist klar und relativ warm trotz der schon regelmäßig auftretenden Nachtfröste. Ich habe mir vorgenommen, am Vormittag einen langen Spaziergang zu machen und dabei zu filmen und zu fotografieren, doch Slawa und Igor reparieren das Schneemobil und wollen zwischendurch essen. Also bereite ich Essen zu: Plov, ein Fleisch-Reisgericht, zum Mittag, Plinsen aus Zucchini, Mehl, Ei- und Milchpulver zur Vesper, Buletten aus Elchfleisch zum Abendbrot, sowie eine Thermoskanne Tee. Außerdem setze ich den Teig für einige Brote an, die ich in der Backröhre backen will, sobald der Strom eingeschaltet ist. Es ist fast drei Uhr nachmittags, als ich endlich losgehen kann.

Den langgezogenen, flachen See im Wald unweit unseres Hauses umsäumen bereits gelb gefärbte Gräser. Goldene Birkenblätter schweben auf die das Himmelsblau widerspiegelnde Wasserfläche. Zwischen den sonnengelb leuchtenden Lärchen einherschreitend, koste ich hier und da von Hagebutten, Preiselbeeren und letzten Sumpfheidelbeeren, die im himbeerfarbenen Laub verblieben sind. Auf kleinen Trampelpfaden durchstreife ich den Wald, bis ich auf die Flussbiegung stoße, an der normalerweise eine große Sandbank zu sehen ist. Heute liegt sie vollkommen unter Wasser, in dem sich die gegenüber liegende Felswand spiegelt. Auf einem umgestürzten Stamm sitzend, lasse ich die wärmenden Sonnenstrahlen, die herbstlichen Farben und die Stille, die nur durch leises Plätschern unterbrochen wird, auf mich wirken.

Die Hunde toben unterdessen durch das Gelände. Sie begleiten mich immer auf den Spaziergängen, sind aber oft lange außer Sichtweite. Auf dem Rückweg sehe ich das helle, rötliche Fell der Hündin Katja zwischen den Bäumen auftauchen. Sie trägt eine große Auerhenne im Maul herbei und legt sie vor meinen Füßen ab. Da die Hunde nicht zum Apportieren abgerichtet sind und das in der Regel auch nicht tun, habe ich die schlaue Katja im Verdacht, dass ihr das Tier zu schwer zum Tragen wurde und sie diese Aufgabe deshalb mir zudachte. Weil sie mich so stolz anschaut und mit dem Schwanz wedelt, lobe und streichle ich sie ausgiebig und schaue mir die Beute dann genauer an. Die Henne hat eine Schussverletzung und scheint daran erst vor Kurzem verendet zu sein. Vermutlich hatte jemand auf sie geschossen, das verletzte Tier aber nicht gefunden. Auch gut. Ich packe den Vogel am Hals und trage ihn heimwärts; er ist tatsächlich ziemlich schwer. Im Dorf begegnet mir ein Mann, der mich ganz verwundert fragt, ob ich das Tier erlegt habe.

„Ja, klar, mit meinem Klappgewehr", antworte ich und zeige auf die schwarze Hülle, in der sich mein zusammengeklapptes Fotostativ befindet.

Nachdem sich im Dorf lange Zeit Gerüchte gehalten haben, dass ich eine große Pistole hätte und den schwarzen Gürtel in Karate, kommt ihm die Sache mit dem Klappgewehr offensichtlich nicht allzu unwahrscheinlich vor, denn kurz nach unserer Begegnung trifft er Slawa und erzählt ihm sofort, dass ich eine Auerhenne erlegt hätte.

Ich bedaure es oft, dass mein Mann und ich keine gemeinsamen Beschäftigungen haben. Unsere unterschiedlichen Tätigkeiten führen wir an verschiedenen Orten aus. Da Slawa meistens körperlich draußen arbeitet, hat er keine Lust, mit mir spazieren zu gehen. Wir können nirgendwo hingehen, um zum Beispiel zusammen etwas zu besichtigen, eine Ausstellung, ein Konzert, ein Kino zu besuchen. Es gibt keine geistigen Anregungen. Davon abgesehen sind unsere Interessen sehr verschieden. Ich kaufte verschiedene russischsprachige Bücher buddhistischen Inhalts in der Hoffnung, dass sie sein Interesse an einer tieferen Lebenssicht wecken würden. Doch er blätterte nur einmal darin herum, bevor er sie zur Seite legte, während er sonst jede geschriebene Zeile verschlingt. Während ich oft am Notebook arbeite – meine Videofilme schneide, Fotos bearbeite, schreibe – oder noch Hausarbeiten erledige, schaut er gerne und fast jeden Abend fern. Verdenken kann ich es ihm nicht, denn nach der körperlichen Arbeit möchte er sich ausruhen. Ich würde mich öfter zu ihm setzen, wenn nur die Sendungen nicht so schlecht wären! Sobald ich nur den Ton höre, überkommt mich Ekel. Wir können nur zwei Kanäle empfangen, das staatliche Fernsehprogramm „Rossia" und NTV. Obwohl „Rossia" wesentlich seriöser auftritt, gehen beide Sender offenbar davon aus, dass ihre Zuschauer geistig minderbemittelt sind. Sie zeigen vorwiegend mit „Konzert" bezeichnete Schlagersendungen, Klatschsendungen über Schlagersternchen, reißerisch aufgemachte Tatsachenberichte über Verbrechen, persönliche Schicksalsschläge oder öffentliche Missstände. Ab und zu senden sie einen schlechten ausländischen Film, den sie wahrscheinlich zum Schnäppchenpreis eingekauft haben, oder ohne jeden Witz aus dem Ausland abgekupferte Serien ähnlich wie „Kommissar Rex", „Fernsehgericht", „Gesetz und Ordnung". Den größte Teil der Sendezeit jedoch nehmen russische Fernsehserien, Fernsehserien, Fernsehserien ein. Letztere haben fast ausschließlich die Verbrecherjagd durch die Miliz zum Inhalt. Es wird herumgeschossen, verletzt und getötet, was das Zeug hält. Und natürlich bei jeder Gelegenheit Schnaps getrunken. Auch im Fernsehen ist Volltrunkenheit kein Grund zur Scham. Ein Beispiel: Zwei Männer, Milizangehörige, saufen am Abend circa 2 Liter Wodka, sind morgens schwer angeschlagen und benehmen sich konfus, was offenbar lustig sein soll. Die 16 Jahre alte Tochter lächelt verständnisvoll über die beiden.

Und während man nichts dabei findet, den ganzen Abend Leute umzubringen, wird in den Realityshows jedes Schimpfwort mit einem Pieps übertönt, was wohl eine

Reminiszenz an den guten Geschmack sein soll. Wirklich informative oder originelle Sendungen sind selten oder werden vielleicht am Tage ausgestrahlt, wenn man normalerweise arbeitet. Der Wetterbericht bei NTV ist meinem Eindruck nach eine verkappte Reklamesendung, denn der Sprecher handelt das Wetter im 17 Millionen Quadratkilometer großen Russland in 1 Minute und 20 Sekunden ab, findet aber die Zeit, drei Medikamente zu bewerben. Überhaupt nimmt Produktwerbung auf beiden Kanälen einen großen Teil der Zeit ein – so oft kann man gar nicht auf das Klo gehen. Allerdings gibt es in Russland eine ganze Menge weiterer Sender, die wir mit einer eigenen Satellitenschüssel empfangen könnten, so wir denn eine hätten, und von denen einige vielleicht bessere Programme bieten. Es gibt zum Beispiel einen Kulturkanal, der recht gut sein soll.

Manchmal bin ich deprimiert und des Lebens in Russland überdrüssig. Die Mängel, über die ich ständig stolpere und die ich in den ersten Jahren meines Hierseins mit einem Achselzucken abtat, nerven mich zunehmend. Ich frage mich zum Beispiel, warum, zum Teufel, es den russischen Herstellern egal ist, dass von 100 Handwaschgeräten höchstens fünf dicht sind und nicht ständig tröpfeln, warum die Hälfte aller Formen, in denen man *Pelmeni* fabriziert, ungeeignet ist und Ausschuss produziert, warum ein hoher Prozentsatz neu gekaufter Ersatzteile für Schneemobil oder Bootsmotor fehlerhaft ist, warum die Qualität unseres dörflichen Karten-Satellitentelefons so miserabel ist, dass es dreiviertel der Zeit nicht funktioniert. Dazu muss man wissen, dass in unzähligen kleinen und großen Ortschaften dieses riesigen Landes keine zentrale Wasserversorgung existiert und in jedem Haushalt zwei Handwaschgeräte genutzt werden, eines auf dem Hof und eines im Haus. Seit bestimmt mehr als hundert Jahren bestehen sie aus einem kleinen Metalleimer mit einem Loch im Boden, das durch einen Metallstift mit Gummidichtung verschlossen sein sollte. Es ist ärgerlich, wenn das Wasser ungenutzt vertropft, denn es muss vom Fluss geholt werden, wenn das Regenwasser nicht ausreicht.

Pelmeni sind ein unverzichtbarer Bestandteil der russischen Küche. Auch in den Städten bereiten viele Hausfrauen die mit Hackfleisch gefüllten Teigbällchen selbst zu. Ich möchte behaupten, dass es in den meisten Haushalten eine „Pelmeniza", eine spezielle Form dafür, gibt. Auch ich kaufte eine und versuchte mehrmals verbissen, die beliebte Speise herzustellen. Was hatte ich falsch gemacht? Lag es am Teig? Oder am Ausrollen, zu dünn oder zu dick? Schließlich borgte ich mir die Form der Tante und siehe da – es gelang. Ärgerlich warf ich meine neue, unbrauchbare Pelmeniza in den Müll. Schon gewitzt, kaufte ich zwei verschiedene Ausführungen des Gerätes, das man zum Verschließen der Einweckgläser mit Blechdeckeln verwendet. Und natürlich, eines davon funktionierte nicht und wanderte gleichermaßen in den Müll.

Das Schneemobil, der Buran, wird seit ewigen Zeiten beinahe unverändert gefertigt. Da es keine Alternative dazu gibt, sieht der Hersteller keine Notwendigkeit für Verbesserungen am Modell – frei nach dem Motto: Friss, Vogel, oder stirb. Das Schlimmste aber ist, dass der Buran immer teurer wird und die Qualität immer schlechter, ebenso wie die Qualität der Ersatzteile. Die fehlerhaften Teile verschleißen schneller, müssen öfter ersetzt werden, was den Geldbeutel arg strapaziert, und erfordern Reparaturen ohne Ende.

Bei allen Beispielen handelt es sich um Artikel, die in hohen Stückzahlen produziert und verkauft werden. Der Aufwand für Qualitätssicherung oder Neuerungen würde sich also lohnen und kostenmäßig pro Stück kaum ins Gewicht fallen. Mir scheint aber, dass man so lange gar nichts macht, so lange es irgendwie, mehr schlecht als recht, geht. Warum gute Arbeit leisten, wenn man es bequemer haben kann?

Es deprimiert mich auch, auf lange Zeit abgeschnitten zu sein von meiner deutschen Heimat, umgeben von Menschen, mit denen ich keine Interessen und keinen Gesprächsstoff teile. Dann sage ich mir jedoch, dass es an mir liegt, was ich aus meinem Leben mache, wie ich die Zeit für mich nutze, und ich denke darüber nach, wie ich meinen Tagesablauf besser gestalten könnte.

Die Gartensaison ist jetzt beendet und die damit verbundene tägliche Gartenarbeit – gießen, jäten, ernten, konservieren – nicht mehr nötig. Die gewonnene Zeit kann ich nutzen, um das Hanteltraining fortzusetzen, mit dem ich im Frühjahr begonnen hatte, nachdem mein Mann mit großer Mühe Gewichte und Hantelstangen aus Irkutsk hierher transportiert hatte. Nach der monatelangen, durch viel Arbeit und die Reise verursachten Unterbrechung muss ich wieder ganz bescheiden anfangen, doch das systematische Training tut nicht nur meinem Körper, sondern auch der Psyche gut. Ich halte Muskeltraining für eine besonders nützliche und gesunde Sportart und betreibe es seit über 20 Jahren – damals in Hamburg mehrmals wöchentlich im Fitnessstudio und hier, sooft es meine Zeit erlaubt. Bodybuilding ist nicht nur etwas für junge Leute, die mit Muskelbergen protzen möchten, sondern man kann in jedem Alter damit beginnen, in seinem eigenen Rahmen die Leistungsfähigkeit der Muskulatur zu erhalten und zu verbessern. Gegenüber anderen Sportarten hat es den Vorteil, dass bei korrekt ausgeführten Übungen keine Verletzungsgefahr besteht und alle Muskelgruppen gleichermaßen trainiert werden. So kann man bis ins hohe Alter relativ fit bleiben, solange man nicht von Krankheiten heimgesucht wird.

Slawa freut sich, dass ich etwas für mich tue. Er redet mir schon lange zu, weniger zu arbeiten und mich öfter auszuruhen. Ausruhen ist jedoch nicht meine Stärke. Morgens lange im Bett zu liegen, käme für mich der Folter gleich, lieber erhole ich mich aktiv beim Sport, Ausflügen in die Umgebung, Baden im Fluss oder sonst einer angenehmen Beschäftigung.

Slawas große Liebe und Zärtlichkeit machen es mir leichter, dieses für einen Großstadtmenschen ungewöhnliche Leben zu führen. Nie ist er zu müde oder zu bequem, mir eine Arbeit abzunehmen oder eine Bitte zu erfüllen, und nie tritt er ins Haus, ohne ein liebevolles Wort an mich zu richten. Sein Licht und seine Wärme erhellen und wärmen mich, wenn ich niedergedrückt bin. Umgekehrt weiß ich aber auch, dass er glücklich darüber ist, mich bei sich zu haben.

Großen Einfluss auf mein Wohlbefinden hat die Natur Sibiriens. Sie hat einen ganz eigenen Zauber, wie ich ihn in dieser Form nirgendwo anders empfunden habe, nicht auf den Flüssen im Norden Kanadas und Alaskas, nicht in den Wäldern Finnlands. Vielleicht wird er bewirkt durch die Extreme – die ungeheure Weite im Gegensatz zur Kleinheit unseres Lebens, die lebensbedrohliche, eisige Kälte des Winters und die Hitze des Sommers, in der alles üppig wächst und gedeiht, die Schönheit und Vielfalt der Natur und ihre Erbarmungslosigkeit, unendlicher Frieden und immerwährender Kampf, Leben und Tod.

Der große russische Dichter Anton Tschechow schrieb: „Die Natur aber, die von den Fremden vergöttert und von unseren Flüchtlingen verehrt wird und die mit der Zeit den sibirischen Dichtern als unerschöpfliche Fundgrube dienen wird, die originelle, erhabene, herrliche Natur beginnt erst am Jenissej."

Und obwohl die Geografen die Grenze zwischen Europa und Asien am Ural gezogen haben, schreibt der Naturwissenschaftler Johann Georg Gmelin, der Sibirien im Rahmen der Großen Nordischen Expedition kreuz und quer bereiste, in seinem Werk „Flora Sibirica": „Erst als ich den Jenissej erreichte, hatte ich das Gefühl, Asien zu betreten. Bis in diese Gegend habe ich kaum irgendwelche Tiere gesehen, die nicht auch in Europa lebten, wenigstens in den weiten Steppen am Unterlauf der Wolga, auch kaum andere Pflanzen und andere Erd- und Gesteinsarten. Das ganze Aussehen des Landes bis in dieses Gebiet machte mir einen europäischen Eindruck. Doch vom Jenissej, östlich so gut wie südlich und nördlich, zeigte sich ein ganz anderes Bild und, ich möchte fast sagen, lauter neue, frische Farben."

Wie soll man die Natur Sibirien in Worte fassen? Einzigartig, unendlich, traumhaft …

Ohne Arzt und Feuerwehr

Unser Feldscher verlässt das Dorf mit dem letzten Boot, das vor Wintereinbruch nach Tupik fährt. Er ist Kirgise und macht jedes Jahr drei Monate Heimaturlaub bei seiner Familie. Eine Vertretung für ihn gibt es nicht

Bald, im Oktober, beginnt der Fluss zuzufrieren, und wir sind von der Außenwelt abgeschnitten, bis das Eis auf den Flüssen dick genug ist, um Autos tragen zu können. Das kann bis zu drei Monate dauern und ist von mehreren Umständen abhängig. Wenn sehr viel Schnee fällt, dauert es lange, da er gegen die Kälte isoliert. Außerdem gibt es viele Stellen, an denen aus dem Flussgrund wärmeres Wasser austritt und die Eisschicht dünn bleibt.

In diesem Jahr hat das Fehlen ärztlicher Versorgung besondere Brisanz, denn im Dorf befinden sich zwei schwangere Frauen, von denen die eine im Oktober, die andere im Dezember entbinden soll. Marina mit Entbindungstermin im Oktober ist Mitte 20 und hat bereits drei kleine, noch nicht schulpflichtige Kinder. Sie will nicht nach Tupik ins Krankenhaus fahren, weil sie nach der Entbindung bis Mitte Dezember dort festsäße und dann mit einem zwei Monate alten Baby den zehnstündigen Holperweg auf sich nehmen müsste. Die andere Frau möchte nicht mehr als zwei Monate in Tupik herumsitzen und auf die Geburt warten.

Nach der Abfahrt des Feldschers ist noch keine Woche vergangen, als unser Dorfvorsteher in Begleitung Dora Michailownas zu mir kommt. Sie wollen von meinem Satellitentelefon aus – das Dorftelefon ist noch immer nicht repariert – im Krankenhaus in Tupik anrufen. Dora Michailowna hat früher 40 Jahre als Feldscher hier gearbeitet, ist nun aber schon 79 Jahre alt und seit über 25 Jahren in Pension. Marina war angetrunken gestürzt und dann zu Dora Michailowna gegangen, die sie untersucht und keine Herztöne des Babys mehr gehört hatte. Dora Michailowna alarmierte daraufhin den Dorfvorsteher und erklärte, dass Marina sofort ins Krankenhaus müsse.

Es ist Sonntag, im Krankenhaus nimmt niemand das Telefon ab. Deshalb ruft der Dorfvorsteher den Rajonchef in Tupik an. Dieser fordert uns auf, in einer Stunde noch einmal anzurufen, er werde in der Zwischenzeit klären, was zu tun sei.

Während des Wartens trinkt Dora Michailowna Tee bei mir. Ich stelle ein Glas *Warenje* vor sie hin, denn viele Leute süßen ihren Tee damit. Sorgfältig leckt sie den Löffel ab, bevor sie ihn wieder in die Konfitüre senkt, die sie in zierlichen Häppchen zu sich nimmt. Ich habe mich noch immer nicht an die allgemein verbreitete Verfahrensweise gewöhnt, gemeinsam aus einem Glas oder der Pfanne zu essen und stelle in der Regel vor jeden einen Teller oder ein Schüsselchen hin, auf die man sich seine Portion legen soll. Manchmal bin ich einfach nicht schnell genug.

Als die Stunde vergangen ist, tritt der Dorfvorsteher ins Zimmer. Er kommt von Marina, die ihm beschied, mit ihr sei alles in Ordnung, und sie würde nirgendwohin fahren. Er ist aufgebracht und weiß nicht, wem er glauben soll. Ich halte es für möglich, dass

Dora Michailowna sich bezüglich der fehlenden Herztöne geirrt hat, denn sie hört sehr schlecht, und schlage vor, dass sie Marina noch einmal untersucht, bevor wir den Rajonchef anrufen. Davon will sie jedoch nichts wissen.

„Ich weiß, was ich gehört beziehungsweise nicht gehört habe", erklärt sie kategorisch.

Am nächsten Tag landet ein Hubschrauber im Dorf, der Marina ins Krankenhaus nach Tschara bringt. Tschara liegt an der Bahnstrecke der BAM im äußersten nördlichen Zipfel unserer *Oblast*, die in dieser Gegend an die Republik Jakutien grenzt. Im dortigen Krankenhaus können auch Operationen durchgeführt werden, was in Tupik nicht möglich ist.

Vor der Perestroika war es normal, dass schwerkranke Personen mit dem Hubschrauber abgeholt wurden. Jetzt ist es eine große Seltenheit, weil dafür kein Geld mehr vorhanden ist. Aber in diesem Fall wollte man das Leben einer jungen Mutter von drei kleinen Kindern wohl doch nicht riskieren.

Über Umwege – es gibt eine spezielle Funkverbindung zwischen Srednjaja Oljokma und Tschara zwecks Weitergabe der Messdaten aus unserer meteorologischen Station – hören wir später aus Tschara, dass das Kind wohlauf und die Geburt gut verlaufen sei. Der Weg nach Hause ist nun allerdings noch umständlicher und beschwerlicher geworden. Mit dem Baby muss Marina eine lange Bahn- und Autofahrt nach Tupik unternehmen: aus Tschara mit der BAM über Juktali nach Tynda, umsteigen in die TRANSSIB und Weiterfahrt nach Mogotscha, von dort aus mit einem Auto 100 Kilometer nach Tupik und um die 230 Kilometer nach Srednjaja Oljokma. Theoretisch besteht zwar die Möglichkeit, aus Tschara bis Juktali mit der Bahn zu fahren und dann später auf der vereisten Oljokma direkt nach Srednjaja Oljokma, aber Marina hat in der Gegend keine Verwandten, bei denen sie wohnen könnte, bis das Eis stark genug ist.

Der nächste Vorfall lässt nicht lange auf sich warten. Sechs Tage später um die Mittagszeit kommt Polina, Marinas Mutter, aufgeregt zu mir: „Geh rüber zu Onkel und Tante, sie sind krank. Ich kann nicht bei ihnen bleiben, weil ich mich um die Kinder kümmern muss."

Mir schwant Übles. Zwei Jäger aus Tupik hatten bei den beiden Station gemacht, bevor sie zu ihrer Jagdhütte nahe den „Weißen Felsen" an der oberen Oljokma aufgebrochen waren. Sie hatten 12 Flaschen Wodka mitgebracht, und drei Tage lang wurde, in wechselnder Gesellschaft mit anderen Schnapsdrosseln aus der Nachbarschaft, getrunken. Es schien aber kärglich wenig Wodka gewesen zu sein, denn am Abend holte die Tante noch eine Flasche aus dem Laden.

Als ich bei ihnen durch die Küche gehe, höre ich die Tante im Zimmer laut heulen wie ein Wolf in der Winternacht. „Es schmerzt, es schmerzt!", ist der Refrain. Sie liegt noch in der Nachtkleidung im Bett und sieht furchtbar aus – die Augen rot unterlaufen, das Gesicht fleckig, verquollen und verknittert. Sie klagt über starke Schmerzen in der Seite, stöhnt dann aber, dass ich mich um den Onkel kümmern soll. Der liegt im anderen Zimmer auf dem Sofa, und ihm geht es eindeutig schlechter, obwohl er keinen Mucks von sich gibt. Seine linke Seite von der Hand bis zu den Zehen verkrampft sich immer wieder und wird steinhart dabei. Ab und zu lockert es sich etwas, um kurz darauf wieder zu verkrampfen. Es muss sehr schmerzhaft sein. Er hat außerdem starke Kopfschmerzen und zwei blutverkrustete Wunden, eine an der linken Kopfhälfte und eine an der Nase, die er sich zwei Tage zuvor bei einem Sturz auf die Ofenkante zugezogen hat. Er ist aber bei Bewusstsein und gibt vernünftige Antworten. Sein Herz schlägt gleichmäßig und kräftig und der Blutdruck ist 160/85, wie die Nachbarin Ljuba mit ihrem Messgerät feststellt.

Inzwischen hat jemand Dora Michailowna geholt. Sie fragt nicht, was passiert ist, sondern zieht sofort eine Spritze auf und will sie der Tante verabreichen, bis wir ihr sagen, dass der Onkel der Hilfsbedürftige sei. Ohne ihn genauer anzusehen und zu wissen, welche Beschwerden er hat, injiziert sie ihm die Flüssigkeit in die Oberarmmuskulatur. Dann sieht sie die Kopfwunde und meint, es läge anscheinend eine Hirnverletzung vor, die die Krämpfe verursache. Hilfe sei nicht möglich, er würde wohl sterben. Wir brauchten das Krankenhaus in Tupik gar nicht erst anzurufen.

Ljuba und ich richten ihn zwischen den Krämpfen etwas auf und flößen ihm Tee ein. Viel kann er auf diese Weise jedoch nicht zu sich nehmen. Wir massieren Arm und Fuß in der Hoffnung, dass es ihm gut tut. In der Nacht hat er Durchfall und erbricht mehrmals, allerdings keine Essensreste, sondern nur Magenflüssigkeit. Offensichtlich hat er während der Trinkerei kaum etwas gegessen, dabei ist er schon so mager wie ein halb verhungerter Spatz. Auch jetzt kann er nichts essen, weil ihn die ständigen Krämpfe am Schlucken hindern. Ljuba, ihr Mann Valeri, Dora Michailowna und ich wechseln uns die Nacht über bei ihm ab. Dora Michailowna und ich schlafen in unserem Haus zweieinhalb Stunden, bevor wir wieder hinüber gehen. Zur Ablösung holt Ljuba morgens gegen halb neun Viktoria, die sich angesichts der Lage wohl ziemlich hilflos fühlt, denn sie setzt sich statt zum Onkel ans Bett in Mantel und Mütze in die Küche vor den Ofen, raucht und geht bald wieder.

Die Tante wuselt herum und jammert ohne Unterlass, weil ihr der ganze Gürtelbereich und der Rücken schmerzt. Manchmal schreit sie laut auf. Sie klagte bereits seit Monaten über starke Schmerzen im Bauch. Jetzt haben sich die Schmerzen verlagert und verschlimmert, wahrscheinlich in Folge der Sauferei. Bei ihrem Mann sitzt sie nicht, sondern lamentiert: „Krank geworden, Saukerl! Wer wird den Ofen heizen? Ich werde erfrieren."

Ich kann mir ihre Worte nur so erklären, dass sie momentan wirr im Kopf ist.

Wir schöpfen etwas Hoffnung, als es dem Onkel ein wenig besser zu gehen scheint, die Krampfanfälle sind etwas seltener. Vielleicht hat er doch keine Hirnverletzung, sondern Delirium tremens. Eigentlich sollten die Leute hier wissen, was in einem solchen Fall zu tun ist, denn bei dem massiven Alkoholmissbrauch ist das bestimmt nicht der erste Fall dieser Art. Zu meiner Erleichterung kommt Slawa am Abend zurück und übernimmt die nächste Nachtwache. Er war zwei Tage vorher zu einer seiner Jagdhütten gefahren, um Benzin und Vorräte hinzubringen. Am Morgen berichtet Slawa, dass der Onkel nicht geschlafen habe und die Krämpfe wieder schlimmer geworden seien. Uns mit den Nachbarn abwechselnd, verbringe wir den Tag bei ihm. Mit dem Löffel flößen wir ihm immer wieder etwas Flüssigkeit ein. Er schläft nicht, hat fortwährend linksseitige Krämpfe und ist insgesamt sehr unruhig. Offenbar sieht er weiße Mäuse oder Schlimmeres, denn er dreht ständig den Kopf zur Seite und fixiert mit aufgerissenen Augen etwas, das er mit der rechten Hand zu erhaschen versucht.

Dora Michailowna, der es in ihrem Alter schwer fällt, täglich vom oberen Ende zum unteren Ende des Dorfes zu gehen, kommt trotzdem jeden Tag und bemüht sich um den Kranken. Sie gibt ihm Spritzen – Vitamine und Mittel, um das Herz zu stärken und den Blutdruck zu senken, wie sie sagt. Sie genießt es aber offensichtlich auch, gebraucht zu werden. Ihr Gesicht ist sichtbar aufgeblüht. Um ihre Kompetenz zu unterstreichen, setzt sie sich eine hohe, gestärkte, blendendweiße Haube aufs Haar, sobald sie den Mantel ausgezogen hat.

„Dora Michailowna, der Onkel braucht vielleicht eine Infusion, denn er hat seit Tagen nichts gegessen und nimmt zu wenig Flüssigkeit zu sich", äußere ich besorgt.

„In der Krankenstation ist nichts vorhanden", antwortet sie und will dem Kranken ein volles Glas Tee in die Hand geben, das er im Liegen selber halten und trinken soll. Dabei kann er nicht einmal den Kopf heben und ist steif wie ein Brett, sodass wir ihn nicht mehr aufrichten können und ihm mit dem Löffel immer nur kleine Portionen Flüssigkeit verabreichen, damit er sich nicht verschluckt. Meinen Einwand lässt sie nicht gelten, und so verschwinde ich schnell, bevor der Tee auf seiner Kleidung und im Bett landen kann. Soll sie ihn doch umziehen und umbetten.

Wegen der erforderlichen Betreuung bleibt der Generator nachts angeschaltet, und wir haben Licht. Auch diese Nacht verbringt Slawa am Bett des Kranken. Am Morgen sieht es aus, als wäre das Schlimmste überstanden, obwohl der Herzschlag unregelmäßig und schwach ist, vielleicht aus Erschöpfung. Er isst ein paar Löffelchen Brei und trinkt ein wenig. Zwischen den Krämpfen schläft er manchmal ein, zwei Minuten. Der Tante jammert noch immer über ihre Schmerzen, nur nicht mehr so laut. Wie wir sehen, geht es ihr eindeutig besser, und da sie die vergangenen Nächte prächtig geschlafen hat, glauben wir, dass sie sich tagsüber um ihren Mann kümmern kann. Wenn sie Hilfe benötigt, braucht sie nur über die Straße zu gehen und Bescheid zu sagen.

Slawa und ich streiten uns am Abend, weil ich wieder hinüber gehen will und er mich davon abhält. Ich fühle mich wie gefesselt von Slawas: „Tu das nicht, sitze zu Hause, kümmere dich nicht, das ist nicht deine Angelegenheit." Am Morgen habe ich deswegen ein schlechtes Gefühl und weine. Meiner Meinung nach hätte jemand bei dem Kranken sitzen müssen, der ihm oft zu trinken gibt und schaut, ob er etwas essen kann. Die Tante hat es wahrscheinlich nicht gemacht, sie sitzt abends seelenruhig da und guckt fern, mit hoher Lautstärke, weil sie schlecht hört, und nachts schläft sie ganz unbeschwert – jedenfalls war das in den vergangenen Nächten so.

71

In den nächsten 24 Stunden verschlechtert sich der Zustand des Onkels rapide. Sein Puls beträgt 120 Schläge pro Minute. Während sich die ganze linke Seite aller paar Sekunden schmerzhaft verkrampft, zieht es seinen Kopf nach hinten und seine Augäpfel verdrehen sich, sodass nur noch das Weiße zu sehen ist. So geht das unausgesetzt. Er ist nicht mehr ansprechbar.

„Das hält er nicht mehr lange durch", sage ich zu Slawa. „Wenn er keine professionelle Hilfe bekommt, stirbt er. Wir rufen jetzt im Krankenhaus in Tupik an – hätten wir das bloß gleich gemacht!"

Einen Hubschrauber schicken sie nicht. Die Ärztin sagt, wir sollen in die Krankenstation gehen, nachsehen, was dort vorhanden ist und im Beisein von Dora Michailowna wieder anrufen.

„Da ist überhaupt nichts", sagt diese wieder, als wir sie aufsuchen.

„Woher wollen Sie das so genau wissen? Wir gehen jetzt dorthin und sehen nach, basta!", erwidere ich barsch.

Wir durchsuchen alle Schränke, finden Flaschen mit zwei verschiedenen Infusionslösungen, Infusionsbestecke, Glukoseampullen, Tabletten. Ich schreibe die Namen der Medikamente auf einen Zettel, und Slawa gibt sie dann telefonisch der Ärztin weiter. Die Ärztin will Dora Michailowna erklären, wie die vorhandenen Mittel anzuwenden sind, aber diese versteht nichts, weil sie so schlecht hört und dazu noch aufgeregt ist. Schließlich nimmt Slawa den Hörer und schreibt auf, was die Ärztin sagt. Unter anderem soll der Onkel sofort Infusionen bekommen, damit sich sein Wasserhaushalt normalisiert, außerdem Glukoseinjektionen und zwei verschiedene Arten von Tabletten.

Dora Michailowna scheint sich jetzt überfordert zu fühlen und meint, Tanja solle das machen. Tanja ist die Tochter einer kürzlich im Dorf verstorbenen Frau. Sie ist aus Tschita angereist, um sich um ihren ebenfalls kranken alten Vater zu kümmern. Er bekommt eine sehr gute Pension und hat Rücklagen, also genug, damit sich beide jeden Tag volllaufen lassen können. Das Geld reicht auch noch, um die vielen, sich unverzüglich und regelmäßig einfindenden Freunde (des Alkohols) zum Bechern einzuladen. Tanja hat 18 Jahre in einem Krankenhaus in Tschita als Krankenschwester gearbeitet, wurde aber wegen ihrer Trunksucht entlassen. Sie ist auf Grund ihrer Kenntnisse und Erfahrung unsere letzte Hoffnung. Aber wie befürchtet, ist sie jetzt, am Vormittag, schon betrunken. Auf solche Feinheiten können wir allerdings keine Rücksicht nehmen, Eile tut not. Wir schleppen sie mit, obwohl sie zuerst nicht will.

Einen Infusionsständer haben wir nicht. Tanja bittet Slawa, einen Nagel in die Wand zu schlagen. Daran hängt sie die Flasche, die sie zuvor mit einer Binde fixiert hat, und legt – mit einigen Schwierigkeiten, denn ihre Zielgenauigkeit ist stark beeinträchtigt –, einen Zugang in die Vene. Dabei spricht sie aufmunternd, wenn auch etwas lallend, zum Onkel: „Moj Charoschinki, Krasawiza – Mein Guter, Schöner)", und noch einiges mehr.

Sie sagt Dora Michailowna, welche und wie viele Tabletten sie verabreichen soll und verschwindet wieder zu ihrer Wodkaflasche. Leider vergisst Dora Michailowna, wie die Anweisung bezüglich der Tabletten lautet, und sie entfernt die Kanüle, obwohl die Infusionsflasche noch zu einem Viertel voll ist und wir nur zwei davon haben. Dann geht sie nach Hause, um zu essen und sich etwas zu erholen.

Der Zustand des Patienten bessert sich nicht, und ich gehe los, um Tanja wieder herbeizuschaffen. In Begleitung Dora Michailownas kommt sie mir auf der Straße entgegen, noch betrunkener als zuvor. Sie braucht die ganze Straßenbreite zur Fortbewegung, kann nicht mehr gerade gehen. Aber sie ist in der Lage, dem Onkel zwei Ampullen Glukose in die Vene zu spritzen, ihm die Tabletten zu geben und die Anweisungen dafür zu wiederholen. Dieses Mal höre ich sicherheitshalber genau zu.

Abends um acht Uhr löst mich Slawa ab. Zusammen mit einem Nachbarn übernimmt er wieder die Nachtwache. Zu Hause koche ich ein kräftiges Abendbrot und bringe es ihnen hinüber. Slawa und ich hatten in der Aufregung den ganzen Tag nichts gegessen.

Im Zuge der Behandlung geht es dem Onkel in kleinen Schritten besser. Die Krämpfe dauern anfangs noch an, sind indes nicht mehr so stark und häufig, dazwischen kann er ein wenig schlafen. Auch die Halluzinationen währen noch eine Weile. Er starrt in eine bestimmte Richtung in die Luft und versucht immer wieder, dort etwas zu greifen. Wir sagen ihm ständig, dass da nichts sei und dass es nur an der Krankheit liege, wenn er etwas sehe. Dann antwortet er mit einem „Ja" und greift wieder danach. Über jeden bescheidenen Fortschritt jubeln wir und erzählen es gleich den anderen weiter: Er verlangt kaltes Wasser zum Trinken, hurra! Er hat etwas Brei gegessen, toll! Er hat uriniert und gezeigt, dass er nass ist, fantastisch!

Über die Tante schütteln wir nur den Kopf. Was ist bloß in sie gefahren? Sie hat noch immer nicht begriffen, dass ihr Mann – hoffentlich – gerade dem Tod von der Schippe gesprungen ist. Slawa beobachtet, dass sie dem Kranken, der jetzt häufig nach Wasser verlangt, immer nur wenige Löffel gibt und dann entschieden zu ihm sagt: „Das reicht." Als Begründung gibt sie an, dass er sonst so viel pullern müsse und sie dann die Unterlage öfter wechseln müsse. Dabei sind Trinken und Essen jetzt das Wichtigste, das bisschen Infusionslösung ist aufgebraucht.

Endlich kommt der Sohn Wowka aus der 80 Kilometer entfernten Jagdhütte zurück. Ihn empfangen gleich zwei schlechte Nachrichten: Seine Frau Marina ist im Krankenhaus und der Vater schwer krank.

Nachdem Viktoria, drei Nachbarn, Slawa und ich sieben Tage lang fast rund um die Uhr den Onkel versorgt haben, hat sich die Tante anscheinend daran gewöhnt und fragt mich, ob Slawa die Nacht wieder beim Onkel bleibe.

„Aber euer Sohn ist doch jetzt da. Er wird bei euch schlafen und nach dem Vater sehen", entgegne ich.

„Wowka ist müde."

„Wieso? Er hat jede Nacht in seiner *Isbuschka* geschlafen, während Slawa mehrere Nächte am Bett saß und tagsüber gearbeitet hat. Er ist es, der müde ist."

Am nächsten Tag geht sie zu Slawa, der schräg gegenüber in der Garage am Schneemobil arbeitet. Er hatte im Herbst einen neuen Motor gekauft, an dem zahlreiche Mängel zu beseitigen sind, bevor er damit losfahren kann. Die Tante klagt ihm: „Er hat gekackt, was soll nun werden?"

Slawa sieht sie ärgerlich an. „Räume es weg! Oder denkst du, ich mache es? Du bist 40 Jahre mit ihm verheiratet, er ist dein Mann. Da ist es doch selbstverständlich, dass du dich um ihn kümmerst!"

Es ist zu befürchten, dass der Onkel noch lange bettlägerig sein wird, denn er kann sich kaum bewegen. Nachdem die Krämpfe aufgehört haben, hat er starke Schmerzen in Arm und Bein – kein Wunder bei der tagelangen, fast pausenlosen starken Beanspruchung. Wir alle geben uns weiterhin Mühe, ihm zu helfen. Ich reibe ihm die Gliedmaßen mit Arnikasalbe ein und stelle aus Wodka und zerschnittenen Nadeln des Stlanik einen Aufguss zum Einreiben her. Ira, die vor Kurzem mit Boris aus Ust-Njukscha gekommen ist, bringt ihm gegen seine quälenden Kopfschmerzen ihre eigenen krampflösenden Tabletten gegen Migräneanfälle sowie Tabletten, die die Ärztin genannt hatte, die aber in unserer Krankenstation nicht vorhanden waren.

Die Augen der Tante leuchten auf. „Gute Tabletten?", fragt sie gierig.

„Nimm sie lieber an dich und gib sie ihm selbst", sagt Ira vorsichtig zu mir. Ira und Boris lebten früher ebenfalls in Srednjaja Oljokma, und auch damals schon nahm die Tante ständig Tabletten gegen irgendwelche Schmerzen.

Der Sohn Wowka fragt Slawa, ob er noch getrocknete Moschustierdrüse habe. Dora Michailowna habe gesagt, dass das Sekret zerrieben, in Wodka verrührt und getrunken ein ausgezeichnetes Heilmittel sei. Ich bin einfach fassungslos, und das ist ein Glück, denn sonst wäre ich ihm ins Gesicht gesprungen. Wodka!

In China gibt es angeblich um die 100 Rezepte für die Zubereitung von Medizin aus Moschustierdrüsensekret, sehr speziell für unterschiedliche Beschwerden. Dora Michailowna kennt nicht eines wirklich, empfiehlt die Einnahme aber egal für welche Krankheit.

Obwohl sie die Ärztin in Tupik nicht gefragt hat, ob es angebracht sei, verabreicht sie immer noch Spritzen. Weil sie nicht mehr jeden Tag kommen will, versucht sie zuerst mich und dann Ljuba zu überreden, ihm das Mittel zu injizieren.

„Ich spritze ihm nichts, von dem ich nicht genau weiß, was es ist und wie es wirkt", lehne ich ab.

Ljuba hebt abwehrend die Hände. „Ich auch nicht. Außerdem habe ich noch nie eine Spritze verabreicht und mache vielleicht etwas falsch."

Daraufhin meint Dora Michailowna, er könne es auch trinken, das helfe ebenfalls.

Der Onkel ist ein hervorragender Patient. Trotz seiner massiven Beschwerden klagt er nicht und macht alles, was ihm helfen kann. Er trinkt viel, isst reichlich von dem leichten, aber nahrhaften, abwechslungsreichen Essen, das wir ihm kochen und trainiert Bewegungen. Schon am vierten Tag nach seinem Kampf zwischen Leben und Tod sitzt er auf dem Bett, kann beide Arme bewegen und tastet sich, an den Möbeln abstützend, zum Eimer. Zwei Tage später geht er bereits ohne Hilfe im Haus umher, doch sein linkes Bein ist noch schwach. Er fragt mich, was er dagegen tun könnte. Mit meinem Physioband zeige ich ihm eine leichte Übung, die er im Liegen ausführen kann. Ich lege es ihm in die Hände und um sein gesundes Bein, damit er erst einmal den Bewegungsablauf üben kann. Er soll das Band mit den Händen festhalten und es mit dem Bein spannen und entspannen, indem er das Bein abwechselnd streckt und beugt. Eine solche Körperbewegung ist ihm so ungewohnt, dass er sie trotz meiner Hilfestellung einfach nicht zustande bringt. Während das Bein liegenbleibt, rudert er mit den Armen in der Luft herum.

„Schwierig?", frage ich.

Er nickt und sagt dann: „Ich bin müde".

„Dann versuchen wir es morgen noch einmal", verspreche ich.

Auf sein Verlangen hin bringt ihm die Tante eine Zigarette, und er redet schon wieder von „sto gramm", hundert Gramm Wodka, der russischen Maßeinheit für ein Glas Wodka in der Größe eines Senfglases.

Ich frage die Tante, ob sie ihm Wodka bringen würde, wenn er es wünscht.

Sie zuckt die Schultern: „Weiß nicht."

Sie haben immer noch nicht begriffen oder wollen nicht glauben, dass der Alkohol die Ursache seiner Erkrankung war, obwohl wir es ihnen schon mehrmals gesagt haben. Ich erkläre dem Onkel, dass er zukünftig keinen einzigen Tropfen mehr trinken darf, wenn er nicht daran zu Grunde gehen will.

Slawa poltert los: „Noch mal helfen wir euch nicht, wenn ihr wieder trinkt! Dann krepiert ihr eben."

Den anderen Säufern im Dorf ist der Vorfall keine Lehre, obwohl einige von ihnen den Onkel besucht und gesehen hatten, wie schlecht es um ihn bestellt war. Sie trinken gedankenlos weiter.

Eines Tages sehen wir Valerji und seinen Kumpan mit einer Wodkaflasche in das Haus von Onkel und Tante wanken und sorgen uns, dass sie die beiden zum Trinken verführen könnten. Slawa geht ihnen nach. Die Besucher haben sich bereits am Tisch niedergelassen, die Flasche vor sich. Er fordert sie auf, mit ihrem Schnaps zu verschwinden. Sie sagen „ja, ja", gehen aber nicht. Nach mehreren Minuten – die Zeit reicht, mich zum Kochen zu bringen – stapfe ich wütend wie ein Stier nach drüben, packe grimmig die noch halbvolle Flasche und gieße den Wodka im Hof aus. Die beiden sehen gerade noch die letzten Tropfen im Schnee versickern, als sie verdattert in der Tür erscheinen. In der Stimmung, in der ich mich befinde, wollen sie sich wohl nicht mit mir anlegen. Sie heben entschuldigend die Hände, murmeln etwas Besänftigendes und verziehen sich.

Seit der Krankheit verzichtet der Onkel vollkommen auf Alkohol, während die Tante hin und wieder trinkt, allerdings seltener und weniger als früher.

Dora Michailowna lässt mir ausrichten, ich möchte zu ihr kommen und die gewaschenen Gardinen aufhängen. Das tue ich, bleibe aber nur kurz da, weil ich jedes Gespräch über die Behandlung von Krankheiten vermeiden will. Inzwischen glaube ich kein Wort mehr von dem, was sie darüber sagt, und bin mir nicht sicher, es verbergen zu können. Ich möchte sie aber nicht kränken, indem ich es sie merken lasse. Sie hatte sich nicht geschont, viel Zeit und Mühe aufgewendet, dem Onkel zu helfen. Dafür gebührt ihr Dank und Anerkennung.

Mit der Zeit normalisiert sich mein Verhältnis zu ihr wieder. Sie und ihr Mann Iwan Georgiewitsch waren bei meinem ersten Aufenthalt im Dorf meine Nachbarn und hatten mich herzlich aufgenommen, mir geholfen, mich Verschiedenes gelehrt und oft eingeladen. Nicht ganz ohne Eigennutz, denn ich trug dadurch auch zur Abwechslung in ihrem Dasein bei. Sie sind die Einzigen, die ich regelmäßig besuche, und immer empfangen sie mich freudig und gastfreundlich. Wir tauschen Neuigkeiten aus, und während der Gartensaison ist es ein beliebtes Vergnügen, durch den Garten zu gehen, zu zeigen, was man angebaut hat, wie es gedeiht und Tipps auszutauschen.

Iwan Georgiewitsch arbeitet viel und gern, sein ganzer Stolz sind die prächtigen Kartoffeln und der Weißkohl, um den er sich persönlich kümmert. Er lässt es sich nicht nehmen, das Sauerkraut selbst herzustellen, statt seiner Frau diese Aufgabe zu überlassen. Ich muss natürlich immer von allem kosten.

Hier wird das Kraut nur drei Tage der Milchgärung ausgesetzt. Dadurch ist es lediglich angesäuert und wird gern roh als Salat gegessen, aber auch als Füllung für Pirogi und zum Kochen verwendet. Es wird nach dem Säuern portioniert und haltbar gemacht, indem man mit den Händen Kugeln formt und diese zum Gefrieren in den Vorraum legt. Danach werden sie den Winter über bis zum Verbrauch im Bottich gelagert. Bei Einsetzen des Tauwetters lege ich den nicht verbrauchte Rest in die nun wieder eingeschaltete Gefriertruhe oder konserviere ihn in Gläsern.

Nach den körperlich und nervlich anstrengenden Tagen wollen Slawa und ich uns in der Banja entspannen. Er heizt sie und geht danach mit Boris und Ira zum öffentlichen Telefon, das inzwischen repariert wurde. Leider zu spät, finde ich, denn für die Arztgespräche nach Tupik von meinem Telefon aus muss ich fast 80 € bezahlen. Nachdem ich lange auf Slawas Rückkehr gewartet habe, spaziere ich die Dorfstraße hinauf in Richtung Telefon. Die drei kommen mir auf halbem Weg entgegen, und Slawa schlägt vor, uns noch ein wenig bei Ira und Boris aufzuhalten.

„Nein, lass uns nach Hause gehen. Es ist spät, und die Banja ist sicher schon warm", halte ich entgegen. Ein bisschen unwillig kommt Slawa mit mir. Zu Hause beginnt plötzlich das Licht zu flackern und erlischt dann. „Das schon wieder", stöhne ich und denke, dass der Generator kaputt gegangen ist.

Nein, das kann nicht sein, denn bei den Nachbarn brennt das Licht. Slawa ahnt sogleich den Grund und rennt zur Banja. Obwohl man von außen noch nichts sieht, brennt die Dachauflage aus isolierendem Sägemehl. Der Brand hat sich ins Innere der Banja durchgefressen, die Lichtleitung durchgeschmort und unseren Stromkreis lahmgelegt.

Zum Glück hat Slava unsere Wassertonnen in Hof und Garten noch nicht gelehrt, wie es vor Wintereinbruch üblich ist. Mit der Axt hackt er die Eisschicht auf, füllt Wassereimer, läuft damit die etwa zwanzig Meter zur Banja und beginnt mit der Brandbekämpfung.

„Hole Hilfe!" schreit er mir zu.

Nackt unter dem Bademantel und in Filzstiefeln renne ich los, um die Nachbarn zu alarmieren. Die Männer aus unserer Nachbarschaft sind schon in den Jagdhütten, ich muss weit hinauf ins Dorf laufen, um Helfer zu finden. Sie bringen noch Eimer mit, und zu mehreren laufen wir jetzt zwischen den Tonnen und der Banja hin und her. Mit Hilfe einer Leiter ist Slawa inzwischen aufs Dach geklettert und lässt sich die gefüllten Eimer hochreichen.

In der Nacht kontrolliert Slawa immer wieder, ob es irgendwo noch glimmt.

„Was für ein Glück, dass wir nicht noch zu Ira und Boris gegangen sind. Der Brand wäre solange nicht bemerkt worden, bis alles in hellen Flammen gestanden hätte, einschließlich der Schuppen und der Garage daneben. Das hätten wir nicht mehr löschen können", sage ich.

Slawa ergänzt: „Und was für ein Glück, dass die Wassertonnen noch voll waren. Die eine Tonne im Haus hätte bei Weitem nicht gereicht. Wir hätten mit den Eimern zu den Nachbarn laufen müssen."

Obwohl sich ein Brand im Winter wegen der Schneeauflagen weniger ausbreiten würde, wäre er auf Grund der begrenzten Wasservorräte in den Häusern schwer zu löschen. Ein Brand ist das Einzige, was ich wirklich fürchte, denn mit anderen Katastrophen wie Überschwemmungen und Orkanen müssen wir hier nicht rechnen. In jedem Sommer gibt es sehr viele Brände in Russland, die riesige Waldgebiete und ganze Ortschaften vernichten. In diesem Jahr sind über dreißig Dörfer den Flammen zum Opfer gefallen. Die Waldfeuerwehr, die aus Hubschraubern Brände bekämpft, ist meistens völlig überfordert und wird der Feuerstürme nicht Herr. Unser Dorf wäre verloren, gäbe es einen Waldbrand in unserer Umgebung.

Die Pelztierjagd beginnt

Anfang Oktober beginnt der festliche Einzug des kalten Herrschers. In der Frühe erscheinen im diffusen Licht des Morgennebels mit weißem Reif überzogene, kahle Bäume. Die aufgehende Sonne lässt das Eis in ihren Zweigen wie silbernen Weihnachtsschmuck im Kerzenlicht glitzern. Im Garten hat der Reif die nicht abgeernteten Dillkronen in märchenhafte, große, weiße Blüten verwandelt. Dünne Eisschollen, schneebestäubt sich hell leuchtend von der dunklen Wasserfläche abhebend, schwimmen die Oljokma hinunter. Im Laufe des Monats verbinden sie sich zu einer einzigen, Menschen und Schneemobile tragenden Eisfläche.

Aus den Hügelketten, die in undurchsichtige Schneeschleier gehüllt sind, fliegt der Winter wie ein aus unzähligen Schneeflocken bestehendes Geschwader heran, das von einer Stunde zur anderen das Land erobert. Die Luft ist erfüllt von dichtem, weißem Gewirbel. Wir wissen, jetzt wird es keinen milden Tag mehr geben. Der strenge, bleiche Zar hat endgültig die Macht übernommen und wird sie nicht aus der Hand geben, bis ihn die Sonne im Frühling zum Rücktritt zwingt. Dem Schnee folgt die Kälte. Das Lebensgefühl wird sofort ein anderes. Ohne das geheizte Haus, ohne schützende, warme Hülle fühlt man sich gefährdet und angreifbar wie ein nacktes, federloses Vögelchen. Das unbekümmerte, freie Hinausgehen, um die Hunde zu füttern, ein paar Worte mit den Nachbarn zu wechseln, zur Toilette zu gehen, ohne zuvor warme Kleidung anzuziehen, muss mit zunehmendem Frost unterbleiben.

Am Küchentisch neben dem Fenster sitzend genieße ich eines Morgens meine erste Tasse Kaffee. Der Himmel ist eine einzige graue Wolke, aus der unablässig Schnee rieselt. Dahinter verborgen weiß ich die Bergketten und Wälder, die das Dorf umgeben. Nur die nächste Umgebung ist – wie mit einem Weichzeichner verändert – erkennbar. Ich trete vor die Tür auf die verschneite Holztreppe. Kein Hundegebell, kein Vogellaut, keine Menschenstimme, kein Axtschlag. Absolute, märchenhafte Stille, als läge das Dorf in tiefem Schlaf unter dem Schnee und sollte erst im Frühling wieder erwachen.

Die meisten Männer, auch Slawa und Boris, sind mit ihren Hunden schon in die Jagdreviere aufgebrochen. Zurückgeblieben sind die Alten, die Frauen und die Kinder. Die Frauen erholen sich vom Trubel der vergangenen Tage, als sie Brot, Pirogi und süße *Bulotschki* in großen Mengen als Vorräte für den Jagdaufenthalt buken, *Pelmeni* und *Wareniki* zubereiteten und den Männern täglich gehaltvolle Speisen auf den Tisch stellten, da diese mit den Vorbereitungen für die Jagd körperlich beansprucht waren. Die Schneemobile wurden instand gesetzt, die Schlitten repariert und die Gerätschaften vorbereitet.

Ich genieße die Ruhe und bin ganz froh, einmal für mich zu sein. Doch dazu hätte ich mich wohl ebenfalls in eine Jagdhütte in der Taiga zurückziehen müssen.

Mit Ira unterhalte ich mich am liebsten. Derweil wir reden, hilft sie mir beim Zubereiten von Vorräten. Die von ihr angefertigten *Wareniki* sind klein, gleichmäßig und schön geformt, während meine immer noch ziemlich krumm ausfallen. Manchmal verabreden wir uns zum Spaziergehen. Die Sonne scheint und lockt nach draußen. Es ist tagsüber noch nicht kalt, nur um die minus 10 Grad, das richtige Wetter für ein Picknick. Auf einer Schneemobilspur gehen wir über die große Wiese und anschließend weiter in den Wald zu einer Lichtung, fegen den Schnee zur Seite, machen Feuer und kochen Tee. Dazu essen wir Brot und Speck.

An einem anderen Tag wandern wir die Oljokma aufwärts und klettern dann einen bewaldeten Hang hinauf. Ira hat ein Gewehr mitgenommen und will versuchen, Auerwild oder Rebhühner zu schießen, aber die lassen sich nicht sehen. Weil wir klettern, durch lockeren Schnee stapfen und auf den ebenen Strecken schnell gehen, wird mir trotz der an diesem Tag minus 25 Grad sehr warm. Ich klappe die Ohrenklappen meiner Pelzschapka nach oben und merke erst zu Hause, dass ich mir während des vierstündigen Ausflugs die Ohrläppchen angefroren habe. Während der Wanderung bekomme ich einen kleinen Begriff davon, mit wie viel Anstrengung die Zobeljagd verbunden ist, besonders zu Anfang des Winters, wenn die Jäger mit den Hunden zu Fuß auf Spurensuche gehen. Der Schnee liegt um diese Jahreszeit noch nicht hoch genug, um größere Unebenheiten zu planieren und die Fahrt mit dem Schneemobil sinnvoll zu machen. Stundenlanges Gehen im Schnee, bei dem die Beine ungewohnt weit hochgehoben werden müssen, verborgene Vertiefungen, in die der Fuß plötzlich einsackt, Baumstümpfe oder Äste, über die man unversehens stolpert, größere Hindernissen, die zu umgehen sind, erfordern Ausdauer und Umsicht. Meine Ausflüge dagegen unternehme ich meistens auf der festen Schneedecke von Schneemobilspuren.

Der Buran dient dazu, mit dem Schlitten Gegenstände zu transportieren, entfernte Gebiete in großen Territorien zu erreichen, und später, wenn der Schnee hoch genug liegt, vom Buran aus Zobelfährten ausfindig zu machen und dort Fangeisen aufzustellen. Auch die Schneemobilfahrten sind sehr anstrengend. Der Fahrer steht die ganze Zeit, um das Fahrzeug im schwierigen Gelände auszubalancieren. Steile Bachböschungen, Steigungen, liegende Baumstämme, Gestrüpp müssen überwunden werden, und manchmal fährt sich der Buran an Hindernissen fest, sodass das 300 Kilogramm schwere Fahrzeug zur Seite gehoben werden muss. Hinzu kommt der starke Frost mit Minusgraden bis unter 50 Grad. Durch die Anstrengung schwitzt der Fahrer unter der warmen Kleidung. Sobald er jedoch absteigt, um sich einen Moment auszuruhen oder die Fangeisen aufzustellen, was nicht in dicken Fausthandschuhen, sondern höchstens in Fingerhandschuhen gemacht werden kann, beißt die bittere Kälte zu wie ein hungriger Wolf. Wenn der Motor plötzlich versagt und der Fahrer auf Grund der Entfernung und der Tageszeit es vor Einbruch der Nacht nicht mehr schafft, die Hütte zu erreichen, kann er in Gefahr geraten zu erfrieren. Deshalb ist es gut, einen zweiten Mann mit Schneemobil zu haben, der dem anderen entgegen fährt und ihn holt, wenn dieser bis zu einer vorher abgestimmten Zeit nicht zurückgekehrt ist.

Wie gut geht es mir dagegen im warmen Haus. Wenn nur bloß diese „gesellschaftliche Verpflichtung", das beieinander herumzusitzen, nicht wäre!

Dora Michailowna erwartet, dass ich sie oft besuche und mich mit ihr unterhalte. Ihr ist langweilig, obwohl Iwan Georgiewitsch zu Hause geblieben ist. Er hat Fischnetze unter dem Eis ausgelegt und kontrolliert sie täglich. Aufgeräumt, umgeben von Kälte und frischer Luft kommt er vom Fluss und schenkt mir einen frischen *Lenok*, obwohl ich ihm beteuere, dass unser Vorratslager voll ist mit gefrorenem Fisch. Ich hatte vor wenigen Tagen unsere Kühltruhe geleert und den Inhalt in das Vorratslager, einen schuppenähnlichen Anbau am Haus, gebracht, wo der tiefe Frost alles gut konserviert. „So frisch schmeckt er doch viel besser", lässt er sich nicht abhalten.

Onkel und Tante warten ebenfalls auf mich. Ich soll der Tante behilflich sein, Senfauflagen auf ihrem Rücken anzubringen, die Dora Michailowna gegen die immer noch anhaltenden Schmerzen empfohlen hat. Ich glaube zwar nicht, dass sie in ihrem Fall helfen, füge mich aber ohne Widerworte ihren Wünschen.

Der Onkel war vor der Krankheit den ganzen Tag beschäftigt – Holz hacken, Fischnetze kontrollieren, Hundefutter kochen, Messer schleifen, Reparaturen ausführen und dergleichen Dinge mehr. Nun ist er schwach und kann nicht mehr arbeiten.

„Bleib sitzen und rede mit dem Onkel, ihm ist langweilig", hält mich die Tante zurück, sobald ich aufstehen und gehen will.

Er erzählt mir aus seiner Vergangenheit und betont die Unterschiede zu heute. Zwischendurch sagt er immer wieder versonnen mit abfälligem Unterton: „Wot takaja sistema – Was für ein System!", selbst, wenn er nur das Wetter kritisiert.

Ich erfahre so einiges aus ihrem Leben. Zum Beispiel, dass die Tante im jetzt verfallenen Backhaus an der Dorfstraße viele Jahre das Brot für die Einwohner des Ortes gebacken hat, täglich etwa 60 Brote. Den Teig dafür musste sie mit der Hand kneten, eine Maschine gab es nicht. Sie musste das Wasser vom Fluss heraufschleppen, den großen Backofen aus roten Ziegeln heizen und das viele Holz dafür selbst hacken. Zusätzlich hatte sie noch den eigenen Haushalt zu versorgen. Es ist für mich kaum vorstellbar, wie sie diese schwere Arbeit bewältigen konnte. Sie ist eine kleine, nur circa 1,50 Meter große Frau und macht einen etwas verwachsenen Eindruck, weil sie beim Gehen eine Hüfte vorschiebt.

Der Onkel war viele Jahre Waldhüter in Srednjaja Oljokma und arbeitete sehr gewissenhaft, wie Slawa sagt. Die Aufgabe eines Waldhüters ist es unter anderem, anzuweisen, wo und wie viel Brennholz der Einzelne schlagen darf, zu kontrollieren, ob das Waldstück danach von Bruchholz gesäubert wurde, Strafen zu verhängen, Waldbrände zu melden und dem Wald schadendes Verhalten zu unterbinden.

Nachdem der Strom eingeschaltet ist und der Fernseher läuft, bin ich entbehrlich. Sie schauen gebannt in die Röhre, die Tante oft ohne Hörgerät, sodass sie nur die bunten Bilder vorüberschwirren sieht.

Wenn ich nicht zu ihnen gehe, kommen sie zu mir. Beim Meditieren und beim Hanteltraining lasse ich mich nicht gern unterbrechen, aber weder Dora Michailowna noch die Tante verstehen, dass man eine Tätigkeit konzentriert und ohne Störung durchführen möchte.

An einem Nachmittag reißt die Tante die Tür auf – sie klopft nie an, weil sie die Antwort nicht hören würde –, und trifft mich im Halbdunkel auf der Meditationsmatte sitzend an.

„Was machst du denn da?", fragt sie erstaunt.

„Ja meditiruju – Ich meditiere", antworte ich.

So etwas hat sie noch nie gehört. Sie versteht: „ Ja remontiruju – Ich repariere."

„Du reparierst?" fragt sie ungläubig nach.

„Nein, ich meditiere. Mache Meditation."

Auch die Ergänzung bringt kein Licht in mein unverständliches Verhalten. Sie beäugt mich skeptisch: „Was reparierst du denn dort im Dunklen?"

Ich bestehe nicht länger darauf zu reparieren, stehe auf und biete ihr Tee an.

Ein anderes Mal klopft es an der Tür, als ich gerade Hanteltraining mache. Dora Michailownas kleine Gestalt schält sich aus der dicken Winterkleidung. Ich lasse mich vorerst nicht stören und bitte sie nur, Platz zu nehmen.

„Ach, du machst Gymnastik", sagt sie und klopft mit der Hand neben sich aufs Sofa, damit ich mich zu ihr setze und mich mit ihr unterhalte.

Um ihre Gastfreundlichkeit zu erwidern, lade ich sie und ihren Mann manchmal zum Mittagessen ein, das ich dann extra für sie zubereite, da ich in Slawas Abwesenheit für mich nicht koche, außer manchmal etwas Fisch, Kartoffeln oder Gemüse. Deshalb haben sie auch Pech, als sie eines Tages unangemeldet bei mir erscheinen mit der festen Absicht, ein Fleischgericht zu sich zu nehmen.

„Oh, es tut mir leid, ich kann überhaupt nichts anbieten. Ich habe nichts gekocht und alles ist tiefgefroren, selbst das Brot", entschuldige ich mich.

Das bringt Dora Michailowna nicht in Verlegenheit, sie findet eine Lösung: „Gib gefrorenes Fleisch, Iwan Georgiewitsch wird Strogonina zubereiten."

Für Strogonina werden hauchdünne Scheibchen von gefrorenem Fleisch abgeschält und kurze Zeit gebraten. Im ersten Moment bin ich sprachlos, weiß aber, dass ich das ganz bestimmt nicht möchte. Wollte ich jetzt ehrlich sein, müsste ich sagen: „Ich habe kein Verlangen, Strogonina zu essen und auch nicht danach, dass es jemand anderer in meiner Küche zubereitet. Wenn ihr essen wollt, müsst ihr zu Hause kochen."

Um sie nicht vor den Kopf zu stoßen, lüge ich: „Das Fleisch von der letzten Jagd liegt noch unzerteilt im Schuppen. Ich brauche keins, wenn Slawa nicht zu Hause ist."

Dora Michailowna weiß einen Ausweg: „Hast du *Pelmeni* da?"

Da muss ich sie leider auch enttäuschen, denn die hat Slawa alle mitgenommen und neuen Vorrat habe ich noch nicht angelegt. Dann fällt mir aber ein, dass gefrorene *Wareniki* mit Kartoffelfüllung im Vorratsraum liegen.

„Ich könnte euch lediglich *Wareniki* mit Kartoffelfüllung heiß machen", biete ich an.

„Na, dann gib die", bekomme ich die Erlaubnis.

Meistens bin ich froh, wenn ich allein bleibe und mich mit Dingen beschäftigen kann, die mich interessieren oder wenigstens nützlich sind. Ich langweile mich nie, und wenn, dann höchstens in Gesellschaft anderer. Es ist mir lästig, meine Zeit zu vertrödeln mit Herumsitzen und Plappern, um anderen die Langeweile zu vertreiben, weil sie nichts mit sich anzufangen wissen.

Ich genieße die Tage, an denen ich ungestört schreiben oder Filme auf dem Notebook schneiden und bearbeiten kann. Mein Schreiben und das Filmen erzeugen Verwunderung bei den Dorfbewohnern. Wen soll das denn interessieren, was hier passiert, es ist doch alles völlig „*normalno*"?

Früher als erwartet kommt Slawa zurück. Ich bin gerade draußen, um Brennholz vom Stapel zu holen und sehe ihn auf dem Buran von Boris heranbrausen. Mit braunem, abgemagertem Gesicht, bereiftem Bart und Augenbrauen, leuchtenden Augen und freudigem Lächeln, das seine weißen Zähne zeigt, kommt er auf mich zu und drückt seine eisige Wange an meine.

„Was ist passiert? Wieso bist du schon zurück?", wundere ich mich.

„Die Motorsäge ist kaputt und mein Buran auch. Wir brauchen Ersatzteile. Morgen fahre ich zurück. Außerdem habe ich Fleisch mitgebracht." Er weist auf den Schlitten. Bevor Slawa den Schlitten entlädt, setzen wir uns zum Teetrinken in die Küche.

Am Küchentisch erzählt er: „Ich ging auf der Suche nach Wildspuren am Ufer des Usmun entlang. Die Hunde liefen voraus, stießen auf eine frische Spur, die in den Wald führte und nahmen die Verfolgung auf. Ich ging weiter, um mir die Spur genauer anzusehen, hörte es nach kurzer Zeit hinter mir im Waldstück knacken und sah, dass die Hunde ein Rentier auf mich zu trieben. Ich schoss, das Tier strauchelte, war aber nicht tödlich getroffen. Beide Hunde sprangen auf seinen Rücken und bissen sich fest. Katja ließ wieder los, aber Tarzan ritt buchstäblich auf ihm und hielt eisern fest. Das Ren sprang aufs Eis, um auf der anderen Seite des Flusses in den Wald zu entkommen, brach aber ein. Ich hatte Angst, dass Tarzan mit dem Wild unter das Eis in die Strömung geraten könnte und rief ihn zurück. Während das Ren kämpfte, um sich aus der Eisfalle zu befreien, befestigte ich an einer langen Stange eine Metallschlinge, langte hinüber und hakte die Schlinge am Geweih fest. Mit der einen Hand die Stange haltend und mit der anderen das Gewehr, versetzte ich dem Tier den tödlichen Schuss. Ich konnte es allein aber nicht aus dem Eisloch ziehen. Darum band ich das Stangenende an einem Baum fest und ging zurück zur Jagdhütte, um Boris zu holen. Gemeinsam zerrten wir das Tier ans Ufer und luden es in den Schlitten, um es zur Hütte zu bringen."

Es erstaunt mich, dass die Hunde das Wild dem Jäger zutreiben, obwohl sie nicht dafür abgerichtet werden. „Das Verhalten ist ihnen angeboren, und einiges lernen die jungen Hunde von den alten", erklärt Slawa.

Mir drängt sich ein Vergleich mit dem Jagdverhalten von Wölfen auf, über das ich in dem Buch „Spuren im Schnee" des russischen Biologen Georgi Novikov las. Er bezieht sich darin auf das Werk „Die Welt des Wolfes" der amerikanischen Zoologen

R. Rotter und D. Pimlott. Sie beschreiben dort, wie in Kanada eine Gruppe von drei, vier Wölfen auf einen Virginiahirsch traf. Ein Wolf nahm die Verfolgung auf und zwang den Hirsch zu Richtungsänderungen, bis er wieder auf jenem Fahrweg herauskam, an dem der Wolf die Verfolgung aufgenommen hatte und an dem die übrigen Wölfe lauerten, die ihrem Opfer schnell ein Ende bereiteten.

Am nächsten Morgen bricht Slawa früh auf und kehrt nach Ablauf von zweieinhalb Wochen zusammen mit Boris ins Dorf zurück. Die Hunde springen freudig an mir hoch und begeben sich dann bald in ihre mit Heu ausgepolsterte Hütte. Sie sind an die sechzig Kilometer hinter den beiden Schlitten hergelaufen. In ihnen war kein Platz für sie – das Fleisch von drei erlegten Rentieren, ein steif gefrorener Vielfraß, Felle und ein leeres Benzinfass füllen den Raum aus.

„Wie kamst du zu dem Vielfraß?", möchte ich wissen, betrachte bewundernd das langhaarige dunkle Fell mit den beiden hellen, beigefarbenen Streifen an den Seiten und fahre fort: „Ich würde es gern gerben und schauen, was ich daraus anfertigen kann." (Leider stellt sich nach dem Auftauen heraus, dass der Kadaver und damit das Fell verdorben ist, weil das Tier offensichtlich außerhalb der Frostperiode in die Falle geriet und nicht durchgehend konserviert wurde.)

„Wir haben am Ende der letzten Jagdsaison Vielfraßfallen aufgestellt, weil die Vielfraße uns sehr stören. Sie laufen auf unseren Schneemobilspuren entlang und räubern die Köder aus den Fangeisen. Sie versuchen auch, an die Vorräte in den Jagdhütten zu kommen. Wenn ihnen das gelingt, bleibt nichts übrig."

Ich möchte noch mehr über die Vielfraße erfahren.

„Häufig laufen sie hinter Wölfen her, um die Reste gerissenen Wildes zu vertilgen. Sie fressen gern Aas, lassen aber keine Gelegenheit aus, selbst Wild zu reißen, zum Beispiel Moschustiere, Rehe und in Schneehöhlen sitzendes Auerwild. Ihre Beute verstecken sie, urinieren und koten manchmal darauf, um andere Tiere davon abzuhalten. Sie gehören zu den Raubtieren, die am besten an das winterliche Leben angepasst sind. Bedingt durch ihre breiten Pfoten können sie durch lockeren Schnee laufen, ohne tief einzusinken, und haben dadurch einen Vorteil gegenüber anderen Tieren. Mit ihrem mächtigen Gebiss können sie gefrorenes Fleisch und Knochen mühelos zerteilen und fressen."

Die lange Fahrt durch die unwegsame Taiga war anstrengend. Der Schnee liegt noch nicht hoch genug, um die Unebenheiten auszugleichen. In den Sumpfgebieten verursachen die dicken Sumpfgrasbuckel ein ständiges Holpern und Aufschlagen des Fahrzeugs. Die Beschaffenheit des Geländes mit den vielen Sträuchern, Bäumchen und Bruchholz ist der Grund dafür, dass nur die Bauart des russischen Schneemobils dafür geeignet ist. Es hat vorn mittig nur einen Ski, der zum Lenken eingesetzt wird, und zwei nebeneinander laufende Raupen. Die ausländischen Modelle mit ihren beiden parallel angeordneten Skiern, zwischen denen sich quer liegende Äste verfangen und die Fahrt stoppen können, sind eher für hindernisfreies Fahren auf glatten Schneeflächen gemacht.

In Deutschland werde ich oft gefragt, warum wir keine Hundeschlitten einsetzen. Sie sind deshalb keine Alternative, weil sich der Schnee in unseren waldreichen, sehr kalten und windstillen Gebieten – anders als zum Beispiel in Skandinavien, Tundra- und Meeresregionen – nicht oder kaum merklich verdichtet und die Hunde, wie übrigens auch Wölfe, im lockeren, tiefen Schnee einsinken und sich nur mit Anstrengung fortbewegen können. Dazu müssen sie einen von der Bauart her schweren Schlitten mit seiner Ladung ziehen. Leute, die in Skandinavien touristische Hundeschlittentouren unternommen haben, mögen oft nicht glauben, dass die Bedingungen nicht vergleichbar sind. Man denke aber nur an die speziellen, aus leichtem Material gebauten Schlitten, die vergleichsweise leichte Ladung und besonders die durch andere Witterungsverhältnisse gebildete oder gespurte festere Schneedecke.

Der Abenteurer und Schriftsteller Nicolas Vanier schreibt in seinem Buch „Mein sibirischer Winter":

„Der gewöhnliche Sterbliche kann nur schwer nachvollziehen, dass Hunde in der Wildnis ohne Piste nicht zurechtkommen. Er glaubt, sie kämen in jeder Art von verschneiter Landschaft zurecht. Das ist ein Irrtum. Hat der *Musher* kein Team, das ihm den Weg ebnet, kommt er abseits der ausgetretenen Pfade und befahrenen Pisten häufig nur vorwärts, wenn er mit Schneeschuhen selbst eine Piste spurt."

Bei seiner medienwirksam gestalteten Hundeschlittenfahrt vom Baikalsee bis nach Moskau schickte Vanier aus diesem Grund Pistenmacher auf Schneemobilen voraus, die unter großen Schwierigkeiten den Weg spurten. Trotzdem bot die vorbereitete Strecke nur dann ideale Bedingungen für die Hunde, wenn die Piste danach eine Nacht überfrieren und aushärten konnte. In Dörfern entlang der Strecke waren zuvor Versorgungsdepots angelegt worden, und spätestens an diesen Treffpunkten wartete ein Kleinbus mit weiteren Materialien, Hundefutter und Helfern.

Solch luxuriöse Bedingungen sind für Sibirjaken natürlich unvorstellbar. Sie müssen mit einfachen, oft unvollkommenen Mitteln auskommen. Trotzdem stellen sie ihre Unternehmungen niemals als besondere Mannestaten dar und brüsten sich nicht damit. Selbst der Fahrer eines der uralten, reparaturanfälligen russischen Lastwagens, der im Winter Lebensmittel in die abgelegensten nördlichen Dörfer bringt, unterwegs in der baumlosen Tundra liegenbleibt und in Gefahr ist zu erfrieren, weil die Autoheizung ausfällt, bezeichnet ein solches Ereignis schulterzuckend als „*normalno*". Auch das, dieses selbstverständliche, unaufgeregte Bewältigen schwieriger Situationen, macht mir die Sibirjaken so sympathisch.

Ein weiterer Hinderungsgrund für den Einsatz von Hunden ist, dass die hiesigen Jagdhunde sofort ohne Rücksicht auf den Schlitten hinter Wild herhetzen würden. Man müsste also zusätzlich zu den zwei, maximal drei Jagdhunden noch mehrere anders veranlagte oder erzogene Hunde halten, die das ganze Jahr über durchzufüttern wären. Der Arbeitsaufwand für die Beschaffung von Fisch und die Jagd nach Fleisch für die Fütterung wäre unverhältnismäßig hoch im Verhältnis zum zeitlich begrenzten Einsatz während der Winterjagd. Ganz abgesehen davon wäre es geradezu Jagdfrevel, große Mengen an Fisch und Wild nur für die Hundefütterung zu fangen beziehungsweise zu erlegen. Wir können hier keine Fleischabfälle aus Fabriken oder gutes Trockenfutter kaufen. Unsere Hunde werden mit einem Brei aus Hirse oder Getreideschrot, Kartoffeln und Gemüseabfällen sowie mit minderwertigem Fisch, Fleisch und Knochen gefüttert. Zusätzlich jagen sie selbst noch Nager und kleineres Getier, wenn ihnen der Sinn danach steht.

Ein geeignetes Transportmittel wären domestizierte Rentiere. Sie sind als Reit-, Last und Zugtiere einsetzbar, überwinden auch schwieriges Gelände und benötigen keine Zufütterung, sondern ernähren sich hauptsächlich vom Rentiermoos. Aber auch da gibt es einen Haken: Sie müssen ganzjährig in der Taiga gehalten und zu immer anderen Futterplätzen geleitet werden. Das ist nur zu leisten, wenn sich mehrere zuverlässige Leute finden, die bereit sind, abwechselnd einen großen Teil des Jahres mit den Tieren in der Taiga zu leben, und das wiederum lohnte sich nur, hielte man eine größere Anzahl Tiere. Während um Ust-Njukscha von ewenkischen Familien noch zahlreiche Rentiere gehalten werden, gibt es in Srednjaja Oljokma seit der Perestroika keine mehr. Die 1200 Rentiere der *Sowchose* wurden abgeschafft, ebenso wie die Silberfüchse der Fuchsfarm. Die *Sowchose* wurde geschlossen. Für einen privaten Neuanfang mit Renen finden sich nicht genügend Teilnehmer, die das Leben im Dorf gegen das in der Taiga eintauschen wollen.

So bleibt letzten Endes doch nur wieder der Fußmarsch oder das Schneemobil.

Die nächsten Tage leben Slawa und Boris praktisch in der Garage, wo sie ihre Schneemobile reparieren. Wenn sie damit unterwegs waren, sind anschließend mehrere Tage angestrengter Arbeit notwendig, um sie wieder einsatzfähig zu machen, obwohl sie draußen in der Taiga bereits Reparaturen durchführen mussten – in eisiger Kälte kein leichtes Unterfangen. Darum brachten sie zu Beginn der Jagdsaison ein großes Zelt zur Hütte, in dem sie bei Bedarf das eiserne Öfchen heizen, um festgefrorenen Schnee und Eis an den Maschinen abtauen und Reparaturen durchführen zu können.

Sobald die Schneemobile instand gesetzt sind, bereiten sie die Zobelfelle zum Verkauf vor. Abgezogen, gespannt und getrocknet wurden sie bereits an den Abenden in der Jagdhütte. Jetzt werden die Felle vom Baumharz gereinigt, gekämmt und mit einem Stöckchen weich geklopft.

Auf dem Fußboden sitzend, kämmend und klopfend erzählt Slawa: „Das war wirklich einmalig – die drei Rentiere habe ich an einem einzigen Tag erlegt. Die Hunde trieben drei Tiere auf mich zu. Ich erlegte eins, zog an Ort und Stelle das Fell ab und zerlegte es. Dann machte ich Feuer, kochte Tee, aß etwas und wartete auf die Hunde, die die anderen Rene verfolgten. Es dauerte vier Stunden, bis sie wieder auftauchten. Ich fütterte sie, und zusammen gingen wir los, den Buran zu holen, den ich in größerer Entfernung abgestellt hatte, um auf der Pirsch das Wild nicht zu verscheuchen. Auf dem Wege dorthin sah ich in circa 200 Meter Entfernung vier andere Rene. Ich schoss, und eines fiel. Mit einem zweiten Schuss verletzte ich ein weiteres Tier. Die Hunde nahmen sofort die Verfolgung der flüchtenden Tiere auf. Ich folgte den Spuren und stieß nach etwa drei Kilometern auf das tote Tier, bei dem auch die Hunde lagen. Sie hatten es gerissen, nachdem es durch einen Beinschuss nicht mehr schnell genug flüchten konnte. Das war vielleicht ein Tag!"

Slawa ist zufrieden: „Jetzt haben Boris und seine Familie, wir und unsere Verwandten genug Fleisch bis zum Frühjahr, und es bleibt noch etwas übrig für Geschenke."

Zum Ausruhen vor dem nächsten Aufbruch bleibt nicht viel Zeit, denn die Brandschäden in der Banja müssen behoben werden, damit wir sie wieder benutzen können. Die Banja dient nicht nur der Reinigung, sondern auch der Erholung. Während vor dem Fenster klirrende Kälte, Eis und Schnee herrschen, strecken wir uns in der Hitze auf den Holzbänken aus, entspannen uns und schwitzen. Nach der gründlichen Reinigung und dem Übergießen mit klarem Wasser, das durch die Bodenbretter in eine Grube abfließt, hüllen wir uns in dicke Bademäntel, ziehen die Kapuzen übers nasse Haar, schlüpfen in Filzstiefel und treten hinaus in die klare Winternacht. Der stockdunkle Himmel ist übersät mit funkelnden Sternen. Die kalte Atemluft beißt in Nase und Bronchien, und der Schnee knirscht unter den Schritten.

Die große Wassertonne in der Küche ist fast leer und muss gefüllt werden. Aus dem im Schlitten stehenden Blechfass dampft das Flusswasser, als Slawa den Buran vor dem Haus anhält. Während er die Eimer aus dem Fass füllt und ins Haus trägt, überziehen sie sich mit einer Eisschicht, die bei jedem Gang dicker wird. Viermal fährt er zum Eisloch im Fluss, denn auch Viktoria und der Onkel brauchen Wasser.

„Die Hunde sind schon wieder in den Wald gelaufen", schimpft Slawa am Morgen. „Da sind jetzt überall Schlingen ausgelegt und Fangeisen aufgestellt. Wenn sie hinein geraten, erfrieren sie, bevor wir sie finden, wenn wir sie überhaupt finden. Wir müssen sie an die Kette legen." Erst am nächsten Abend kommen sie zurück, müde und vollgefressen. Wir legen sie abends an die Kette und lassen sie nach dem Mittag frei, denn dann bleiben sie im Dorf. Das allerdings stellt sich nicht als die optimale Lösung heraus. Obwohl sie gut gefüttert werden, läuft Katja, gefolgt von Tarzan, in die Höfe der Nachbarn, „kontrolliert" die Futternäpfe der Hunde und macht ihnen klar, wer das Sagen hat. Wir können ihre Spur akustisch verfolgen am Bellen und den Jammerlauten. Es geht nicht anders – wir müssen Katja als Anstifterin die meiste Zeit anleinen.

Die Schatten, die die nur noch flach über den Himmel wandernde Sonne wirft, werden täglich länger, und es ist jetzt, Mitte November, schon recht kalt. In der Frühe messen wir regelmäßig zwischen minus 35 und 40 Grad.

Etwa 15 Kilometer vom Dorf entfernt befindet sich ein See, an dem zahlreiche Bisamratten hausen. Sie bauen Burgen, die im Winter mit einer isolierenden Schneeschicht bedeckt sind und deren Ausgänge unter Wasser liegen. Als wir in der Mittagszeit ankommen, empfängt uns eine langgestreckte riesige, unberührte, glatte, weiße Fläche, auf der die Schneekristalle in der Sonne glitzern. Kahle Bäume säumen den See und besiedeln die Hügelketten, die sich bläulichgrau darüber erheben. Unsere Laufspuren, die die Unberührtheit der Schneedecke zerstören, kommen mir wie eine Entweihung vor. Zum Wald hin entdecken wir Hermelin- und Zobelfährten. Mäuse haben zarte, zierliche Trippelspuren hinterlassen, die unvermittelt enden, wo sie unter dem Schnee weitergelaufen sind. Die Idylle währt nicht lange. Slawa möchte einige Tiere fangen, um sich aus den Fellen eine Mütze zu nähen. Er und Boris hacken mit der Axt Löcher in einige Burgen und stellen Fangeisen in die Gänge. Danach verstopfen sie die Öffnungen mit dem zuvor entfernten Material und Schnee, damit der Frost nicht in den Bau eindringen kann. Anderenfalls würden alle seine Bewohner erfrieren. Am nächsten Tag kontrollieren sie die Fangeisen, neun Tiere sind ihnen zum Opfer gefallen. Die noch lebenden werden mit einem Stock erschlagen. Eine Bisamratte sitzt, den Fuß im Fangeisen, aber wehrhaft im Gang und zeigt ihre langen, scharfen Zähne, die sie Slawa in die Hand schlagen würde, wenn er nach ihr griffe. Er ruft Tarzan herbei, der die Ratte in einer blitzschnellen Bewegung im Genick schnappt, sie samt Fangeisen aufs Eis schleudert und totbeißt. Die Hunde sind geübt im Fangen der Nager, sie stellen für sie eine beliebte Beute dar. In der eisfreien Zeit laufen sie oft zu den Seen der Umgebung, um ihnen aufzulauern.

Leider vergeht kaum ein Monat, ohne dass Slawa und ich uns schmerzhaft an unserer Verschiedenheit stoßen. Den Anlass dazu gibt dieses Mal der Geburtstag der jungen Lehrerin, die die andere Hälfte unseres Doppelhauses bewohnt. Slawa hat eine starke Abneigung gegen sie, weil sie trinkt und sich wahllos mit Männern einlässt. Schon der Gedanke, es könne am Abend ihres Geburtstages laut hergehen, versetzt ihn in Alarmstimmung. Nachts wache ich gegen Mitternacht auf und vernehme – nach meinem Dafürhalten nicht übermäßig laut – Stimmen, Stühle rücken, mal ein Poltern. Ich merke, dass Slawa wach und angespannt ist. Plötzlich steht er auf, zieht sich etwas über und stürmt hinüber. Ich höre ihn laut und aufgebracht schimpfen.

 Nach der Rückkehr macht er seinem Ärger mir gegenüber Luft. „Bei so einem Lärm komme ich nicht zur Ruhe. Ungefähr sieben Leute saßen dort, sie aber lag im Bett und schlief. Sie sollen sich gefälligst verziehen, habe ich denen gesagt."

Ich finde seine Reaktion überzogen und schweige, was er ganz richtig als Missbilligung deutet. Nun ist er auch auf mich böse und wirft mir vor: „Als meine Frau müsstest du zu mir stehen und mich unterstützen!"

„Wieso? Wenn ich anders denke als du, muss ich doch nicht so tun, als sei ich ganz deiner Meinung und dich darin auch noch bestärken", wende ich ein.

„Doch, genau das ist normal hier. So machen die Frauen das, um die Männer zu halten", trumpft Slawa auf.

Ich scherze: „Umgekehrt ist es richtig. Du musst *mich* halten und darum meine Position einnehmen."

Das findet er überhaupt nicht witzig. „Nein, anders herum muss es sein. So ist es hier üblich!"

„Ich bin eben keine Russin und werde dir zuliebe auch keine. Ich kann nur versuchen zu verstehen, warum du so reagiert hast", biete ich an.

„Ich bin es gewohnt, dass es still ist, wenn ich schlafe. Nachts in der Taiga weckt mich jedes Rascheln und Astknacken auf. Mein Gehör ist sehr scharf, und ich nehme die Töne wahrscheinlich anders wahr als du", erklärt er mir.

Tatsächlich ist es in der Regel in unserem Dorf, abgesehen von gelegentlichem Hundegebell, nachts so still, dass sich sogar unser Besuch aus Ust-Njukscha wunderte: „Hier hört man ja keinen Laut, anders als bei uns."

Das ist wirklich ein großer Unterschied zu dem Umfeld, das mich geprägt hat, wird mir klar. „Ich bin aus der Stadt nächtliche Geräusche gewöhnt – Autos, Schritte, Gespräche, die von der Straße heraufdringen, Geräusche aus Nebenwohnungen. Ich kann das akzeptieren. Wenn es in der Nachbarschaft einmal laut zugeht, muss ich nur darauf achten, nicht ärgerlich zu werden, weil mein eigener Ärger mich wach halten würde. Wenn ich mir aber sage, dass mich das Geräusch nichts angeht und ich mich nicht darum zu kümmern brauche, schlafe ich prima."

Was ich nicht erwähne, ist, dass es mir wesentlich schwerer fällt, den aggressiven Fernsehton auszublenden, wenn ich am Buch schreibe, meditiere oder schon schlafen möchte. Ich kann Slawa seine beinahe einzige Freizeitunterhaltung nicht verwehren, sondern muss mich damit arrangieren. Die Blockhäuser bestehen im Grunde nur aus einem einzigen Raum, in dessen Mitte sich der große Ofen befindet. Eine Unterteilung in Küche und ein oder zwei Zimmer ist nur durch dünne Holzwände mit Durchgängen ohne Türen gegeben, sodass man notgedrungen alles wahrnimmt.

Senkt sich der Abendhimmel über das Dorf, umfängt es bis zum Morgengrauen tiefe Stille.

Rückkehr ins Mittelalter

Am 24. November wird mir plötzlich klar, dass ich all die vergangene Zeit ein wahres Luxusleben geführt habe. Damit ist jetzt Schluss! Die Waschmaschine wäscht nicht mehr, die Zentrifuge schleudert nicht, die Backröhre bäckt nicht, Kochplatte und Wasserkocher erhitzen nicht, der Laptop funktioniert nicht, das Licht brennt nicht. Über das Fernsehprogramm brauche ich mich auch nicht mehr zu ärgern. Dass das öffentliche Satellitentelefon ohne Strom nicht nutzbar ist, spielt in diesem Fall keine Rolle, weil es ohnehin schon vier Monate kaputt ist. Die Erklärung ist einfach: Das Dieselöl für den Stromgenerator des Dorfes ist aufgebraucht. Der dafür Verantwortliche in Tupik hatte im vergangenen Winter zu wenig anliefern lassen, in dem Wissen, dass es bis zur nächsten Liefermöglichkeit nicht reichen würde. Auch wir Dorfbewohner wussten es, nur der Zeitpunkt war unklar.

Ich buk etwa 25 Brote auf Vorrat, um möglichst lange die umständliche Prozedur des Backens im Ofen zu vermeiden, und bin jetzt eher neugierig, wie ich mit der dunklen Zeit umgehen werde. Auf jeden Fall möchte ich Spaziergänge machen, schreiben – im Kerzenlicht per Hand statt auf dem Notebook – und viel Zeit mit Meditation verbringen. Aber diese Erfahrung darf ich nicht machen, denn Slawa ist zu Hause und wirft abends mit einigen Schwierigkeiten unseren Benzingenerator an. Wenn er kalt ist, startet er nicht und muss deshalb jeden Morgen über die Straße in die geheizte Werkstatt/Futterküche vom Onkel gebracht und am Abend wieder in unseren Hof gestellt werden. Das Ding ist so schwer, dass es einer allein nicht tragen kann und Slawa sich dafür immer einen Helfer suchen muss.

Wie schön für die Nachbarn, dass es bei uns Strom gibt! Der Nachbarsjunge kommt jeden Abend, um zu lesen. Als Slawa ihn einmal abweisen will, sagt er ganz empört: „Aber bei uns ist doch kein Licht!"

Andere Nachbarn laden die Akkus ihrer Taschenlampen auf und ein befreundetes Ehepaar aus Tupik, das bei Verwandten im Dorf zu Besuch ist, sitzt allabendlich einige Stunden bei uns. Dadurch kann ich weder schreiben noch mich mit anderen Dingen beschäftigen und fühle mich meiner Zeit beraubt, die ich nun mit Gerede verbringen muss. Ich mag die beiden sehr, aber der Gesprächsstoff ist nach dem ersten längeren Besuch erschöpft. Und da es peinlich ist, sich stumm gegenüber zu sitzen, wird über andere Leute gesprochen. Leider gibt es da nicht nur Gutes zu erzählen. Und – wie abartig – aus Höflichkeit und Gastfreundlichkeit setze ich mich dazu und rede schlecht über andere Menschen. Mein Ekel und Widerwille gegen diese Art von Gespräch wird immer größer. Ich möchte schreiend davonlaufen. Stattdessen muss ich lächeln, Essen anbieten und das Paar für den nächsten Abend wieder einladen. Besuchern immer Essen anzubieten, ist in Sibirien ein ungeschriebenes Gesetz, das man keinesfalls verletzen darf und das seine Berechtigung hat, wenn jemand aus der Taiga oder von einer längeren Fahrt kommt. Selbst ein Fremder wird in einem Taigadorf

niemals abgewiesen und findet immer Unterkunft und Verpflegung. Auch wir halten es so. Ich empfinde es aber als unnötige Belastung, Essen kochen und bereithalten zu müssen für Nachbarn. Wenn wir unser Abendbrot von den Resten des Mittagessens bestreiten könnten, muss ich trotzdem noch Essen zubereiten für eventuelle Besucher. Einer meiner Träume gibt Aufschluss über meine Gefühle: *Versteckt hinter Kleidern finde ich in einer Ecke meines Schrankes einen Einbrecher. Der junge Mann steigt heraus und setzt sich an den Tisch, um mit uns zu essen. Am nächsten Tag erscheint er ganz selbstverständlich wieder zur Mahlzeit, dieses Mal in Begleitung eines Mädchens. Bestürzt begreife ich, dass ich nun täglich für die beiden kochen muss.*
Slawa ist es inzwischen auch leid, jeden Abend Gäste unterhalten zu müssen. Besonders deshalb sind wir froh, als endlich ein Tankwagen mit Dieselöl für den Dorfgenerator eintrifft.

Manchmal habe ich das Gefühl, an Slawas Seite nicht mein eigenes, sondern ein fremdes Leben zu führen. Eines, das vollkommen von äußeren Begebenheiten und Slawas Präsenz bestimmt wird. Ich fürchte, dass es ihm umgekehrt ähnlich geht. Weil wir beide glauben, dem anderen ein Heim und bestimmte Annehmlichkeiten schaffen zu müssen, arbeiten, aufbauen, anschaffen, herbeischaffen wir ständig. Slawa würde ohne mich sicherlich ein anderes Leben führen, auf gewisse Behaglichkeiten verzichten, dafür aber weniger arbeiten und mehr Muße haben.
Mein Alltag wandelt sich immer nach seiner Abfahrt ins Jagdgebiet, so auch dieses Mal. Ich produziere zwar Vorräte für seine Heimkehr und den nächsten Jagdaufenthalt, reduziere das tägliche Essenmachen aber auf ein Minimum ohne zu hungern. Wenn möglich, bleibe ich für mich. Es ist gut, nicht mehr zu erfahren, wer sich mit wem betrunken hat und was dann Unangenehmes passiert ist. Nur in Begleitung der Hunde wandere ich in die Winterlandschaft hinaus und lasse ihre Stille und Harmonie auf mich wirken. Im Haus bleibt es ruhig, der Fernseher schweigt. Täglich meditiere ich, und während der Meditationsübungen erfahre ich Dinge, die mir beim Nachdenken verschlossen bleiben oder über die ich gar nicht nachdenke, weil ich sie während der Ablenkungen des Alltags nicht einmal wahrnehme.
Das Innehalten, die Stille, das Insichgehen – ich vermisse es schmerzlich in Gesellschaft anderer. Obwohl Slawa möchte, dass ich alles tue, was mir wichtig ist und wobei ich mich gut fühle, ist es gerade das Zusammenleben mit ihm, das mir die Konzentration auf einen inneren Weg nimmt.
„Keine Liebe!", sagt er, wenn er ins Zimmer tritt und ich mich ihm nicht sofort zuwende. Seine Augen strahlen mich an, er drückt mich an seinen starken, warmen Körper, atmet an meinem Hals tief meinen Körpergeruch ein – alles an ihm drückt hundertprozentige Zuneigung und Liebe aus. Ich empfinde es als großes Geschenk, und die Vorstellung, das zu verlieren, schmerzt mich. Warum dann dieses Gefühl, vom Wege abgekommen zu sein, in einem vom Unterbewusstsein gesteuerten Moment eine Abzweigung genommen zu haben?

Wie sehr wir doch geprägt sind von der Doktrin unserer Gesellschaft, die Liebe zwischen Mann und Frau sei unendlich wichtig! Ihr wird die Rolle des Glücksbringers zugewiesen – das Verhalten eines anderen Menschen soll für unser Glück zuständig sein. Dabei ist ein Glück, das sich auf äußere Umstände stützt, auf unsicheren Grund gebaut, denn die Liebe kann enden, die Kinder können uns Kummer machen, Arbeitslosigkeit, finanzielle Einbußen, Krankheit können uns heimsuchen – wo bleibt dann das Glück?

Mein Weg und mein Ziel ist es, mein Inneres zu erfüllen mit Frieden, Duldsamkeit, einer liebevollen Grundhaltung allen Menschen und anderen Lebewesen gegenüber. Auch zu lernen, nicht änderbare Unannehmlichkeiten und Schmerzen zu akzeptieren und anzunehmen als Teil dieses Lebens. Wie viel innere Arbeit steht mir noch bevor! Zu dieser gehört, sich der unbewussten, oft tief versteckten Hindernisse bewusst zu werden, seinen Geist, von dem die Dinge ausgehen, sorgfältig zu beobachten, um systematisch und allmählich unheilsame Denk- und Verhaltensweisen durch heilsame zu ersetzen.

Ich finde es schwierig, den Blick auf die Vorgänge im Inneren zu richten, während ständig Worte und Erwartungen auf mich eindringen. Darum habe ich oft den Wunsch, mich zurückzuziehen, um mich zu besinnen und auf mein Ziel zu konzentrieren, damit ich mit Hilfe der wiedergewonnenen Orientierung und Kraft im Alltag achtsamer mit mir und anderen umgehen kann.

Es gibt viele verschiedene Meditationsmethoden. Ich bevorzuge eine Ruhemeditation von mehreren Minuten am Anfang, bei der ich mich auf den Atem konzentriere als Teil des Hier und Jetzt. Dadurch wird das Umherschwirren von Gedanken vermieden. Gedanken haben die Neigung, sich mit Spekulationen, Zukunft und Vergangenheit zu beschäftigen. Danach weite ich die Konzentration auf mein Ganzes aus mit der Absicht, zu sehen was tatsächlich ist – Körperempfindungen, Unruhe, Wohlsein, Unwohlsein, Art der aufkommenden Gedanken. Ist eine Erscheinung dominierend, beobachte ich nur diese, ohne zu bewerten oder ändern zu wollen. Durch das reine Betrachten ohne beschönigende, entschuldigende, erklärende, weiterführende Gedanken entsteht jenseits von Worten häufig eine klare Einsicht in die Lebenssituation. Außerdem vermittelt mir die Meditation tiefe Freude und Glücksgefühle beim Verweilen in einer Welt ohne Zeit und ohne Grenzen, einer Welt, die nur das Hier und Jetzt kennt, kein Gestern und kein Morgen, keine Wünsche, keine Angst.

Der vor 150 Jahren lebende russische Schriftsteller Fjodor Iwanowitsch Tjuttschew schrieb:

> *Verstehe, nur in dir selbst zu leben.*
> *Es gibt in deiner Seele eine ganze Welt*
> *geheimnisvoll-zauberhafter Gedanken.*
> *Der äußere Lärm betäubt sie,*
> *die Strahlen des Tages vertreiben sie.*
> *Lausche ihrem Gesang und schweige.*

Katja und Tarzan sind nach Slawas neuerlichem Aufbruch bei mir geblieben. Fast alle Jäger des Ortes lassen die Hunde jetzt im Dorf – es ist viel Schnee gefallen und sehr kalt geworden, und bei solchen Witterungsverhältnissen jagen die Hunde ungern und schlecht. Außerdem ist Katja tragend.

In einer Dezembernacht wirft Katja Junge. Ich höre die Kleinen in der Hundehütte quäken, als ich morgens auf die Treppe trete, um Schnee zu räumen. Es sind zwei graue, zwei hellbeige und drei schwarz-weiße. Ihr Fell ist dicht und glatt, und sie sind im Hinblick darauf, dass sie gerade erst geboren wurden, erstaunlich groß. Ständig in Bewegung, krabbeln sie übereinander, um von außen in den wärmeren Innenkreis und an die Zitzen zu kommen.

Leider ist das alles kein Grund zur Freude, das Gegenteil ist der Fall. Wir können die Welpen nicht behalten. Sie müssen getötet werden, und es ist jetzt meine schreckliche Aufgabe, mich darum zu kümmern. Sie selbst umzubringen, vermag ich einfach nicht. Ich bitte den Onkel darum. Am Nachmittag erscheint er mit einem Stock und einem Eimer. Will er die Welpen etwa gleich hier im Hof erschlagen, wo Katja mit ihrem feinen Gehör alles mitbekommt, selbst wenn ich sie ins Haus hole?

Wenigstens das möchte ich ihr ersparen, wenn ich auch ihre Kinder dem Tod ausliefere. Über dem Ofen wärme ich alte Kleidung an und lege sie in einen Karton, den ich in den Hof mitnehme. Vertrauensvoll erlaubt mir Katja, die Jungen zu nehmen und in den Karton zu legen – ich fühle mich wie die elende Verräterin, die ich bin. Die Welpen fühlen sich in der Wärme wohl und jammern nicht. Den Karton drücke ich dem Onkel in die Hand, damit er ihn mitnimmt zu sich in den Hof, und bringe Katja sofort ins Haus. Jetzt begreift sie, was geschehen ist und weint, anders kann ich ihren Jammer nicht beschreiben. Ich umarme sie und heule mit. Dann sage ich ihr, wie leid es mir tut und wie sehr ich sie und die Jungen bedaure. Und ich erkläre ihr, dass wir nicht wissen, wohin mit all den Welpen, die sie und andere Hündinnen des Dorfes jedes Jahr zur Welt bringen. Ich spreche noch eine Weile mit ihr und streichle sie. Nach einiger Zeit lasse ich sie in den Hof, wo sie Schnee frisst und pinkelt. In die Hundehütte schaut sie nur kurz, sie hat sofort begriffen, dass die Jungen weg sind. Dann will sie wieder ins Haus. Dort geht sie in alle Zimmer, was sie sonst nie tut, und guckt. Nachdem sie etwas getrunken hat, legt sie sich mit einem Plumps erschöpft hin. Sie sieht noch immer ziemlich dick aus. Hoffentlich kommen nicht noch welche, denke ich. Plötzlich ergießt sich ein Schwall mit Blut vermischte Flüssigkeit auf den Fußboden und heraus flutscht ein weiterer Welpe. Sie packt ihn sofort mit den Zähnen und geht damit auf den Läufer, der vor dem Diwan liegt. Von da aus springt sie auf den Diwan. Auf den kalten Dielenbrettern wollte sie das Kleine wohl nicht liegen lassen. Den Diwan kann ich aber nicht fürs Wochenbett zur Verfügung stellen und bringe die beiden hinaus in die Hütte. Dort gebiert sie in der Nacht noch zwei Welpen. Mir graut davor, die schlimme Prozedur zu wiederholen, und auch der Onkel hat genug vom Töten. Er bittet Igor, es zu tun. Ob Katja mich noch einmal an ihre Jungen heran lässt? Sie weiß ja jetzt, was ich mache. Bei den beiden Geburten zuvor hatte

Slawa Katja ins Haus geführt, und anschließend hatten einmal ein Mann aus dem Dorf und einmal Igor die Welpen aus der Hütte genommen. Der Mann ging danach nicht mehr an unserem Haus vorbei, sondern machte einen Umweg, weil Katja sich noch lange Zeit danach wie eine Furie auf ihn stürzte und ihn beißen wollte. Auch auf Igor sprang sie mit gefletschten Zähnen zu, sodass er ihr zur Ablenkung erschrocken die Gurke hinwarf, die er gerade aß, und wir sie scharf zurückrufen mussten. Dabei kennt sie Igor gut, er geht bei uns ein und aus und führt sie oft, wenn er mit Slawa jagen geht.

Mir nimmt sie es augenscheinlich nicht übel, dass ich ihr wieder die Jungen wegnehme. Sie regt sich beim zweiten Mal sogar weniger auf als beim ersten Mal. Ich versuche, sie zu trösten und behalte sie einen Tag bei mir. Danach hat sie sich abgefunden und lebt wie zuvor mit Tarzan in einer gemeinsamen Hütte. Ich bin sehr bedrückt – es liegt mir schwer auf der Seele, dass ich geholfen habe, zehn hilflose Tiere umzubringen.

Katja ist nach den Geburten wohl etwas geschwächt. Morgens nach eisiger Nacht klappert sie laut mit den Zähnen und kratzt mit der Pfote an der Tür um Einlass. Lasse ich sie herein, legt sie sich in den Eingangsbereich. Niemals geht sie in die anderen Räume, nie schnüffelt sie an Essenstöpfen oder holt sich gar etwas vom Tisch, wenn ich den Raum verlasse. Sie bleibt nur ein Weilchen und kommt nie zweimal am Tag. Unsere Hunde riechen nicht unangenehm, und ihr Fell ist außer beim Fellwechsel dicht, glatt und glänzend, obwohl sie weder gebürstet noch gebadet werden.

Tarzan traut sich nicht ins Haus, das Verbot sitzt tief. Als er einmal ins Eis eingebrochen und nass geworden war, wollten wir ihn ins Haus mitnehmen, damit sein Fell trocknen konnte vor der frostigen Nacht in der Hundehütte. Aber er blieb auf der Außentreppe stehen, bis Slawa ihn ins Haus trug. Dort saß er dann, sich unübersehbar unbehaglich fühlend. Der Kopf hing tief zwischen den Vorderbeinen und sein Rücken bildete einen großen Buckel. Von unten schielte er uns unglücklich an.

Als Slawa und Boris von der Jagd zurückkommen, sind sie auf Katja und Tarzan gar nicht gut zu sprechen. Auf der vorherigen Fahrt ins Dorf hatten Slawa und Boris die Fangeisen mit Rebhuhn- und Auerwildködern bestückt. Um einen möglichst großen Bereich abzudecken, waren sie von ihrem Hauptquartier aus auf zwei verschiedenen Wegen ins Dorf gefahren. Als sie nach dem Aufenthalt im Dorf zurückkehrten und die Fangeisen kontrollierten, sahen sie anhand der Hundespuren, dass Katja und Tarzan in der Zwischenzeit vom Dorf aus auf Slawas Wegstrecke bis zur Hütte gelaufen waren und unterwegs alle Köder aus den Fangeisen gestohlen hatten. Dann hatten sie die Nacht über bei der Hütte geschlafen, waren auf der Spur von Boris zurückgelaufen und hatten auch dessen Fangeisen ausgeraubt.

Boris und Ira wollen in den nächsten Tagen nach Ust-Njukscha fahren, um die Neujahrsfeiertage zu Hause mit der Familie zu verbringen. Ihr Schwiegersohn will sie mit seinem Personenwagen abholen. Sie erfahren am Telefon, dass er in Begleitung eines zweiten Autos aufgebrochen ist. Drei Tage warten sie auf die Ankunft der Wagen. Am Nachmittag des dritten Tages kommt der Schwiegersohn an – völlig verfroren und zu Fuß. Beide Autos waren unterwegs liegen geblieben, erst der PKW, und später, 60 Kilometer vor Srednjaja Oljokma, der Kleinbus. Der Schwiegersohn machte sich auf den Weg hierher und traf unterwegs einen Mann aus Srednjaja Oljokma, der ihn auf seinem Buran 30 Kilometer mitnahm, sodass er nicht den ganzen Weg zu Fuß laufen musste. Derweil er Tee trinkt und isst, kommt der Kleinbus mit den anderen drei Männern doch noch. Sie konnten das Auto wieder flottmachen.

Die vier Optimisten müssen felsenfest damit gerechnet haben, die Hin- und Rückfahrt an zwei Tagen zu schaffen. Heute nämlich, am dritten Tag, wollte einer von ihnen Hochzeit halten – die Braut wird gewartet haben.

Am nächsten Morgen brechen alle auf, Boris allein auf seinem Buran. Er kann damit Hilfe herbeiholen, falls der Kleinbus unterwegs schlappmacht. So kommt es dann auch. Ungefähr auf der Hälfte des Weges bleibt der Wagen liegen. Ira steigt um in den Schlitten und fährt mit Boris nach Ust-Njukscha. Das hätten sie gleich haben können, ohne den Umweg über die Vierrädrigen! In Ust-Njukscha organisieren sie einen Lastwagen, der den liegengebliebenen Autos helfen soll. Der Lastwagen indes hat wohl auch eine kleine Schwachstelle, er fährt zwar los, kommt aber nicht zurück. Inzwischen befinden sich drei Autos und sechs Männer auf der Route – soviel Betrieb herrscht selten zwischen Srednjaja Oljokma und Ust-Njukscha. Nach einigem Warten wird ein viertes Kraftfahrzeug losgeschickt, das wenigstens die Männer heimbringt. Wie wir dann hören, dauert es mehrere Wochen, bis die anderen Fahrzeuge wieder in Ust-Njukscha landen.

Einen Tag nach der Abfahrt von Boris und Ira bringt Slawa den jungen Wowa, den Sohn Polinas, zum Mittagessen mit herein. Er ist gerade aus seiner *Isbuschka* gekommen und völlig ausgehungert, ebenso seine Hunde. Er hatte in der Jagdhütte auf seinen Kumpan gewartet, der vor einigen Tagen mit dem Schneemobil ins Dorf gefahren war, um Lebensmittel zu holen. Dort fing dieser in Gesellschaft von Polina und deren Schwiegersohn an zu trinken. Der Wodka ließ ihn alles vergessen, und auch die Mutti verschwendete keinen Gedanken an den Sohn, der in der Jagdhütte auf Nahrungsmittel wartete. Schließlich machte sich Wowa mit den Hunden zu Fuß hierher auf, immerhin fast 30 Kilometer in beißender Kälte. Seine Mutter war immer noch oder schon wieder betrunken und hatte kein Essen gemacht.

Nachdem Wowa bei uns gegessen hat, beginnt er ebenfalls zu trinken. Irgendwann in der Nacht schwingt er sich unternehmungslustig auf sein Schneemobil. Damit legt er erst einen Zaun flach und brettert dann auf der Uferwiese gegen das Holzboot seines Onkels, das in der Mitte durchbricht.

In Russland feiert man, wenn überhaupt, den Heiligabend am 7. Januar nach dem alten, dem Julianischen Kalender. Weihnachten ist ein eher unbedeutendes Fest, und in unserem Dorf gibt es schon gar keine weihnachtlichen Anzeichen. Ich möchte zumindest bei uns im Haus am 24. Dezember etwas weihnachtliche Stimmung erzeugen und bitte Slawa, eine kleine Kiefer aus dem Wald zu holen. Er stellt sie im Zimmer auf, aber da wir keinerlei Weihnachtsschmuck haben, wirkt sie ziemlich trist. Die einsame Kerze auf dem Tisch macht es auch nicht viel besser. Hinzu kommt, dass ich allein dasitze. Seit seiner Rückkehr aus dem Wald hat Slawa ein großes Bedürfnis nach Gesellschaft und ist ständig unterwegs, um sich zu unterhalten. Wirklich allein zu sein, ist für mich nie ein Problem, aber sich zu zweit allein zu fühlen schon.

Am Silvestertag wünsche ich mir von Slawa, dass wir den ganzen Abend nicht fernsehen und am Tage einen Spaziergang machen. Bei Sonnenschein und starkem Frost gehen wir mehrere Kilometer die Oljokma aufwärts. Ich freue mich, die Hunde freuen sich, aber Slawa stöhnt alle paar Minuten: „Mir ist so langweilig.“

„Es ist doch schön hier, die Luft, die Landschaft, das Eis, der Schnee …“, sage ich.

„Ach, das sehe ich jeden Tag auf der Jagd“, meint er und hat natürlich Recht damit.

Kurz vor vierundzwanzig Uhr gehen wir nach draußen. Das Thermometer zeigt minus 45 Grad. In tiefem Schweigen funkelt am nachtdunklen Himmel ein geheimnisvolles Sternenmeer. Die runde, silberne Scheibe des Mondes steht über den schwarzen Wipfeln der Kiefern am Dorfrand und wirft ein helles, bläuliches Licht über den Schnee, von dem sich die Häuser als dunkle Silhouetten abheben. Verhalten schimmert gelbliches Licht aus den Fenstern, an denen das Kondenswasser zu zentimeterdicken Eisschichten gefroren ist.

Um Mitternacht feuern die Männer ihre Gewehre ab. Die Schüsse durchbrechen die Stille der Nacht, Lichtblitze erhellen das Dunkel. Ein neues Jahr hat begonnen. Was wird es uns bringen?

Slavas Verwandte besuchen uns mit ihren Rentieren

Ungewohnter Besuch aus der Taiga. Schon bald geht die Reise weiter.

Achtzehn Gäste aus der Taiga – und ganz andere Besucher

Eines Nachmittags dringt das helle Läuten vieler Glöckchen durch die Fensterscheiben, kommt immer näher und vor unserem Haus zum Stillstand. Slawa stürmt auf die Straße, und ich schaue aus dem Fenster. Welch ungewohnter, schöner Anblick! Geweihe, Rentiere und *Narten* füllen das Bild. Ein Mann und eine Frau mit typisch ewenkischen Gesichtszügen – flaches Gesicht, kleine Nase, Lidfalte, hohe Wangenknochen, braune Augen – steigen lächelnd von den *Narten*, herzlich begrüßt von Slawa.

„Gäste sind gekommen!", ruft er mir zu. Es sind seine Cousine Tanja und ihr Mann Igor. Ich eile ebenfalls hinaus und bitte sie, ins Haus zu kommen. Doch zuvor müssen sie ihre Tiere aus dem Gespann befreien und sie an Ruheplätze führen. Kaum eine Stunde später stehen und liegen in unserem Garten sechzehn Rentiere, eines hat sich unser Gurkenfrühbeet als Bett ausgesucht. Im Hof stehen vier *Narten*, sehr leichte, aus kaum bearbeiteten Zweigen zusammengefügte, niedrige kleine Schlitten. Zwei davon sind mit Gepäck beladen, das mit Riemen festgeschnallt ist. Auf den anderen beiden saßen Igor und Tanja während der Fahrt. Vier Tage waren sie unterwegs und schliefen in ihrem Zelt an Orten, an denen genügend Rentiermoos für die Sättigung der Tiere wuchs. Sie erwärmten das Zelt mit einem eisernen Öfchen, in das ständig Holz nachgelegt werden musste, damit die Temperatur erträglich blieb. Was mir als Härte erscheint, ist für sie „*normalno*". Sie haben ein Haus in Ust-Njukscha, halten sich aber den größten Teil des Jahres mit ihren Rentieren in der Taiga auf.
Gut, dass ich viele Vorräte angelegt habe, so kann ich jetzt schnell ein reichhaltiges Essen auf den Tisch stellen. Beim Tee gibt es viel zu erzählen. Sie fragen, wie es den übrigen Verwandten geht, und wir berichten von der Krankheit des Onkels, die er inzwischen weitgehend überwunden hat, obwohl er insgesamt schwächer geworden ist und viele Arbeiten nicht mehr ausführt, wie zum Beispiel Holz hacken und fischen. Igor erzählt, dass ihm das Gleiche wie dem Onkel passiert sei. Man brachte ihn mit dem Hubschrauber nach Tynda ins Krankenhaus – in der Amurskaja *Oblast* stellt man dafür noch Geld zur Verfügung – und behandelte ihn lange, aber sein Bein ist schwach geblieben. Dass Igor das Bein leicht nachzieht, war mir schon aufgefallen. Es muss ein erhebliches Handicap beim Leben in der Taiga sein. Aber anders als den Onkel hat ihn diese Erfahrung nicht zum Abstinenzler werden lassen. Er und seine Frau trinken, wenn sie im Dorf sind und Alkohol zur Verfügung steht. Sie hatten wohl gehofft, hier bei einer Verwandtenrunde ausgiebig bechern zu können, wie es in Sibirien allgemein üblich ist, doch Slawa nimmt ihnen die Illusion: „Wir wollen keine angetrunkenen Leute im Haus haben. Solange ihr unsere Gäste seid, müsst ihr aufs Trinken verzichten."

Am nächsten Tag gehen mehrere Leute aus dem Dorf an unserem Zaun entlang und betrachten die Rene, mit leiser Wehmut, wie mir scheint. Lange Zeit gehörten sie auch zu ihrem Leben, bis man nach der Perestroika die drei Rentierherden auflöste.

Igor und Slawa leinen die Rene an, um sie in den Wald zum Fressen zu führen. Tarzan ist außer sich – soviel Wild, das trotz Bellens nicht davonrennt, auf der Dorfstraße! Unerhört! Wir müssen ihn wie Katja an die Leine legen.

Geführt von Igor und Slawa wandert die Rentiergruppe über den tief verschneiten Hügel am Waldrand. Die Silhouetten mit den geästelten Geweihen heben sich gegen die schneebedeckten Bäume im Hintergrund ab, und die Glöckchen um ihren Hals singen zu ihren Schritten ein Lied nach Art der Ewenken:

„Das hier ist unsere Heimat. Generationen über Generationen unserer Vorfahren sind durch diese endlosen Wälder gewandert auf der Suche nach dem guten, nahrhaften Moos. Wir brauchen die Ewenken nicht. Aber wir haben uns an sie gewöhnt im Laufe der Jahrhunderte. Wir dienen ihnen und sie dienen uns, schützen uns vor Krankheiten und Wölfen. Sieh, wie der Schnee leuchtet. Wie blau der Himmel ist. Und wie klar die Luft. Das ist unsere Heimat. Wir wandern durch den Wald und fressen gutes, nahrhaftes Moos.“

Ich denke: „Rentiere gehören einfach hierher. Wie schade, dass keine mehr gehalten werden.“

Tatsächlich fand eine Gruppe Jakutsker Archäologen an einem Nebenfluss der Oljokma Felszeichnungen, die Menschen in einem Boot, Rentiere und andere Tiere darstellen. Man datiert die Zeichnungen auf Grund verschiedener Indizien auf ein Alter von etwa 2000 Jahren und schreibt sie Ewenken zu, die sich bereits damals in diesem Territorium aufgehalten haben sollen. Wann sie begannen, Rene zu domestizieren, weiß man nicht genau, aber so wie heute sollen sie von der Jagd gelebt und ihre Rene nur für den Transport benutzt haben. Tanja bestätigt mir, dass ihre eigenen Rene nicht zur Nahrung dienen, sondern nur die erlegten wilden Rene.

Nach zwei Tagen rüsten Tanja und Igor zum Aufbruch. Igor bemerkt: „Ich fühle mich richtig gut. Wenn ich getrunken hätte, würde es mir jetzt schlecht gehen.“

Slawa verrät mir aber, dass Igor zwei Flaschen Wodka gekauft und mitgenommen hat, die sie sich mit hoher Wahrscheinlichkeit bei der nächsten Rast unverzüglich einverleiben werden. Er hat ihnen 20 Fellstücke von Elchläufen mitgegeben und darum gebeten, sie zu den weichen, ledernen Fußbekleidungen zu verarbeiten, welche die Jäger während der Pelztierjagd im Winter tragen. Wir bekommen später aber weder Fußbekleidungen noch Felle zu sehen, sondern hören stattdessen, dass Igor und Tanja sie vertrunken haben.

Igor lenkt das Gespann, sein Schlitten befindet sich hinter dem ersten Tierpaar. Es folgen ein Tierpaar, ein Lastschlitten, ein Tierpaar, ein Lastschlitten, ein Tierpaar, Tanjas Schlitten und dahinter die restlichen Tiere. Ein junges, vollkommen weißes Ren läuft unangeleint nebenher. Wir fahren auf dem Buran ein Stück mit und verabschieden uns nach einigen Kilometern. Die Rene verfallen wieder in ihren gleichmäßigen, leichten Trab und Igor singt: „Wir fahren los, wir fahren los. Aus dem Dorf in die Taiga. Mit den Renen, mit den Renen fahren wir los."

Als *Narten* und Rentiere auf dem Fluss in der Ferne dem Blick entschwinden, habe ich das Gefühl eines Verlustes.

Andere Gäste, Harald und Diana, kommen aus Deutschland. Auf dem Markt in Irkutsk haben sie ihre Kleidung mit Pelzschapkas, Filzstiefeln, warmen Socken und Daunenwesten ergänzt und sind für den sibirischen Winter ausgerüstet, als sie in Srednjaja Oljokma aus dem Auto steigen. Die wirklich tiefen Temperaturen von minus 40 bis 50 Grad erleben sie im März nicht mehr, mit tagsüber nur 10 bis 20 Frostgraden machen sich die längeren Tage und die nun höher stehende, strahlende Sonne bemerkbar.

Dass deutsche Frauen so ganz anders sind als die Russinnen, bemerken wir nicht nur an Diana, sondern auch am zweiköpfigen Fernsehteam des NDR, das aus Regisseurin und Kamerafrau besteht und im Juni bei uns eintrifft. Jetzt begreift Slawa endlich, dass es nicht an meiner ganz persönlichen Dickköpfigkeit liegt, wenn ich trotz seiner anders lautenden Direktive „Tu das nicht!" allein in der Taiga herumstreife, gern die großen, schweren Töpfe mit Hundefutter oder Wasser vom Herd hebe, Brennholz oder Wassereimer hereinschleppe oder Holz hacke. Nein, der Tick, „Männerarbeit" machen zu wollen, ist typisch für viele deutsche Frauen: „Ich kann das allein, dazu

Wintergäste aus Deutschland

brauche ich keinen Mann." Das wird mir selbst erst wirklich deutlich beim Beobachten unserer Besucherinnen. Diana muss alles ausprobieren, was hier fast ausschließlich Männer machen: das Schneemobil steuern, schießen, die Motorsäge bedienen und Holz hacken.

Einige Male begleiten wir Slawa, im Schlitten hinter dem Buran sitzend, zum Holzplatz in den Wald. Slawa, Igor und Schenka fällen dort Bäume, zersägen sie in Stücke, zerhacken diese in grobe Teile und errichten Holzstapel. Während Harald beim Zerhacken der großen Klötze hilft, schleppen und stapeln Diana und ich das Holz, als würden wir im Akkord arbeiten und nach Leistung bezahlt. Und dann, typisch deutsch, räumt Diana den Wald auf und schichtet herumliegende Äste auf Haufen. Früher, als der Onkel noch Waldhüter war, war das Pflicht, erzählt mir Slawa. Die Haufen wurden noch im Winter verbrannt. Jetzt gibt es schon seit Jahren keinen Waldhüter mehr. Jeder schlägt Holz, wo es ihm beliebt und nimmt nur die dicken Stämme, weil das Zersägen dünner Stämme im Verhältnis zum Holzertrag mehr Benzin verbraucht. Die umgerissenen dünnen Bäume wie auch große Äste werden liegen gelassen, obwohl sie gut als Brennmaterial taugen würden. Niemand macht sich die Arbeit, das viele umher liegende Holz wegzuräumen. Im vergangenen Herbst ging ich durch ein früher sehr schönes Waldgebiet, durch das oberhalb des Flussufers ein Trampelpfad führte, auf dem man eine der großen Flussinseln erreichen konnte. Dort hatte jemand Holz geschlagen mit der üblichen Rücksichtslosigkeit. Der Wald war verwüstet und der Pfad nicht mehr begehbar.

Nachdem der Lastwagen vor unserem Gästehaus Holz abgeladen hat, ruhen Diana und Harald nicht eher, bis sie alles zu Scheiten gehackt und längs des Zauns sauber aufgestapelt haben. Arbeiten zur inneren Befriedigung, weil es Freude macht, etwas Nützliches zu schaffen – das können hier nur wenige verstehen.

Das Fernsehteam ist genauso arbeitsam. Tagsüber verfolgen sie uns unermüdlich mit der Kamera, abends im Gästehaus sichten sie die Aufnahmen und überspielen sie auf den Laptop. Slawa und ich hatten gehofft, dass sie wenigstens einmal einen halben Tag frei hätten, um ohne Arbeitsauftrag und ohne Kamera die Landschaft genießen zu können, aber dazu kommt es nicht. Dass die junge Kamerafrau ständig die Kamera mit Schulterstütze, insgesamt zehn Kilo Gewicht, umhertragen muss, kann Slawa kaum mit ansehen – Schweres zu tragen ist „Männerarbeit".

Zumindest bei Besuchern hier im Dorf fällt mir der Unterschied in der Einstellung zur Arbeit sehr ins Auge. Ob es die beiden Männer vom Regionalfernsehen aus Tschita sind, die beauftragt sind, Aufnahmen von den hiesigen Wahlen zu machen und den größten Teil der Zeit mit Saufen verbringen, ob es Geodäten sind, die trigonometrische Punkte neu ausmessen sollen, ob es Beauftragte der Administration und Miliz aus Tupik sind oder Politiker aus Tschita, die ihren Wahlkreis besuchen – Srednjaja Oljokma wird offensichtlich als der wilde Osten betrachtet, in dem alles erlaubt ist. Die Beauftragten der Administration und Miliz nutzen ebenso wie der Deputierte aus Tschita die Fahrt, um zu fischen und zu jagen oder billig Fisch zu erwerben, statt ihren dienstlichen Obliegenheiten nachzugehen und sich um die Anliegen der Dorfbewohner zu kümmern.

Die Geodäten kamen im Winter mit dem Auto: ein Fahrer, ein jüngerer Geodät und sein Vorgesetzter. Sie hielten sich eine Woche im Dorf auf und tranken sich durch die Tage mit Ausnahme des jüngeren Mannes, der nicht trank und schließlich allein einen der beiden vorgesehenen Punkte ausmaß, zu dem Slawa ihn mit dem Schneemobil fuhr. Es lag sehr viel Schnee, und so hatten sie wohl eine Ausrede bezüglich des langen Aufenthalts und der nicht vorgenommenen Messung am zweiten Punkt.

Ein anderer Mann aus dem Amursker Verwaltungsbezirk sollte erkunden, ob Tungir und Oljokma von Tupik bis Ust-Njukscha für das Befahren mit Flößen und Schlauchbooten durch Schülergruppen geeignet seien. Begleiter brachten ihn im Sommer mit dem Boot hierher. Er hatte sich unterwegs die Zeit mit Trinken vertrieben und war bei der Ankunft sternhagelvoll. Jeden Moment rechnete ich damit, dass der große, dicke Kerl in seinem wattierten Anzug ins Wasser plumpsen würde, als er sich schwankend und in den Knien einknickend an der Bootsleine entlanghangelte. Seine Begleiter halfen ihm ans Ufer, wo er ins Gras sank und schlief. Am Abend trank er in der Sommerküche seiner Gastgeber weiter. Zu dritt mussten sie ihn ins Haus zum Schlafen tragen. Nachdem sie am nächsten Tag einige wenige Kilometer den Tungir hinaufgefahren waren, begaben sie sich auf den Rückweg nach Ust-Njukscha. Von der Beschaffenheit des Tungir mit seinen vielen Untiefen und der eher langsamen Strömung auf der insgesamt 320 Kilometer langen Strecke hatte der Beauftragte nichts gesehen.

Zwischen mir und Slawa bemerke ich Ungleichheiten in der Haltung zur Arbeit. Ich bin gern tätig, zeige mich nie unwillig, tue ohne Klagen das Nötige und freue mich über das Geschaffene. Slawa leistet im Endeffekt genauso viel oder mehr als ich, weil er umsichtig und sehr schnell arbeitet, doch ihm scheint Arbeit eine unangenehme Last zu sein. Er stöhnt oft darüber, dass er viel zu tun hat, beginnt damit aber erst gegen Mittag, nachdem er spät aufgestanden und für einige Schwätzchen Verwandte und Bekannte aufgesucht hat.

Manchmal ärgere ich mich darüber. „Hörst du mich jemals über die Arbeit klagen? Ich hätte noch eher Grund dazu als du, denn ich könnte ganz bequem in Deutschland leben anstatt hier den ganzen Tag nur für das Essen zu schuften!"

Eines Tages im Dezember sitzt Wassili bei uns. Es ist halb elf vormittags, als ich seinen Sohn mit dem Schulranzen am Fenster vorübergehen sehe.

„Beginnt die Schule so spät wegen der Kälte?", frage ich.

„Nein, das ist nicht der Grund. Er war um neun Uhr schon dort, aber da war noch abgeschlossen. Es kommt oft vor, dass die Lehrerin erst irgendwann später auftaucht, weil sie einen Kater hat. Die Kinder haben wenig Unterricht. Wenn meine Frau nicht zu Hause mit dem Jungen lesen üben würde, könnte er es bis heute nicht. Ein Junge zum Beispiel kannte nach dem Ende des ersten Schuljahres noch nicht einmal alle Buchstaben."

„Beschweren sich denn die Eltern nicht in Tupik?", wundere ich mich.

Wassili winkt ab. „Das ändert nichts. Kein Lehrer will in unserem verlassenen Ort unterrichten. Und so, mit dieser unzuverlässigen Lehrerin, ist wenigstens auf dem Papier der Schulpflicht Genüge getan."

Die Lehrkraft ist eigentlich Kindergärtnerin und unterrichtet in der einklassigen Dorfschule momentan sechs Schüler der Klassen eins bis vier. Ab Klasse fünf besuchen die Kinder die Internatsschule in Tupik und kommen in den Ferien, die in Russland sehr großzügig bemessen sind, nach Hause. Die Sommerferien beispielsweise erstrecken sich über drei Monate.

Ein auffälliger Unterschied zwischen Deutschen und Russen besteht auch in der Damenmode. Wir Deutschen sind, außer zu besonderen Anlässen, meistens sportlich lässig gekleidet und wollen weniger durch äußeren Schmuck als durch unsere Persönlichkeit wirken. Die jungen Russinnen putzen sich – nach unserem Geschmack – häufig wie auf Männerfang heraus und stolzieren auf hohen Absätzen über die oft holprigen Wege. Das Verhältnis der Geschlechter spielt eine herausragende Rolle, vielleicht in Ermangelung anderer Interessen und Ziele.

Dass Männer aus dem westeuropäischen Ausland ganz versessen sind auf solch aufgemotzte Weiblichkeit, scheinen zumindest einige Drehbuchautoren anzunehmen: In einem Fernsehfilm verliebt sich ein Schweizer bei einer sexuellen Begegnung im Hotelbett in die Prostituierte und macht ihr einen Heiratsantrag, noch ehe sie wieder in ihre auffällige, billige Kleidung schlüpft. Ein anderer, ein deutscher Geschäftsmann, entbrennt für ein sehr hübsches, blondes Flittchen und ist fest entschlossen, sie mitzunehmen und zu seiner Ehefrau zu machen. Diese Damen hätte man aber an einem verborgenen Ort halten müssen, um sich nicht erheblich zu blamieren.

Slawa verblüfft es zu erleben, dass unsere Besucherinnen große Koffer und schwere Taschen allein umherwuchten, während die sie begleitenden, emanzipierten deutschen Männer sich lediglich um ihr eigenes Gepäck kümmern. Zu deren Verteidigung muss ich zugeben: Genauso wollen wir es offenbar. Und warum? Es gibt uns das Gefühl der Unabhängigkeit. Unabhängig zu sein und das zu wissen, bewahrt uns davor, in einer unguten Bindung ausharren zu müssen, weil wir allein nicht zurechtkommen.

Eine alte Frau im Dorf erzählte mir, dass ihr Mann früher ständig Verhältnisse mit anderen Frauen hatte und sogar einige Jahre fast nebenan mit einer anderen zusammenlebte. Er kümmerte sich weder um seine drei Kinder noch steuerte er Geld für deren Unterhalt bei. Trotzdem ließ sie sich nicht scheiden und lebt mit ihm zusammen, seitdem er ins gemeinsame Haus zurückkehrte. Wenn er sich über sie ärgert, beschimpft er sie und zieht sie an den Haaren. Alle Lebensmittel kauft sie von ihrer Rente, während er sein Geld in den Safe legt und später auf sein Sparbuch einzahlt. Nach außen wird nichts von all dem sichtbar, und auch ihre Kinder, die schon lange nicht mehr im Dorf leben, wissen es nicht. Sie könnte von ihrer Rente gut allein leben, sich gegen Bezahlung Brennholz, Wasser, Fisch und Fleisch bringen lassen und Helfer für andere Arbeiten bezahlen. Ihr eigener Arbeitsaufwand würde geringer, denn es müsste im Garten weniger angebaut werden, weniger Vorräte angelegt, weniger Essen zubereitet, weniger Wäsche gewaschen werden. Stattdessen nennt sie ihre Tochter, die sich von ihrem untreuen Ehemann getrennt hat, eine Närrin.

Da fast alle Frauen vor der Perestroika, die große Arbeitslosigkeit mit sich brachte, erwerbstätig waren, erhalten sie eine für unsere dörflichen Verhältnisse gute Rente, mit der sie erforderliche Ausgaben bestreiten können und noch allerhand Geld übrig behalten. Ein Rentnerehepaar ist sehr gut gestellt, denn es ist beinahe billiger, Fleisch, Fisch und Brennholz zu erwerben als Benzin, Boote, Schneemobil, Lastwagen zu kaufen und zu unterhalten. Die Pelztierjagd bringt wegen der oft schlechten Bezahlung der Felle wenig mehr als den Aufwand ein, von der Bezahlung der Arbeitszeit ganz zu schweigen.

Alte, hinfällige Menschen werden von den nächsten Verwandten aufgenommen und gepflegt. Abgesehen von der Gefühlsbindung bedeutet dies auch einen beträchtlichen finanziellen Vorteil. Einige jüngere Leute ohne nennenswerte Einkünfte, die sich hier im Ort um ihre alten Verwandten kümmern, leben zum großen Teil von deren Rente. Allein zu leben wird für Frauen wie Männer zum Problem, wenn sie auf Grund von Krankheit oder Alter nicht mehr fähig sind, die täglichen Verrichtungen zu bewältigen, die ein gewisses Maß an Körperkraft und Beweglichkeit erfordern. Schon um Kartoffeln oder Eingewecktes aus dem Vorratsraum zu nehmen, muss der schwere Holzdeckel zur Seite gehoben und die kleine Treppe hinuntergestiegen werden. Die Wäsche muss mit der Hand gespült und ausgewrungen werden, denn oft ist keine Zentrifuge vorhanden, das Wasch- und Spülwasser muss herein- und hinausgeschleppt werden und dergleichen Tätigkeiten mehr.

Leben mit der Korruption

Je mehr Zeit vergeht, desto mehr freue ich mich darauf, nach Deutschland zu reisen und meine Verwandten und Freunde wiederzusehen. Dort angekommen, fällt mir zum ersten Mal auf, dass ich ein falsches Bild bewahre, eines, das eingefroren ist auf das Datum meines letzten Besuchs, als wäre die Welt in Deutschland seitdem stehen geblieben. Und obwohl ich mich wie immer mit meinen Freunden treffe und herzlich empfangen werde, habe ich das unbestimmte Empfinden, nicht mehr dazu zu gehören. Das macht mich traurig, und ich ahne, dass eine Rückkehr in mein altes Leben nicht so unproblematisch sein würde, wie es mir lange Zeit schien. In Deutschland verliere ich die Wurzeln und im russischen Staat irritieren mich einige nicht unwesentliche Umstände. Umso stärker fühle ich mich Slawa verbunden. In seinen Armen ist meine Heimat und in unserem Dorf, dem kleinen bewohnten Fleckchen inmitten unermesslicher Taigawälder. Überschaubar das Umfeld und die zu leistende Arbeit, ohne Hast verläuft das Leben innerhalb der Natur, deren wandelnde Jahreszeiten die fast einzige Abwechslung bieten.

Doch bevor ich wieder eintauchen kann in unsere abgeschiedene Welt, muss eine Hürde genommen werden, die sich zum entnervenden Hindernislauf entwickelt.

Ich brauche eine neue Aufenthaltsgenehmigung für Russland, die alte läuft im Herbst ab. Aus Deutschland habe ich die erforderlichen Dokumente mit der Übersetzung ins Russische mitgebracht. Wie sich jedoch herausstellt, hätten auch meine Einkommensbescheinigung und alle Seiten meines Reisepasses ins Russische übersetzt werden müssen. Natürlich gibt es weder in Tupik noch in Mogotscha einen vereidigten Deutsch-Russisch-Übersetzer, sodass ich die Unterlagen hastig und handschriftlich selber übersetze. Ob meine Übersetzung von der Behörde in Tschita akzeptiert wird, ist ungewiss.

Nach den neuen Bestimmungen bedürfen die Kopie des Passes sowie die Übersetzung einer notariellen Beglaubigung. Auch die Kopie der russischen Heiratsurkunde muss notariell beglaubigt werden genauso wie eine Kopie des Passes von Slawa. Dazu ist zum Glück eine Angehörige der Administration in Tupik berechtigt. Auch Passbilder fertigt neuerdings jemand in Tupik an – zu meiner Erleichterung, denn ich hatte nur drei mitgebracht statt der erforderlichen vier. Es ist mir ein Rätsel, wozu vier Passbilder notwendig sein sollen. Legen sie etwa eine Galerie mit mehrfacher Sicherung an? Weiterhin benötige ich eine Wohnbescheinigung für das der Gemeinde gehörende Haus, das wir in Srednjaja Oljokma bewohnen. Zu unserem Schrecken vernehmen wir, dass die Ausstellung der Bescheinigung zwei Monate dauern soll, da nach dem Brand des Administrationsgebäudes angeblich keine Unterlagen mehr vorhanden seien. Die Bescheinigung könne deshalb nur von Mitarbeitern aus Mogotscha ausgestellt werden, die in zeitlichen Abständen nach Tupik kämen.

Die Frau eines Freundes von Slawa arbeitet verantwortlich bei der entsprechenden

Behörde in Mogotscha, ruft in Tupik an und bittet, die Unterlagen dort rasch selbst auszustellen. Als wir den Mitarbeiter in Tupik aufsuchen, sagt er, er wüsste nicht, wie das geht. Ein anderer Freund Slawas hat früher bei der Administration in Tupik gearbeitet und vor Beendigung seiner Tätigkeit alle Daten gesichert. Er besorgt aus der Sicherung das erforderliche Formular und füllt es mit Genehmigung der Administration aus. Alles ist mit viel Hin und Her, Telefonaten, Zeit und Aufregung verbunden. Der nächste Schock ereilt mich, als ich die ärztlichen Atteste aus Irkutsk vorlege, nach denen ich frei bin von Geschlechtskrankheiten, anderen Infektionskrankheiten und Suchtkrankheiten. Ich hatte mich nach meiner Ankunft in Irkutsk Blutuntersuchungen, Tests und einer Röntgenaufnahme der Lunge unterzogen und bringe einen langen Laufzettel mit Daten, Stempeln und Unterschriften der entsprechenden ärztlichen Untersuchungsstellen des Irkutsker Verwaltungsbezirkes mit. Aber das reicht nicht, erklärt die Milizionärin. Notwendig sind Zertifikate aus unserem, dem Tschitinsker Verwaltungsbezirk. Die müssen wir uns in Mogotscha besorgen, das heißt, wir müssen die hundert Kilometer dorthin zurückfahren. Slawas Freund Anatoli bringt uns in seinem Auto hin. Als wir in der Poliklinik die ärztlichen Atteste aus Irkutsk vorlegen und um Ausstellung der Zertifikate bitten, blafft uns die Angestellte wie ein bissiger Hund an, dass das so nicht gehe. Wir müssten die Untersuchungen bei ihnen vornehmen lassen und könnten die Zertifikate am vierten Tag abholen. Ich versuche, ihr zu erläutern, dass die Krankheiten und die Untersuchungsmethoden dieselben seien und sie mir deshalb anhand der Unterlagen aus Irkutsk doch sofort die Zertifikate ausstellen könne, aber sie lässt mich kaum zu Wort kommen und wirft mich fast aus dem Zimmer.

Slawas Freund Viktor aus Mogotscha kennt den Chef der Poliklinik gut. Er ruft ihn an und bittet ihn um Unterstützung. Der Chef geht mit mir zu der bellenden Angestellten, die sofort zahm wird, und weist sie an, die Zertifikate zu schreiben. Einige Minuten später habe ich sie.

Als die freundliche und hilfsbereite Milizionärin in Tupik meine nun hoffentlich vollständigen Unterlagen für die Erteilung der Aufenthaltserlaubnis entgegennimmt, weist sie uns darauf hin, dass wir in der nächsten Zeit nach Tschita fahren müssen, um uns dort noch einer Befragung durch den für die Erteilung der Aufenthaltsberechtigung verantwortlichen Funktionär zu unterziehen, der an Donnerstagen Gesprächszeit habe. Das bedeutet, dass wir, sobald der Fluss eisfrei ist, mit unserem Motorboot 320 km nach Tupik, mit einem Auto 100 km nach Mogotscha, zwölf Stunden auf der Transsib nach Tschita fahren und uns dort bis zum Gespräch im Hotel einquartieren müssen. Das wird uns viele Tage und eine Menge Benzin und Geld kosten.

Aber daran mag ich jetzt nicht denken, sondern bin nur erleichtert, den Papierkram hinter mir zu haben.

Ich stöhne: „Ohne Beziehungen kannst du dich in Russland gleich begraben lassen. Jetzt verstehe ich, warum du immer so freigebig Fleisch und Fisch verteilst."

Slawa lacht. „Siehst du, langsam lernst du es."

Slawa hat überall Freunde, wobei diese Freundschaften sehr häufig Zweckbeziehungen sind. In Deutschland würde man solche Beziehungen vielleicht schon als korrupte Strukturen ansehen, während das hier Normalität ist und eher unter dem Begriff „gegenseitige Gefälligkeiten" rangiert. Meine Abneigung gegen Slawas Zweckbeziehungen lasse ich nach diesem Erlebnis fallen, und dafür gibt es gute Gründe. Staatliche Behörden, ärztliche Einrichtungen, Post, andere Dienstleister arbeiten in Russland häufig unter quälend bürokratischen, uneffektiven Bedingungen, langsam und widerwillig, sodass man sich manchmal gezwungen sieht, eine schnelle und unbürokratische Arbeitsweise durch das zu erkaufen, was man selbst zu bieten hat. In unserem Fall sind das Edelfische und Wildfleisch sowie die Möglichkeit, bei uns zu wohnen, sich verpflegen und helfen zu lassen, wenn man hier fischen oder jagen will.

Viktors und Anatolis Hilfsbereitschaft ist somit nicht ganz selbstlos, denn sie wollen zusammen mit uns nach Srednjaja Oljokma fahren, um zu fischen. Viktor hat dazu noch einen *Natschalnik* aus Tschita mit seinem kleinen Sohn, die bereits in Mogotscha eingetroffen sind, sowie zwei Bekannte eingeladen – vermutlich für bereits erhaltene oder erwartete Gegenleistungen. Alle sind interessiert, so schnell wie möglich zum Fischen zu kommen.

Die Hilfsbereitschaft des Chefs der Poliklinik hatte mit hoher Wahrscheinlichkeit ebenfalls praktische Gründe. Der einfallsreiche Viktor bietet Dienste, die umso wertvoller sind, je mehr sie von vorgeschriebenen, aber umständlichen Verfahrenswegen abweichen.

Es kommt darauf an, sich durch Gefälligkeiten möglichst viele Leute an geeigneten Stellen gewogen zu machen, damit sie einem bei Bedarf zur Hand gehen und Begünstigungen vermitteln über eigene Beziehungen. Solche Verbindungen sind fast immer sehr viel nützlicher als Geldgeschenke und müssen deshalb ausgiebig gepflegt werden. Das geschieht nicht nur im Kleinen, sondern zieht sich wie ein vielarmiger Krake durch alle Bereiche. Vieles lässt sich auf krummen Wegen, teilweise unter Umgehung der Gesetze, schneller und leichter beschaffen als auf der vorgeschriebenen Bahn.

Früher vertrat ich die Meinung, es sei besser, korrekt auf direktem, legalem Weg zu handeln und sich an höherer Stelle zu beschweren, falls einem ungerechterweise Steine in den Weg gelegt würden. Ich konnte es nicht glauben, wenn Slawa einwendete: „Damit erreichst du gar nichts. Keine Krähe hackt der anderen ein Auge aus. Die sind alle voneinander abhängig und schützen sich gegenseitig. Zum Schluss kriegst du selbst Schwierigkeiten, weil du jemanden angeschwärzt hast, der von höherer Stelle gedeckt wird."

Diese Ansicht ist allgemein verbreitet und sicher nicht aus der Luft gegriffen. Daraus resultiert eine große Resignation und Furcht, Missstände wie Machtmissbrauch, Korruption und Unterschlagung anzuzeigen. Meiner Ansicht nach ist das einer der Gründe, warum solche Übel in Russland so stark verbreitet sind und kaum ausrottbar scheinen. Mangelnde Kontrollen und Furcht oder Beteiligung Untergebener bilden auch die Grundlage für die Unterschlagung riesiger Summen öffentlicher Gelder, die zum Beispiel für Straßen- und Wohnungsbau beziehungsweise für deren Reparaturen und Sanierungen bereitgestellt werden. Von Zeit zu Zeit werden solche Fälle aufgedeckt, erst kürzlich die Veruntreuung von 20 Millionen Rubel, aber sie stellen nur die Spitze des Eisbergs dar.

Der russische Präsident Medwedjew wies vor Kurzem öffentlich darauf hin, dass das Investitionsklima in Russland außerordentlich schlecht sei und viel Geld ins Ausland abflösse. Er machte dafür die Korruption verantwortlich.

Nach meinem Eindruck ist Russland von den niedrigsten bis zu höheren Ebenen von einem Netz korrupter und mafiöser Strukturen durchwoben, das zu zerschlagen unmöglich erscheint, weil es von so vielen mitgetragen wird und erst dann negativ beurteilt wird, wenn man selbst darunter leiden muss. Ein russisches Sprichwort lautet: „S wolkami schitsch, kak wolki wytsch – Mit Wölfen leben, wie Wölfe heulen".

In seinem um 1850 entstandenen Roman „Die toten Seelen" lässt der neben Puschkin als Begründer des kritischen Realismus in Russland geltende Nikolaj Wassiljewitsch Gogol den Generalgouverneur sagen: „Die Sache ist die, dass wir jetzt unser Land retten müssen, dass unser Land nicht unter dem Überfall zwanzig fremder Völkerschaften leidet, sondern unter uns selber; neben der gesetzlichen Regelung hat sich eine andere Regierung gebildet, die viel mächtiger ist als eine jede gesetzliche. Sie hat ihre eigenen Satzungen und ihre eigenen Preise, und diese Preise sind sogar allgemein bekannt. Und kein Herrscher, und wenn er weiser als alle Gesetzgeber und Herrscher wäre, ist in der Lage, das Übel auszurotten, wie sehr er auch die schlechten Beamten in ihren Handlungen zu hindern versucht, indem er sie durch andere Beamte überwachen lässt."

Liest man die Schriften anderer großer russischer Autoren dieser Epoche, erfährt man ebenfalls hauptsächlich Negatives und könnte glatt in Depressionen verfallen. Die wenigen positiven Helden, wie zum Beispiel Fürst Nechljudow in Tolstois Roman „Die Auferstehung", wirken nicht wie Sieger, sondern eher wie Don Quichotte beim Kampf gegen Windmühlenflügel. Man sage also nicht, alle Übel in Russland hätten mit dem Kommunismus angefangen! Ich glaube eher, dass Sozialismus und Kommunismus mit ihren ursprünglich hehren Zielen eine Chance boten in einem Umfeld, das von bedrückenden Gegensätzen zwischen Arm und Reich, Rechtlosigkeit, Machtmissbrauch, sinnentleertem Dasein selbst gebildeter Klassen und einem erschreckenden Mangel an öffentlicher Moral geprägt war. Marx und Engels lieferten eine bestechend genaue, entlarvende Analyse des kapitalistischen Gesellschaftssystems und entwickelten die Theorie der Grundlagen des Sozialismus und Kommunismus, die den arbeitenden Massen Russlands erstmals einen Ausweg aus ihrem Elend aufzeigte. Leider lebten diese Geistesgrößen nicht lange genug, um ihren Entwurf in der Praxis kritisch überprüfen und den Wirklichkeiten entsprechend anpassen zu können, was vor allem im Hinblick auf das idealisierte Menschenbild und das Gemeinschaftseigentum an Produktionsmitteln notwendig gewesen wäre. Durch das starre Festhalten an Grundsätzen, die vor hundert Jahren unter völlig anderen Bedingungen entwickelt wurden, und durch eine die Realität nicht sehen wollende und gegen jede Kritik und andere Denkungsweise erbarmungslos vorgehende Haltung hat eine verknöcherte Machtelite die Chance verspielt, eine bessere Gesellschaft zu errichten. Gerade diejenigen, die den Sozialismus – nach ihrem Verständnis – buchstabengetreu erzwingen wollten, haben ihn letztendlich dem Untergang geweiht. Dass es unter einer kommunistischen Regierung auch anders geht, könnte in den nächsten Jahren die Entwicklung in China zeigen, die weiter zu verfolgen interessant werden dürfte. Vor allem dann, wenn dort der Beweis erbracht werden könnte, dass die „Diktatur des Proletariats" nicht zwingend Undemokratie bedeutet. Denkbar wäre zum Beispiel, durch eine Quote sicherzustellen, dass der Prozentsatz der aus Arbeiter- und Bauernkreisen stammenden Regierungsteilnehmer dem Prozentsatz des Landes entspricht, womit eine zahlenmäßige Übermacht des Proletariats und die Vertretung seiner Interessen garantiert würde. Das erforderte natürlich eine sehr gute Ausbildung auch dieser Bevölkerungsgruppe.

Bemerkenswert ist übrigens, dass trotz sozialer Ungerechtigkeiten und Verbrechen wie Kriege, gewissenloser Ausbeutung anderer Völker und der Umwelt, begangen aus Gewinnsucht und Machtstreben innerhalb kapitalistischer Gesellschaftssysteme und demokratischer Verhältnisse, das kapitalistische Gesellschaftssystem im Westen nicht grundsätzlich in Frage gestellt wird, wohl aber das sozialistische.

Wenn man bedenkt, dass das riesige, zaristische russische Reich in die „Diktatur des Proletariats" und dann unter Jelzin in einen raubtierhaften Frühkapitalismus stürzte, ist es kein Wunder, dass Demokratie und Rechtssystem in Russland noch immer in den Anfängen stecken.

Das Journal „Der Spiegel" veröffentlichte 2008 ein Gespräch mit dem Ökonomen Simon Gächter, der zu dieser Zeit an der University of Nottingham lehrte und forschte und sich besonders mit der Psychologie menschlicher Entscheidungsfindung befasste. Im Rahmen seiner Arbeit machten er und seine Mitarbeiter folgendes Spielexperiment in insgesamt 15 Ländern:

Vier Testkandidaten bekamen je 20 Euro und konnten in jeder Runde einen Teil des Geldes in den Gemeinschaftstopf legen. Der Inhalt des Topfes wurde verdoppelt und das Geld an alle vier ausgezahlt, auch an die, die nichts eingezahlt hatten, weswegen die Schmarotzer schließlich das meiste Geld hatten. Eine Zusatzregel gab aber jedem Spieler auch die Möglichkeit, andere Teilnehmer zu bestrafen, indem er einen Euro abgab und dafür einen Mitspieler benannte, der drei Euro Strafe zahlen musste.

Man machte dabei die Beobachtung, dass zum Beispiel in Deutschland, England, Australien, Amerika und der Schweiz die meisten Spieler in den Gemeinschaftstopf investierten. Die wenigen Schmarotzer wurden für ihr asoziales Verhalten abgestraft, bis auch sie nach einigen Runden ihr Geld in den Gemeinschaftstopf legten.

Dafür beobachtete man in Russland (dort wiederholte man die Versuche in mehreren Städten, weil man das Ergebnis anfangs nicht glauben konnte und Zufälle ausschließen wollte), der Ukraine und arabischen Ländern Katastrophales: Es wurde zwar auch in den Gemeinschaftstopf investiert und Schmarotzer wurden bestraft, wenn auch wesentlich verhaltener, doch diejenigen, die Schmarotzer abgestraft hatten, wurden im Spielverlauf nun selbst bestraft – und zwar massiv. Die selbstsüchtig Handelnden hielten die Gutmenschen offenbar für so etwas wie Verräter und bestraften sie dafür, anstatt das eigene Verhalten zum Guten zu ändern.

Dass ausgerechnet die Russen so anfällig für eine solche Haltung sind, erklärte Gächter mit einem andauernden Gefühl von Willkür und Ausgeliefertsein und mangelndem Vertrauen in einen funktionierenden Rechtsstaat, weswegen man in erster Linie für sich und die eigene Gruppe sorgt.

Ob starke Einzelpersönlichkeiten, Zufälle oder grundlegende gemeinsame mentale Eigenschaften großer Volksgruppen die Voraussetzung bilden für bestimmte politische, ökonomische und soziale Entwicklungen innerhalb eines Landes, wird wohl genauso ungeklärt bleiben wie die Frage, was zuerst da war: die Henne oder das Ei.

Ich entscheide, nicht weiterhin zu versuchen, gegen den Strom zu schwimmen, sondern mich den Umständen in Russland anzupassen. Und darum habe ich nichts dagegen, nach dreimonatiger Abwesenheit gleich mit sechs Besuchern nach Srednjaja Oljokma aufzubrechen.

Slawa und ich fahren in unserem neu erworbenen, aber gebraucht gekauften Lastwagen. Seine Ladefläche ist vollgestellt mit Säcken von Hirse für die Fütterung der Hunde und der Hühner, die wir uns in diesem Jahr anschaffen wollen, Mehl, Zucker, Dachpappe, Brettern und Möbelstücken, die wir für jemanden mitnehmen sollen. Unsere Besucher fahren in zwei Jeeps vor uns her. Es ist Mitte März, die Luft frostklar, die Sonne scheint, der Weg ist dieses Jahr gut befahrbar und die Laune blendend. Wir alle sind froh, aus den Ortschaften in die Freiheit der Taiga entwichen zu sein. Viktor fährt relativ schnell und sehr beschwingt durch die Landschaft. Wir erkennen es an der Spur seines Jeeps, die öfter hin und her schlingert, einmal seitlich enge Bekanntschaft mit einem Baum macht und zuweilen in den tiefen Schnee am Rand der Piste führt, aus dem sie sich dann wieder herauswühlt. Von Zeit zu Zeit hält Viktor an und erwartet uns mit geöffneter Heckklappe, auf der er Wurst, Brot und Wodka für den kleinen Durst zwischendurch bereitgestellt hat, ein der guten Laune keineswegs abträgliches Verfahren. Viktor wird immer lustiger und seine Fahrweise auch, bis Slawa ihm schließlich nahelegt, er solle jemand anderen fahren lassen, weil er befürchtet, dass etwas passieren könnte. Mit Anatoli am Steuer setzt der Toyota die Fahrt wesentlich ruhiger fort, aber der Schaden lauert schon im Verborgenen. Kurze Zeit nach dem Fahrerwechsel sehen wir plötzlich ein Rad neben der Piste einherrollen. Anatoli bleibt gelassen. Als der Wagen unvermittelt rechts absackte, habe er geglaubt, in ein tiefes Loch gefahren zu sein und sich gewundert, es vorher nicht gesehen zu haben, meint er.

Was soll's, ein Rad kann jeder mal verlieren – schlimmer wäre es, der Wodka wäre alle. Also hurtig die Schrauben gesucht, die am Rand irgendwo im Schnee versunken sind, das Rad anmontiert und weiter geht's. Leider nicht sehr lange, das Rad macht sich erneut selbstständig. Also hurtig im Schnee die Schrauben gesucht, das Rad anmontiert und weiter geht's. Als das Rad zum dritten Mal abfällt, sind alle schon nicht mehr ganz so lustig. Die Schrauben lassen sich bei der einsetzenden Dunkelheit auch wesentlich schwerer finden, und langsam möchte man nun ankommen. Wie ich höre, gibt es ein grundsätzliches Problem mit der Befestigung, das dann aber zumindest vorübergehend gelöst werden kann, denn das Rad bleibt nun endlich dort, wo es gebraucht wird.

Erst gegen 23 Uhr erreichen wir unser Heim. Während Slawa aufblasbare Matratzen und eine Filzmatte auf dem Boden auslegt und die Gäste ihre Schlafsäcke auspacken, muss ich jetzt möglichst geschwind ein Abendessen für acht Leute auftischen. Glücklicherweise habe ich genug Eingewecktes im Keller, auch Fleisch, aus dem ich Gulasch bereite und zu den schnell gekochten Makkaroni auftrage. Dazu stelle ich Mixed Pickles, *Ikra*, das obligatorische Brot, Tee und aus Tupik mitgebrachte Kekse auf den Tisch.

„Karina, moschno nemnoschka? – Karina, dürfen wir?", fragt Viktor lächelnd und hält erwartungsvoll die Flasche hoch. Slawa hatte ihm gesagt, dass ich das Trinken bei uns nicht erlaube, aber Viktors fröhlichem Gesicht kann ich es nicht abschlagen. Er ist klein, ziemlich rund, immer in Aktion, hat eine sehr positive Ausstrahlung und viel Charme, dem ich sofort unterliege. Zudem bewirkt eine Flasche Wodka bei den fünf Erwachsenen nur, dass sie angeheitert sind, womit ich leben kann.

„Nu dawai – Na, dann los", antworte ich.

Noch während wir am Tisch sitzen, erlöscht – wie üblich um ein Uhr nachts – das Licht. Im Kerzenschein sucht jeder sein Lager auf. Viktor hatte sich gleich zu Anfang die bequemste Ruhestelle auf dem Diwan gesichert und dort seinen offensichtlich nagelneuen, lachsfarbenen Daunenschlafsack ausgebreitet. Die anderen fünf schlafen aufgereiht nebeneinander auf dem Boden unseres großen Zimmers.

Als alle am nächsten Morgen zum Fischen aufgebrochen sind und ich etwas Ordnung mache, sehe ich, dass der *Natschalnik* und sein Sohn auf der Filzmatte geschlafen haben, die Slawa zuweilen während der Jagd als Schlafunterlage benutzt und mit der er immer den Schlitten auslegt. Bei der letzten Fahrt nach Hause hatte er im Schlitten offenbar Jagdbeute und die Hunde transportiert. Die Matte ist mit Rentierhaaren übersät und mit Hundekot verunreinigt, die sich im kalten Schuppen im gefrorenen Zustand ausgezeichnet erhalten hatte und im Laufe der Nacht aufgetaut ist. Ich versuche, zumindest den Großteil der Haare herauszubürsten und kratze die Kacke ab in der Hoffnung, der in den Filz eingezogene Rest möge soweit trocknen, dass er weniger stinkt. Slawa lacht nur, als ich ihm vorwerfe, den Gästen eine solch dreckige Matte zum Schlafen hingelegt zu haben. Immerhin konnten wir so doch sehr eindrucksvoll vermitteln, wie urig es im Hause eines Taigajägers zugeht.

In anderer Hinsicht sind es wiederum die Gäste, die sich urtümlich benehmen. Zugegeben, es bedarf einiger Zielsicherheit, den Strahl im Stehen ins Loch unseres Steh-

Plumpsklos zu richten, aber muss deshalb gleich rings um die Öffnung ein breiter, gelber Eisbelag angelegt werden?

Nach dem Besuch Igors und Tanjas sah es noch schlimmer aus. Ich hatte den Eindruck, dass sie das Klo lediglich als Sichtschutz verstanden und, sobald die Tür geschlossen war, wie in der Taiga loslegten, egal wohin.

Ich halte das Klo immer peinlich sauber und ekle mich jetzt, es aufzusuchen. Die Reinigung mit Wasser ist nicht möglich, weil es sofort gefriert. Nach Abfahrt der Besucher schicke ich Slawa an die Front. Er hackt den gefrorenen Urin ab und bestreut danach den Boden mit viel Schnee, der allmählich die Reste aufnimmt.

Später erzählt mir Slawa, dass seine Freunde sich über unsere bescheidene Wohnungseinrichtung gewundert hätten und er ihnen geantwortet habe, dass uns bisher andere Dinge wichtiger waren. Abgesehen davon, dass wir uns – trotz der alten, zusammengestoppelten und mit etwas Farbe aufgepeppten Möbel, der an Drähten hängenden Fenstervorhänge und des Mangels an Teppichen – wohlfühlen in unserem Haus, ist es wahr, dass wir aus finanziellen Gründen nur in das investieren konnten, was uns vordringlicher schien. Das waren eine gute Ausstattung des Gästehauses für deutsche Besucher, elektrische Küchengeräte, Kühltruhe, Benzingenerator, Schneemobil, Boote, Bootsmotoren, Motorsägen, kürzlich den Lastwagen und Ersatzteile, Ersatzteile, Ersatzteile. Hier im Dorf ist es notwendig, möglichst autark zu sein. Mit dem Lastwagen können wir nun das viele Brennholz für uns, Slawas Schwester und die beiden Männer, die uns beim Holzmachen helfen, aus dem Wald bringen. Wir können Benzin, Grundnahrungsmittel für ein Jahr und andere benötigte Dinge im Winter in Mogotscha kaufen und hertransportieren, weil sie dort sehr viel billiger oder in unserem Dorf gar nicht erhältlich sind. Da der Wagen eine geschlossene, mit einer Heizanlage versehene Transportkabine hat, besteht auch die Möglichkeit, ein paar Rubel mit dem Transport frostgefährdeter Lebensmittel für den Laden zu verdienen. Auch muss ich nicht mehr befürchten, dass mein Gemüse im Sommer unter Wassermangel leidet, denn nunmehr können wir bequem Wasser vom Fluss holen.

Ruhig zieht der Fluss zu unseren Füßen dahin. Er ist überlebenswichtig für die Dorfbewohner.

Einfache Blockhütten bieten Schutz bei Wind und Wetter

Sieg des Frühlings

Ein halbes Jahr lang breiteten Eis und Schnee ihre weiße Decke über die Landschaft und versetzten die Pflanzenwelt in tiefen Schlaf, biss uns die Kälte in Nase und Wangen, stieg der Atem in Wolken in die eisige, klare Winterluft. Doch nun gewinnt die Sonne immer mehr an Kraft und ihre mittäglichen Strahlen lecken beständig an der Schneedecke.

Bevor die Fahrt auf Schneemobilen unmöglich wird, brechen Slawa, Igor und Wowa auf, um in Slawas weitläufigem Jagdterritorium eine weitere Hütte zu errichten. Sie nehmen nur einige Grundnahrungsmittel mit und verlassen sich darauf, für sich und die Hunde Wild zu erlegen. Auch Material benötigen sie, abgesehen von Dachpappe, einigen Nägeln und Türscharnieren, nicht.

Die *Isbuschkas* baut man aus entrindeten Holzstämmen und dichtet sie mit Moos ab. Zuerst errichtet man die vier Wände in der Form eines Rechtecks, sägt erst dann aus den Stämmen Tür und Fenster heraus, um danach Decke und Dach anzufertigen. Die Bretter für Dach, Decke, Schlafpritschen und Tisch, dicke Bohlen, werden vor Ort mit der Motorsäge aus Baumstämmen herausgeschnitten.

Während die Hündin Katja bei mir bleibt, begleiten Tarzan und Bobik die Männer. Dass Bobik nach der Geburt nicht getötet wurde, war einem Zufall zu verdanken. Wir wollten aus einem Wurf Katjas nur zwei Welpen aufziehen, um die uns ein Dorfbewohner gebeten hatte. Igor sollte alle übrigen Welpen herausnehmen und töten. Später stellten wir jedoch fest, dass da noch ein drittes Hündchen herumkrabbelte, das Igor offenbar übersehen hatte. Und so blieb Bobik bei uns. Während seine Brüder ein hellbeiges Fell hatten und von Anfang an sehr hübsch aussahen, war Bobiks Fell unscheinbar dunkel. Er war auch viel kleiner als die beiden anderen, balgte sich aber trotzdem unermüdlich mit ihnen. Doch er holte den Rückstand schnell auf und attackierte seine Brüder ständig, wenn wir sie später unterwegs trafen. Er war wild wie ein kleiner Wolf und forderte uns zum Spielen auf, indem er uns schmerzhaft in Beine oder Hände zwickte, bis wir ihn jedes Mal straften und er es schließlich unterließ. Auch seine Fellzeichnung ähnelt der eines Wolfes. Aus dem unscheinbaren Hündchen ist ein ausdauernder Rüde mit dickem, hellem Unterfell, längeren dunklen Haaren und ausgeprägter Gesichtszeichnung geworden.

Nach seiner Rückkehr erzählt mir Slawa, dass er abwechselnd immer einen der beiden Hunde ankettete, damit sie sich nicht zusammen eigenständig auf die Jagd begaben. Da es genug Moschustiere und Auerwild gab, wurden auch die Hunde ausreichend mit Fleisch versorgt. Slawa beobachtete, dass Tarzan einen Teil seines Fleisches wegtrug und versteckte, bespäht vom angeketteten Bobik. Am Folgetag saß Tarzan an der Kette und musste jaulend mit ansehen, wie Bobik dreist die sorgsam versteckten Vorräte auffraß.

Wieder im Dorf, brechen unsere drei Hunde in der Morgendämmerung regelmäßig zur Jagd auf. Hunde jagen wie Wölfe im Rudel, und deshalb liefen Katja und Tarzan früher oft zusammen mit den Hunden des Onkels los, sozusagen mit Verwandten, nie mit anderen Hunden. Jetzt ist das nicht mehr nötig, weil sie mit Bobik zu dritt ein kleines Rudel bilden. Zudem sind von den Jagdhunden des Onkels und seines Sohnes inzwischen drei umgekommen beziehungsweise getötet worden, denn diese Tiere bezahlen ihre Freiheit nicht selten mit dem Leben. Einer der Hunde kam eines Tages nicht zurück aus dem Wald, wie auch Tschara, eine unserer Hündinnen. Vielleicht sind sie in eine Falle geraten. Der zweite Hund kam mit einem verletzten Vorderlauf zurück, der nicht mehr heilte, und wurde deshalb erschossen. Der dritte, nach dem Fluss „Tungir" benannt, war bis in sein vierzehntes Lebensjahr ein ausgezeichneter Jagdhund, der selbst den Bären nicht fürchtete. Menschen gegenüber war er immer friedlich. Mit seinem dichten, hellen, rötlichen Fell und dem stattlichen, kräftigen Wuchs wirkte er sehr eindrucksvoll und hatte es nicht nötig, sich groß aufzuspielen. Es tat uns sehr leid, als er mit über 15 Jahren getötet wurde, weil er völlig orientierungslos geworden war. Jetzt leben beim Onkel nur noch Usmun, ebenfalls nach einem Fluss benannt, und Wjuga, die Schwester Tarzans. Usmun humpelt seit einigen Wochen. Hoffentlich heilt seine Verletzung, denn ohne Hunde sind die Jagdmöglichkeiten sehr begrenzt. Der Sohn des Onkels braucht das Fleisch. Er hat außer den alten Eltern seine eigene Familie mit vier Kindern zu versorgen.

Wjuga ist recht klein, aber eine unerschrockene Jägerin. Mit der Zobeljagd gibt sie sich nicht ab, sondern hetzt lieber Hirsche und Elche. Im Dorf tritt sie sehr selbstbewusst auf, obwohl sie sich größeren, älteren Hündinnen immer unterwirft. Ihrer Mutter Katja nähert sie sich auf dem Bauch rutschend und schwanzwedelnd. Trotzdem wirkt sie nie wirklich unterwürfig oder ängstlich, sondern so, als wende sie raffiniert berechnend einen bekannten Trick an, um die anderen matt zu setzen. Manchmal sitzt sie auf der Straße und bellt, bis sich alle Hunde im hörbaren Umkreis an dem „Gespräch" beteiligen. Ich habe den Eindruck, dass sie sie gezielt aufmischt, denn wenn ich Wjuga zurechtweise mit einem scharfen „nelsja!" und sie daraufhin verstummt, hören auch die anderen auf zu kläffen.

Bisweilen hören wir unsere Hunde an der Flussbiegung unterhalb des Dorfes bellen, wo sie ein Moschustier gestellt haben, das sich auf einen ausgesetzten Felsen gerettet hat. Sie können ihm dorthin nicht folgen, ohne in Gefahr zu geraten abzustürzen. Unlängst stürzte der Hund unseres Nachbarn, der sich im Jagdeifer zu weit vorgewagt hatte, dort ab und schlug mit zerschmetterter Hüfte aufs Eis.

Sobald Slawa das Bellen vernimmt, braust er mit dem Schneemobil los und erlegt das Tier, das nach dem Schuss vom Felsen stürzt. Nachdem die Hunde ihren Teil erhalten haben, entfernt er bei männlichen Moschustieren die Moschusdrüse, die er trocknet und verkauft, und zerlegt das restliche Fleisch für unsere Küche. Aus dem Sekret werden in China verschiedene Naturheilmittel hergestellt, die gegen vielerlei Beschwerden verordnet werden und hochgeschätzt sind. Auf dem internationalen Markt war das Sekret lange Zeit dreimal teurer als Gold. Bei dem derzeitig hohen Goldpreis dürfte das Verhältnis ein anderes sein, aber der jetzige Marktpreis für ein Gramm des Sekrets liegt vermutlich nicht unter 35 €. Die Händler bezahlen den Jägern für ein Gramm des Sekrets nur rund 5 €.

Manchmal sind Katja, Tarzan und Bobik tagelang unterwegs und kommen vollgefressen und müde zurück. Wenn sie nachts ausbleiben, sorgt sich Slawa, einem von ihnen könnte etwas passiert sein und kündigt zum hundertsten Mal an, dass er sie an die Leine legen wird. Zu gern möchten wir wissen, wohin sie laufen, was sie jagen und fressen. Wir erfahren es nur durch Zufall, wenn zum Beispiel jemand sie gesehen hat. Einmal höre ich Bobik beim Koten Schmerzlaute ausstoßen. Danach erblicke ich in seinem Kot ein Knochenstück vom Moschustier.

Solange das Flusseis noch trägt, fahren wir täglich einige Kilometer die Oljokma hinauf, um unsere unter dem Eis ausgelegten Fischnetze zu kontrollieren. Sie sind quer zum Fluss gespannt. Jedes der beiden Enden eines Netzes sind an einer langen, in einem Eisloch stehenden Stange befestigt. Nachdem Slawa die seit dem Vortag entstandene Eisschicht aufgehackt hat, schöpfe ich mit einer durchlöcherten, dadurch wasserdurchlässig gemachten Schaufel die Eisstücke von der Wasseroberfläche und werfe sie daneben auf den täglich größer werdenden, glitzernden Haufen. Ein Netzende löse ich von der Stange und knüpfe eine lange Leine an das Netz. Nun kann Slawa das Netz vom anderen Eisloch aus einholen, die Fische aus den Maschen befreien und aufs Eis werfen, das Netz entwirren und säubern. An der Leine ziehe ich das Netz wieder zu mir und befestige es an der Stange.

Das erstmalige Ausbringen eines Netzes ist wesentlich aufwendiger: Mit mehreren Metern Abstand wird eine Reihe Öffnungen in das oft meterdicke Eis gesägt. Ein Netzende knüpft man an die im ersten Loch stehenden Stange. Das andere Ende wird an einer weiteren Stange befestigt, die unter dem Eis von Öffnung zu Öffnung bis zum Endpunkt durchgeschoben wird. Ist die Strömung zu stark oder die Stange zu lang, wird sie möglicherweise abgetrieben, bevor sie das nächste Loch erreicht. Der Abstand der Öffnungen zueinander darf deshalb nicht zu groß sein. Die nicht benötigten Löcher zwischen den Netzenden frieren zu.

Während der Fang im vorigen Jahr ausgesprochen mager war und wir die Netze bald einholten, gibt es jetzt viel Fisch, vor allem *Charius*. Auch *Lenoks, Taimen, Nalim*, Hechte und Barsche holen wir aus dem Fluss. *Charius* schmecken gebraten oder roh und nur einige Tage leicht gesalzen und kühl gelagert, köstlich. Auch der *Taimen* wird mit Vorliebe roh genossen, nachdem man die gesäuberten Stücke mit etwas Salz, Pfefferkörnern, Lorbeerblättern und Knoblauchzehen eingelegt und drei Tage kühl gestellt hat.

Noch hält der weiße Herrscher den Fluss in eisiger Umklammerung, aber an Land taut und rinnt es überall und langsam treten unter dem Schnee dürres Gras und dunkle, feuchte Erde hervor.

Ein prächtiger Taimen ging Schenja ins Netz. Er wird für viele Mahlzeiten reichen.

Tarzan in seinem schwarzen dicken Winterpelz ist es zu warm. Er sucht sich eine Eisplatte und streckt sich darauf aus. Slawa hackt Holz, das in großen Haufen vor dem Haus liegt, und stapelt es entlang des Zauns auf. Jeder männliche Einwohner, der vorbeikommt, hält für einen Plausch an, und bald hocken mehrere Männer zusammen, rauchen und schwatzen.

Ich sitze, angetan mit dicker Jacke, Mütze und Filzstiefeln, im Hof und lese. Wie eine Pflanze, die aus der dunklen Zimmerecke endlich ins Freie gelangt ist und ihre Blätter dem Licht entgegenstreckt, räkle ich mich in den wärmenden Sonnenstrahlen.

Der Winter indes will sich noch nicht geschlagen geben. Herrisch hebt er noch einmal das Haupt und ruft aus seiner Trutzburg im Norden die immer zu Unheil aufgelegten Winde herbei. Sie schieben anderentags große, schwarze Wolkenwände heran, aus denen dicke, kalte Flocken fallen, immer dichter, immer schneller. Der Sturmwind treibt sie durch die Luft, heult und rüttelt am Haus, in dem wir geschützt und warm sitzen und aus dem Fenster in das wirbelnde Treiben schauen. Auch die Hunde haben sich in ihre Behausungen verkrochen und rühren sich nicht daraus hervor, bis sich der Schneesturm am nächsten Tag gelegt hat.

Wir blicken, soweit das Auge reicht, auf ein Meer hoher, weißer Wogen. Unsere Außentreppe ist unter Schneemassen verschwunden und die Hundehütte ähnelt einem Iglu. Slawa beginnt, Durchgänge freizuschaufeln, während ich den knöchelhohen

Schnee aus dem Vorraum entferne, den es durch die Bretterritzen hereingetrieben hat. Der Winterweg nach Tupik ist wieder einmal unterbrochen. Später hören wir, dass die Geodäten, die am Tag zuvor mit dem Jeep von hier aus in Richtung Tupik losgefahren waren, mit zur Neige gehenden Lebensmitteln fast eine Woche in einer *Isbuschka* festsaßen und auf einen Lastwagen warten mussten, den sie von ihrem Satellitentelefon aus gerufen hatten und der sie schließlich aus ihrer misslichen Lage befreite.

Trotz der sich für uns dabei ergebenden Schwierigkeiten sind wir über die mindestens zweimal im Jahr monatelang unterbrochenen Wege und die auch sonst sehr abgelegene Lage froh. Denn besonders, wenn der Winterweg offen ist und mit Autos befahren werden kann, fallen Käufer von außerhalb wie Raben in Srednjaja Oljokma ein, um billig an Fisch und Wildfleisch von allerbester Qualität zu kommen. Der in den Städten verkaufte Fisch ist häufig alt, nicht durchgehend unter tiefen Minusgraden gelagert und manchmal mit Wasser künstlich auf ein höheres Gewicht gebracht. Verlangen wir hier einen dem Aufwand angemessenen Preis, jammern sie und behaupten: „Das ist aber teuer. In Mogotscha muss ich im Laden nur so und so viel bezahlen!"
Slawa pflegt darauf zu antworten: „Dann geh und kaufe dort!"
Doch es gibt Leute im Dorf, die sich übertölpeln lassen und ihren in bitterer Kälte gefangenen Fisch schnell zu einem Spottpreis verkaufen, um rasch an Geld zu kommen. Die Alkoholiker geben ihn oft nur gegen ein paar Flaschen Fusel her.

Nach dem letzten Aufbegehren des Winters wird es schnell wärmer. Der viele Schnee taut und hinterlässt auf dem noch gefrorenen Boden und über dem Flusseis tiefe Wasserlachen. Im Dorf sammelt sich zu meiner Verwunderung eine große Anzahl Raben, obwohl sie hier keine Nahrungsabfälle finden, weil alles verwertet wird. Viele Spatzen, die hier überwintert haben, schwirren umher. Sie und die Raben halten sich erst seit zwei Jahren in Dorfnähe auf. Bachstelzen wippen zierlich mit ihren langen, schmalen Schwänzen, und wir beobachten wieder Graugimpel, die wie kleine, hellgrau und schwarz gezeichnete Bällchen in Schwärmen vom Himmel fallen. Eine große Schar Bergfinken, es mögen um die zweihundert Vögel sein, bevölkert Gemüsegarten und Baumkronen und erfreut uns mit ihrer wunderschönen, farbigen Zeichnung. Das Gefieder der Schwäne, die unter lauten Rufen in langen Formationen hoch in der Himmelsbläue nach Norden ziehen, gleißt weiß in der Sonne. Angezogen von ihrem Gesang richten sich die Blicke der Dorfbewohner nach oben und verfolgen den Flug. Niemand kann sich dem Zauber der Vogelzüge entziehen.

Ich bin die meiste Zeit im Haus beschäftigt mit dem Säen und Pikieren von Gemüsesetzlingen, Wäsche waschen, Hundefutter zubereiten, backen und kochen. Es ermüdet mich, ständig am Herd zu stehen – kochen, essen, kochen, essen. Nie hätte ich gedacht, dass ich in einem Taigadorf allein durch die Arbeiten, die die tägliche Ernährung sicherstellen, so angebunden sein würde. Welch ein Leben für mich, die ich früher einen großen Teil meiner Freizeit draußen verbringe, durch die Alpen wandern, wochenlang im Paddelboot unterwegs sein, stundenlang an Meeresstränden entlangstreifen konnte. Jetzt komme ich kaum nach draußen und fühle mich wie ein Höhlenmensch. Meine allnächtlichen Träume sind wesentlich abwechslungsreicher und interessanter als mein Tagesablauf, und oft spiegeln sie meine gefühlte Situation wieder.

Ich befinde mich in einer kleinen, stickigen Hütte ohne Fenster. Es ist stockdunkel. Trotzdem verschließe ich die Tür nach draußen fest mit zwei Haken, weil dort eine Gefahr lauert, von der ich nicht genau weiß, woraus sie besteht. Ich taste und finde eine Schachtel mit einigen Streichhölzern, aber die Kerze, die ich damit anzünde, verlöscht immer wieder. Schließlich sind die Hölzer alle. Ich muss wohl neue kaufen gehen in dem winzigen Laden in einer Holzhütte weiter unterhalb meines Standortes, aber ich mag nicht gehen. Dann ertaste ich eine noch volle Schachtel Streichhölzer und kann endlich zwei Kerzen anzünden. Die Hütte ist sehr schmutzig. Den Tisch wische ich notdürftig mit einem schmutzigen Lappen ab. Ich finde einen runden Kuchen, weiß aber nicht, ob er noch gut ist. Ich will ihn Slawa zeigen, der draußen vor dem Haus sein muss, und öffne die Tür. Die Sonne scheint und junge Frauen und Männer laufen und fahren fröhlich auf kleinen, merkwürdigen Geräten auf der Wiese herum. Slawa sehe ich nicht. Eifersüchtig und verstimmt will ich mich sofort wieder zurückziehen, wurde aber schon gesehen und gerufen. Ich stammle verlegen: „Wo ist Slawa, ich will ihm etwas zeigen."
„Er ist am Fluss."
Ich kehre zurück in die dunkle Hütte.

In den nächsten Tagen denke ich noch oft daran und überprüfe mein Verhalten, weil mir der Traum offenbart, dass ich mich nicht nur körperlich, sondern auch seelisch freiwillig in einen dunklen, engen Raum eingesperrt habe.
Träume sind keine „Schäume", wie der Volksmund sagt, sondern können Unbewusstes bewusst machen, wenn man ihnen nachgeht. Auf den ersten Blick erscheinen mir meine Traumgebilde manchmal so fantastisch und unwirklich, dass ich darin keinen Sinn erkenne. Wenn ich mir den Traum dann aber selbst laut erzähle, bringt mich die Wortwahl meistens auf die wirkliche Bedeutung.

Endlich haben der Sonnenschein und das warme Wetter die Erde weitgehend getrocknet, und auch ich kann nun draußen arbeiten. Welch eine Wohltat, nicht mehr im Haus eingesperrt zu sein! Kochen kann ich jetzt in der Sommerküche, die bei uns keine *Isbuschka* ist, sondern lediglich ein gemauerter Herd unter einer geräumigen Überdachung im Hof.
Auf den Wiesen sammle ich große Mengen Pferdemist und schütte sie auf Haufen, die Slawa später mit dem Laster abholt. Die Pferde werden selbst im Winter nicht im Stall gehalten. Ihr dichtes, struppiges Winterfell schützt sie vor der Kälte. Sie streifen auf Futtersuche frei herum, mit den Hufen das gefrorene Gras unter dem Schnee her-

vorscharrend. Den Mist brauchen wir in erster Linie für das Gurkenbeet, aber auch als Dünger für Zucchini, Kürbisse, Wasser- und Zuckermelonen, Auberginen, Tomaten, Paprika, und nicht zuletzt für den Weißkohl, der den Winter über unsere wichtigste Vitamin-C-Quelle bildet.

Bei der Gartenarbeit behindert mich meine seit zwei Monaten zunehmend schmerzende Schulter glücklicherweise kaum. Lediglich bei bestimmten Bewegungen muss ich die Zähne zusammenbeißen. Meinem sehr ausführlichen Lehrbuch für Heilpraktiker entnehme ich, dass es sich bei diesen Symptomen um eine durch Sehnenverkalkung hervorgerufene Beschwerde handeln könnte, die behandelt werden sollte. Trotzdem die Gefahr besteht, dass es ohne ärztliche Behandlung zu einer dauerhaften Schultersteife kommt, will ich nicht nach Deutschland fliegen, obwohl ich es bisher immer als selbstverständlich ansah, bei einer Erkrankung genau dies zu tun. Aber jetzt eine solch entfernungs- und zeitmäßig lange Reise unternehmen? Es passt einfach nicht in meinen Zeitplan. Mitte Juni kommen Gäste aus Deutschland, und bis dahin muss ich fast meine gesamte Zeit dem Garten widmen, wenn wir nicht ohne Gemüse dastehen wollen. Also versuche ich eine Selbstbehandlung durch Arnikasalbe, und dann, weil sie keine Besserung bewirkt, durch Ibuprofensalbe und -tabletten, die ebenfalls wirkungslos bleiben. Schließlich begnüge ich mich mit Armgymnastik in der Hoffnung, dass sich durch die Bewegung die Verkalkung auflöst und das Steifwerden der Schulter ausbleibt. Meine Hoffnung erfüllt sich tatsächlich nach mehreren Wochen.

Slawa setzt am Flussufer das Holzboot instand, mit dem wir, sobald der Fluss eisfrei ist, unsere Reise nach Tschita beginnen müssen. Inzwischen fließt bereits viel Wasser über die Eisfläche, und dann, plötzlich, beginnt das Eis zu brechen, setzt sich in Bewegung und bildet vielerorts Blockaden, die den Fluss überraschend um mehrere Meter ansteigen lassen.

„Das Eis bricht!" gellen Rufe durchs Dorf, und alles eilt zum Ufer, um das alljährlich Anfang Mai stattfindende, aber nie gleiche Schauspiel zu verfolgen.

Als das Wasser nach vielen Stunden die Blockaden durchbricht und abfließt, stranden anderthalb Meter hohe Eisschollen im flachen Wasser. Entlang des Ufers bleibt ein Gewirr übereinander getürmten Eises zurück, während auf dem nun hindernisfreien Fluss unablässig das Eis der Oberläufe und Nebenflüsse von Tungir und Oljokma hinunterschwimmt.

„Das Eis bricht…" gellen die Rufe durchs Dorf …

Jedes Jahr das gleiche Schauspiel. Meterdicke Eispanzer liegen am Flussufer.

Überraschungen

Wir nehmen uns vor, in einer Woche nach Tschita aufzubrechen und müssen vorher noch viel erledigen. Im Haus sind inzwischen Fenster und Tische vollgestellt mit Setzlingen. Die Kartoffeln liegen zum Vorkeimen im großen Zimmer auf dem Boden, und 25 drei Tage alte Hühnerküken leben in einer Kiste im Zimmer, weil es draußen in der *Isbuschka* noch zu kalt für sie ist. Unsere Räume wirken wie eine Kombination von Wohnstall und Gewächshaus. Der Fußboden ist durch das ständige Hereinlaufen aus dem Garten fast genauso schmutzig wie meine Gartenkleidung, in der ich seit Tagen staubiges Heu als Unterlage für Gurken-, Zucchini-, Kürbis- und Melonenbeete bewege, getrocknete Pferdeäpfel durch ein grobes Sieb reibe, damit sie schneller zu Kompost werden, und Erde siebe. Slawa, der im Keller die Kartoffeln entkeimt, ist auch nicht sauberer.

Da, es könnte nicht besser passen, bekommen wir Besuch. Slawas Freunde Viktor, Anatoli und Nikolaj, die sofort, nachdem der Tungir mit dem Boot befahrbar war, aufgebrochen waren, erscheinen durchgefroren und fröhlich strahlend in der Tür. Sie haben einige Tage Urlaub und wollen mit Slawa fischen und jagen. Wir freuen uns, sie zu sehen, obwohl wir eigentlich überhaupt keine Zeit für sie haben. Während Slawa die *Banja* heizt und Wasser hinträgt, koche ich schnell ein Essen und bereite unser Gästehaus für sie vor, denn bei uns zwischen den Kartoffeln zu schlafen können wir ihnen schlecht zumuten. Zu meinem Erstaunen hat Viktor keinen Wodka mitgebracht und ist stocknüchtern, aber trotzdem lustig. Nikolaj hat zur Bedingung gemacht, dass nicht getrunken wird, erfahre ich.

Am nächsten Morgen brechen sie zusammen mit Slawa auf, um an der Mündung der Mokla in die Oljokma zu fischen. Slawa verspricht mir, nach zwei Tagen zurückzukommen, damit wir vor unserer Abreise gemeinsam noch die restlichen Arbeiten erledigen können. Sie soll zusammen mit den Gästen am Sonnabend erfolgen, damit wir spätestens am Mittwoch in Tschita sind und am Donnerstag die Gesprächszeit beim Ministerium des Inneren wahrnehmen können.

Die Tage vergehen, aber Slawa kommt nicht. Als er am späten Freitagabend erscheint, ist mir klar, dass wir am nächsten Morgen nicht abreisebereit sein und den Donnerstagstermin in Tschita nicht wahrnehmen können, sondern die Reise um eine Woche verschieben müssen. Ich bin verstimmt und vor allem besorgt um den weiteren Hergang, denn niemand weiß, ob das Wasser im Tungir eine Woche später nicht zu sehr gefallen ist und eine Fahrt schwierig, wenn nicht gar unmöglich macht. Auch könnte sich das momentan trockene, sonnige Wetter verschlechtern. Meine Stimmung hellt sich auf, als sich am Sonnabend Nachmittag nach der Rückkehr der drei Fischer herausstellt, dass Nikolaj am Dienstag mit dem Auto nach Tschita fahren wird und uns dorthin mitnehmen könnte, sodass wir trotz verspäteter Abfahrt rechtzeitig in Tschita sein könnten.

In aller Eile versorge ich die Gäste, Slawa bereitet Boot, Benzin, Motor und einen Ersatzmotor für die lange Fahrt vor. Dann packen wir unsere Sachen und übergeben Hausschlüssel und Anweisungen für die Fütterung der Hunde und Hühner sowie für das Gießen der vielen Gemüsesetzlinge Slawas Schwester Viktoria.

Am nächsten Morgen um halb neun legen wir vom Ufer ab. Während der ersten 60, 70 Kilometer haben wir immer wieder Schwierigkeiten mit dem Motor, auch nachdem Slawa den Ersatzmotor angebracht hat. Ich befürchte schon, dass wir umkehren müssen, aber schließlich hat die letzte Reparatur, bei der Slawa den Motor am Ufer auseinandernimmt, doch noch Erfolg. Ohne weitere Störungen können wir bei herrlichem Sonnenwetter die Fahrt fortsetzen.

Wir passieren Gulja. Das Dorf liegt auf halber Strecke, sehr hübsch oberhalb eines Steilhanges. Nach der Perestroika hat es den größten Teil seiner Einwohner eingebüßt. Die meisten Häuser stehen leer, nur noch etwa 20 Menschen leben dort. Es gibt keinen Laden, keine Schule, keine Post mehr. Gulja ist ein sterbendes Dorf und vermittelt mir die bedrückende Stimmung von Dahinsiechen und Untergang.

Unterwegs schießt Nikolaj mehrere Enten, einen Mittelsäger und einen einsamen Schwan, der aus einem Vogelzug zurückgeblieben ist. Viktor, dessen Figur man unschwer ansieht, dass er gern isst, frohlockt und macht sich an unserem Übernachtungsplatz sofort an dessen Zubereitung. Das Gericht ist allerdings erst gegen Mitternacht fertig. Nur Nikolaj leistet ihm beim Essen am Feuer noch Gesellschaft, während wir anderen in der geräumigen Hütte schon in den Schlafsäcken liegen. Dafür gibt es dann beim Frühstück aus einer riesengroßen, über dem Feuer hängenden Bratschüssel gebratenen Schwan mit Soße und dazu Brot – reichhaltig und sehr lecker.

Wir sind erst gegen 17 Uhr in Tupik. Slawa ruft sofort die Milizionärin auf ihrem Mobiltelefon an, damit sie uns bei der Behörde in Tschita für den Gesprächstermin am Donnerstag anmeldet. Zu unserer Bestürzung eröffnet sie uns, dass die Unterlagen für meine Aufenthaltsgenehmigung wegen Unvollständigkeit aus Tschita zurückgeschickt worden seien. Es fehlt das Tuberkulose-Attest, weil sie vergessen hatte, es von mir einzufordern. Sie habe die Unterlagen aber wieder nach Tschita geschickt mit der Bemerkung, dass wir erst nach Freiwerden des Wasserweges die Gelegenheit hätten, das fehlende Dokument nachzureichen. Nun sei dadurch leider ein zweites Problem aufgetreten. Die gesetzlich vorgeschriebene 6-Monate-Frist zwischen Abgabe der Papiere und Ablauf der jetzigen Aufenthaltsgenehmigung sei nicht mehr einzuhalten. Für ihre Saumseligkeit entschuldigt sich die Milizionärin nicht.

Uns wird das Ganze langsam suspekt, insbesondere da sie es unterlassen hatte, uns sofort darüber zu in-formieren und zur Eile anzuhalten. Von anderer Seite hören wir, der Rajonleiter habe auf die Frage, warum man uns beim Ausstellen der Wohnbescheinigung solche Schwierigkeiten gemacht habe, geantwortet: „Der Gabyschew ist so anmaßend aufgetreten. Ich wollte ihm einen Denkzettel verpassen."

Unser Verdacht, dass man das Erteilen meiner neuen Aufenthaltsgenehmigung hintertreiben will, verstärkt sich. Der wahre Grund dafür könnte mein Beschwerdebrief vom vorigen Jahr sein, auf den ich nie eine Antwort erhielt und von dem Slawa damals schon meinte, ich würde daraufhin wohl Schwierigkeiten bekommen. Sachliche Kritik wird in Russland sehr häufig als persönliche Beleidigung aufgefasst. Jetzt ist mir auch klar, warum mich der Rajonchef bei unserem letzten zufälligen Treffen nicht wie sonst per Handschlag freundlich begrüßt, sondern mir ostentativ den Rücken zugewandt hatte, während er einige neben mir stehende Männer ansprach.

Auch der Vorgesetzte der Milizionärin hat nach russischem Verständnis Grund, mir Steine in den Weg zu legen. Bei seiner letzten Fahrt nach Srednjaja Oljokma im Winter, die dem Erwerb von gefrorenem Fisch diente, hatte er mich aufgesucht und gefragt: „Gibt es ein Telefon?" (Was soviel bedeutete wie: „Darf ich bei Ihnen telefonieren?", jedoch drückt man sich in Russland oft ungenau aus.)

Die Art der Frage kam mir gerade recht. „Ja, gibt es. Es befindet sich im Haus der Verwaltung."

„Das funktioniert aber nicht", wusste er.

Ich stimmte zu. „Richtig. Es funktioniert schon seit fünf Monaten nicht."

„Aber Sie haben doch ein Telefon?"

„Auch richtig. Aber das gebe ich Ihnen nicht. Die Dorfbewohner können schon seit fünf Monaten nicht telefonieren, weil die Administration in Tupik es wohl nicht für wichtig hält, das Telefon reparieren zu lassen. Und wenn das Telefonieren für die Einwohner Srednjaja Oljokmas nicht notwendig ist, dann ist es für Besucher aus Tupik auch nicht notwendig", erklärte ich.

Ungläubig schaute er mich an. „Sie geben es mir nicht? Ich bezahle das Telefonat!"

„Das ist keine Frage der Bezahlung, sondern eine Frage des Prinzips. Ich gebe das Telefon nur in Notfällen, also wenn jemand schwer erkrankt oder gestorben ist. Tut mir leid. Ich habe nichts gegen Sie persönlich, aber ich bin zornig darüber, dass sich die Verwaltung in Tupik nicht um uns kümmert."

So kann natürlich nur ein Naivling aus einem wirklich demokratischen Land handeln, in dem die Macht von Staatsbeamten auf ihre Arbeitsaufgabe beschränkt ist und man als Bürger nichts zu fürchten hat, sofern man nicht gegen die Gesetze verstößt. In Russland dagegen muss man mit rachsüchtigem Verhalten rechnen, gegen das man sich nur schwer zur Wehr setzen kann. Das bekam auch eine Frau aus unserem Dorf zu spüren, die sich beinahe als Einzige hin und wieder für die hiesigen Belange einsetzt. Vor einer beabsichtigten Reise nach Tschita wurde sie in Tupik aufgefordert, ihr Gepäck zu öffnen und alles vorzuzeigen, was sie mitführte. Über solche Kleinigkeiten empört man sich nicht mehr, wenn man weiß, dass die Miliz jede „verdächtige" Person ohne Urteil bis zu dreißig Tagen festhalten darf. Diese Maßnahme soll der Mafiabekämpfung dienen. Sie funktioniert aber nur bei kleinen Ganoven, denn die großen sind nur deshalb groß, weil ihre Beziehungen in einflussreiche Kreise reichen, von denen sie geschützt werden.

Ganz früh am nächsten Morgen kutschiert uns Anatoli nach Mogotscha, wo wir uns mit Viktor treffen, der wieder den Chef der Poliklinik bemühen muss. „Das wird mir jetzt aber langsam lästig", gibt dieser seinen Unwillen preis, ruft dann aber doch einen Arzt an und erteilt ihm die Order, mir das Tuberkulose-Attest auszustellen. Wir legen diesem die in Irkutsk gemachte Röntgenaufnahme, das Irkutsker Attest und ein Muster des benötigten Zertifikats vor. Mit dem ausgestellten Zertifikat gehen wir zum Auto und werfen einen Blick darauf, bevor wir losfahren.

„Oh nein", stöhne ich. Der Arzt hat brav das Muster abgeschrieben, samt fremdem Namen und Geburtsdatum. Das Irkutsker Untersuchungsergebnis mit meinen Personalien hat ihn offenbar nicht interessiert. Slawa geht zurück zu ihm, und danach habe ich endlich das erforderliche Dokument.

Erleichtert steigen wir kurze Zeit darauf in Nikolajs Jeep, um mit ihm auf der seit Kurzem fertiggestellten und noch tadellosen Asphaltstraße durch Birkenwälder mit blühendem *Bagulnik* nach Tschita zu fahren. Plötzlich kommt uns auf der falschen Straßenseite, auf unserer also, mit hoher Geschwindigkeit ein Auto entgegen. Nikolaj kann gerade noch ausweichen, hält danach am Straßenrand an und steigt aus – kreidebleich und zitternd. Es dauert eine Weile, bis er sich soweit gefasst hat, dass er weiterfahren kann. Ich frage ihn, ob er nicht die Miliz in Mogotscha anrufen will, damit sie den Wagen stoppt und nachsieht, ob der Fahrer unter Drogen- oder Alkoholeinfluss steht, aber er antwortet, es gebe keine Verkehrspolizei in Mogotscha.

Obwohl die Straße ein Teilstück der nunmehr durchgehenden Straßenverbindung zwischen Moskau und Wladiwostok darstellt, herrscht wenig Verkehr. Die Streckenführung verläuft auf direktem Weg durch endlose Wälder; Ortschaften können nur über Stichstraßen erreicht werden. Während eine Bahnfahrt nach Tschita etwa 12 Stunden dauert, benötigen wir deshalb per Auto nur die Hälfte der Zeit und erreichen schon am Abend unser Ziel. In einem zentral gelegenen Mittelklassehotel, dem „Magistral", mieten wir ein gepflegtes Appartement, das aus einem kleinen Vorzimmer mit Sesseln, Tisch, Kühlschrank, einem Schlafzimmer mit Fernseher sowie Duschraum mit Toilette besteht und bezahlen dafür pro Nacht 2.400 Rubel, umgerechnet 60 Euro beim Kurs 1:40.

Wir wollen die Abgabe des fehlenden Dokuments und das Gespräch bei der Dienststelle des Innenministeriums so schnell wie möglich hinter uns bringen, am liebsten gleich am nächsten Tag, obwohl das ein Mittwoch ist. Ich möchte am Morgen direkt dorthin fahren, aber Slawa meint, es sei sicherer, die Vermittlung des Natschalniks in Anspruch zu nehmen, der im März mit seinem Sohn bei uns zum Fischen war. Er hatte uns seine Telefonnummer gegeben mit dem Angebot, wir könnten uns an ihn wenden, falls wir in Tschita Hilfe benötigten. Er sei gut bekannt mit dem Leiter der Ausländerabteilung. Nachdem wir uns telefonisch bei ihm angemeldet haben, fahren wir mit dem Taxi zu seiner Dienststelle, die weit außerhalb des Stadtzentrums liegt. Ich habe ihn in Winterkleidung, klein, dick, unbeholfen, etwas aufgelöst und schmuddelig durch die lange Reise ohne bequeme Unterkunft und Waschmöglichkeiten, und, nachdem Viktor ihn unterwegs mit Wodka traktiert hatte, hemmungslos kichernd in Erinnerung. Jetzt, obwohl immer noch klein und dick, tritt er uns gepflegt in straffer Uniform, diszipliniert und kompetent entgegen. Auf Grund seiner telefonischen Fürsprache können wir zu der Dienststelle fahren und werden sofort empfangen. Die *Natschalniza* ist eine etwas streng auftretende, schlanke Frau in Uniform um Mitte 40 mit üppiger, dunkler, an eine Perücke erinnernder Frisur. Sie wird begleitet von ihrer feingliedrigen blonden Mitarbeiterin, die sehr gut Deutsch spricht und sich freut, jetzt Gelegenheit dazu zu haben. Wir sprechen die meiste Zeit zwar Russisch, aber ich kann auf Deutsch nachfragen, wenn ich eine Frage nicht verstanden habe. Beide Funktionärinnen kennen wir schon durch das Gespräch, dass wir vor drei Jahren mit ihnen führen mussten, um die Genehmigung zur Heirat zu erhalten. Wie damals habe ich auch heute den Eindruck, dass sie eher Slawa prüfen als mich. Ob er trinke, mich schlage, womit er Geld verdiene und noch einiges mehr, wird er hochnotpeinlich befragt. Man will wissen, wie wir leben, ob es mir gefällt, wie die Leute sich mir gegenüber verhalten, welche Schwierigkeiten auftreten und welche Beschwerden ich habe. Ich sehe keinen Sinn darin, den Rajonleiter anzuschwärzen oder mich über unsere lagebedingten Probleme auszulassen und betone eher die positiven Aspekte unseres Lebens, die aus meiner Sicht überwiegen. Dass unser Weg aus dem Dorf nach Tschita so langwierig ist und wir zeitweise monatelang von der Außenwelt abgeschnitten sind, stößt auf Erstaunen.

Ich muss erklären, warum ich das Tuberkulose-Attest nachreiche, woraufhin sich die Milizionärin in Tupik einen Anraunzer per Telefon zuzieht. Außerdem muss ich schriftlich erläutern, weshalb ich die 6-Monate-Frist der Abgabe des Antrages nicht einhalten konnte. Ich darf es auf Deutsch schreiben, weil sich die Mitarbeiterin bereit erklärt, es ins Russische zu übersetzen. Auch meine eigenen handschriftlichen Übersetzungen in den bereits abgegebenen Unterlagen werden akzeptiert.

Insgesamt habe ich den Eindruck, wohlwollend behandelt worden zu sein, der sich noch verstärkt, als mir die Deutsch sprechende Funktionärin anbietet, sie anzurufen, wenn es Probleme gibt.

Erleichtert lassen wir uns im Hotel nach ausgiebigem Duschvergnügen auf die Betten sinken, futtern lauter ungesunde, dick machende Sachen, die wir – glücklicherweise – im Dorf nicht kaufen können und zappen bis in die späte Nacht durch das schlechte Fernsehprogramm, ständig unterbrochen durch das Klingeln von Slawas Mobiltelefon. Wir erfahren unter anderem, dass am 18. Mai in Tupik und Umgebung, auch in unserem Dorf, 20 Zentimeter Schnee gefallen sind.

In Tschita blickt die Sonne ab und zu durch die Wolken, während ein eiskalter Wind durch unsere zu frühlingshafte Stadtkleidung bläst, als wir am nächsten Tag Besorgungen machen. Am wichtigsten ist der Zahnarztbesuch, für den sich Slawa telefonisch angemeldet hat. Es gibt jetzt überall im Land Privatpraxen als Alternative zu den schlecht ausgerüsteten Kassenpraxen. Die von uns bevorzugte Praxis in Tschita gehört zu einer Kette, deren Besitzer in modernste Behandlungsgeräte, Einrichtungen und hervorragend ausgebildetes, junges Personal investiert haben. Ein Zahnersatz ist dennoch nicht wesentlich teurer als eine in Deutschland zu leistende Zuzahlung. Slawa lässt sich einen Behandlungsvorschlag machen, um im nächsten Jahr nach der Pelztiersaison sein Gebiss nach allen Regeln der Zahnarztkunst sanieren zu lassen. Der Kostenvoranschlag für die Arbeiten ist demgemäß hoch. Ich bezweifle, dass wir das Geld aufbringen können und schlage ihm vor, erst einmal einen Teil machen zu lassen, doch Slawa will alles oder nichts. „Wir werden sehen", denke ich und schweige.

Wir können mit Nikolaj zurückfahren. Am frühen Abend holt er uns am Hotel ab und setzt uns gegen ein Uhr nachts an der Abzweigung nach Mogotscha ab, um die 40 Kilometer zu seinem Dorf weiterzufahren. An der Abzweigung hat ein anderer Freund Slawas, Wanja, in seinem Auto auf uns gewartet. Verschlafen und steif kriecht er aus dem Fahrzeug. Mir ist es immer peinlich, die vielen Gefälligkeiten in Anspruch zu nehmen, die für Slawa und wohl auch für seine Freunde und Bekannten selbstverständlich sind. Wanja nimmt uns mit zu sich, wo wir übernachten können. Er hat sich den folgenden Tag von der Arbeit frei genommen und fährt uns herum, damit wir verschiedene Einkäufe erledigen können.

Einer der sechs Besucher, die im März zum Fischen bei uns waren, ist Hauptverantwortlicher auf einem Schrottplatz und damit eine überaus wertvolle Bekanntschaft. Wir fahren dorthin, und Slawa findet jede Menge nützliches „Eisen", das mitgenommen werden muss. Unterwegs treffen wir Viktor und seinen Kumpel, die im Jeep herumfahren und undurchsichtige Geschäfte machen. Wanja lädt sie ein, mitzukommen und seinen Selbstgebrannten „zu probieren". Das scheint ein schwieriges Unterfangen zu sein. Sie probieren und probieren und kommen zu keinem Schluss, obwohl Slawa immer wieder drängt loszufahren, bevor Wanjas Alkoholspiegel die Fahrt zu einem allzu großen Wagnis werden lässt. Wir müssen noch zu Nikolaj, um drei Fünfzig-Kilo-Säcke Hühnerfutter abzuholen, die Nikolaj in Tschita für uns gekauft und, zusammen mit anderen Waren für seine beiden Läden, in einem Lastwagen zu sich ins Dorf hat bringen lassen.

Schließlich haben wir alles beisammen, aufgestapelt in Wanjas Hof. Obwohl der Stapel recht umfangreich ist, fällt er nicht weiter auf, denn Hof und Garten sind mit Autowracks und anderem Schrott vollgestellt. Dazwischen verlieren sich ein paar mickrige Gemüsebeete. Wanja erzählt, dass seine Frau immer mit ihm schimpft, weil er überall „Eisen" und Ersatzteile deponiert hat. Dort, wo andere Leute in Schränken und Regalen Wäsche, Porzellan und Kleidung aufbewahren, liegen bei ihnen Ersatzteile. Er vermutet, dass er sie irgendwann einmal gebrauchen könnte.

Ob Glück oder Organisationstalent – wir und unser umfangreiches Gepäck können mit Anatoli nach Tupik fahren. Sein PKW steht am Bahnhof. Er holt uns damit bei Wanja ab. Anatoli muss vorsichtig und langsam fahren, denn der Wagen ist durch unsere Fracht schwer beladen. Zudem ist es schon dunkel, was das Fahren auf der holprigen Trasse mit ihren vielen Löchern und abenteuerlichen Brücken erschwert. Obwohl es nur hundert Kilometer bis Tupik sind und Anatoli die Strecke gut kennt, benötigen wir über zweieinhalb Stunden dafür und kommen erst nach 24 Uhr bei Tamara, einer entfernten Verwandten von Slawa, an. Sie serviert uns noch ein spätes Abendessen.

Auch in Tupik ist wieder Verschiedenes zu erledigen. Enttäuscht erfahre ich auf der Post, dass keine Briefe für mich angekommen sind – was sich als Unwahrheit herausstellt, denn Ende August bringt jemand Briefe für mich mit, die den Tupiker Eingangsstempel vom April tragen.

Der Schnee ist getaut und hat den Wasserspiegel des Tungir beträchtlich ansteigen lassen, sodass Slawa auf der Fahrt nach Srednjaja Oljokma nicht allzu viele Untiefen umschiffen muss. Während er aufrecht sitzend am Heck den Bootsmotor bedient und konzentriert das Fahrwasser und die Ufer mustert, liege ich bequem im Boot und genieße den Sonnenschein. Verträumt betrachte ich die wechselnden Farben des Himmels. Zirruswolken, als hätte ein Maler versuchsweise zarte weiße Pinselstriche auf hellblauer Grundierung hinterlassen. Dann Wolkenschiffe mit durchhängenden, dunklen Bäuchen. Die Farben Weiß und Grau dominieren immer mehr, bis der Maler alles wieder mit blauer Farbe übertüncht.

Auf den letzten 100 Kilometern vor unserem Dorf werden die flachen Uferregionen zunehmend von dicht bewaldeter Hügellandschaft und schönen Inseln abgelöst. Die frischen, dichten Nadeln der Lärchen leuchten in intensivem Hellgrün, und die Birken zeigen einen ersten zarten Grünschimmer. Ihre Blätter sind noch kaum wahrnehmbar, anders als in den weiter südlich liegenden Gebieten um Mogotscha und Tschita. Doch die zarten Blüten des *Bagulniks*, die in der Regel um diese Jahreszeit die Waldränder am Ufer der Flüsse säumen, sind dem unbarmherzigen Atem des Frostes zum Opfer gefallen.

Die Reise nach Tschita hat uns viel Benzin und trotz des unerwartet günstigen, geradezu rekordverdächtigen Verlaufs 10 Tage gekostet. Zeit, die wir für verschiedene dringende Arbeiten, unter anderem für die Vorbereitung des Gartens und den Bau des Hühnergeheges, benötigt hätten und jetzt aufholen müssen. Doch kaum sind wir zu Hause eingetroffen, kündigen schwere, schwarze Wolken und Gewitter den Beginn einer Regenperiode an, die anderthalb Wochen anhält und uns zur Untätigkeit verdammt.

Unsere Regenfässer sind bis zum Rand gefüllt, der Wasservorrat beträgt rund 4500 Liter. Die 1000 Liter fassende Tonne unter der Regentraufe läuft immer wieder voll und muss mit einem Schlauch auf die Straße entleert werden, damit das Wasser nicht ins Erdreich läuft und unseren Keller überschwemmt, in dem unter anderem die Kartoffeln lagern. Sie müssen für unsere Ernährung sowie für die Zufütterung der Hunde und der Hühner bis zur nächsten Ernte reichen.

Im Fluss steigt das Wasser unaufhörlich, unterspült die Ufer und reißt dort stehende Bäume aus ihrer Verankerung im Erdreich. Wie Geisterschiffe schwimmen Baumstämme mit aufragendem Wurzelwerk auf den angeschwollenen, bleifarbenen Fluten schemenhaft und lautlos durch den grauen Dunst. Aus nassen, saftig grünen Wiesen leuchten regenbeperlte gelbe Blüten der Sumpfdotterblumen und Polster gelb-grünen Milzkrautes. Die feuchte Luft ist geschwängert vom süßen Duft der üppigen weißen Blütengehänge der Traubenkirschen, die die Dorfstraße säumen. Zur grünen Wildnis wandelt das ungehemmt wuchernde Unkraut die zuvor kahlen Beete im Gemüsegarten. Ich muss tatenlos zusehen – die Erde ist zu nass für Gartenarbeiten. Dabei ist es höchste Zeit, den Boden für die Aussaat und die Setzlinge vorzubereiten. Sogar Slawa ist frustriert, obwohl er Regentage sonst als Tage der Erholung durchaus begrüßt und genießt. Er möchte die Arbeiten in Haus und Garten endlich hinter sich bringen und zu Jagd und Fischfang aufbrechen.

Ein Gutes aber hat der Regen. Es steht unbegrenzt Wasser zur Verfügung. Ich wasche alle Wintersachen. Angetan mit Regenkleidung spült Slawa die Wäsche in Wannen im Hof, um das Spülwasser nicht hin und her tragen zu müssen. Die Tante staunt: „Spült ihr die Wäsche zweimal? Ich spüle sie nur einmal."

Es dauert noch einige Tage, bis sich die Sonne auf ihre Frühlingspflichten besinnt, uns endlich wieder mit ihrem Licht und wärmenden Strahlen erfreut und es möglich macht, die Außenarbeiten in Angriff zu nehmen.

Wir müssen uns beeilen, denn in zwei Wochen sollen wir mit dem Boot Sommergäste in Juktali abholen, die uns GO-EAST Reisen vermittelt hat. Bis dahin müssen wir alles erledigt haben, um genügend Zeit für ihre Betreuung aufbringen zu können.

Umgraben, Unkraut entfernen, verschiedene Gemüse und Kräuter aussäen, Reiser sowie Stöcke aus dem Wald holen und zurechtschneiden für Erbsen und Tomaten, auf den umliegenden Wiesen an die 30 Schubkarren Pferdemist sammeln, mit dem Laster vorjähriges Heu von einer entfernten Wiese holen, mit Heu, Pferdemist, Erde und Folienabdeckungen die Hochbeete für kälteempfindliche Pflanzen vorbereiten, das große Gewächshausgerüst mit Folie umhüllen, Pflanzlöcher graben und mit Pferdemist und Holzasche versehen, das Hühnergehege und ein neues Hochbeet bauen, den großen Kartoffelacker umgraben und die Saatkartoffeln auslegen, über 300 Gemüse- und Blumensetzlinge auspflanzen, mehrere Tage auf Jagd und Fischfang weilen, Brot und Kuchen backen, das Gästehaus und die mehrtägige Bootsfahrt nach Juktali vorbereiten – die Zeit vergeht in einem Wirbel von Arbeit.

Sibirisch heiß

Auf der Fahrt nach Juktali kann ich mich erholen, während Slawa aufmerksam unser schweres, neun Meter langes Holzboot steuert, im Heck immer schräg sitzend, um mit einer Hand das Steuer halten zu können. Allein schon diese Körperhaltung über Stunden ist sehr anstrengend. Beruhigend ist, dass wir mit unserem neuen japanischen Bootsmotor Pannen nicht befürchten müssen, wie sie bei dem alten russischen Motor die Regel waren. Unsere Hoffnung, nun weniger Benzin zu verbrauchen, erfüllt sich allerdings nur in bescheidenem Maße – Zweitaktmotoren sind Benzinschlucker. Gegenüber den Viertaktern haben sie jedoch den Vorteil, dass man sie selbst reparieren kann und ihr Gewicht wesentlich geringer ist als das eines Viertakters. Einen 30 PS-Viertakter könnte Slava ohne Hilfe nicht mehr zwischen Bootshaus und Ufer transportieren und ins Boot heben.

Obwohl Slawa mir zuredet, mich auf der bequemen Lagerstätte, die er mir vorsorglich gebaut hat, auszustrecken und zu schlafen, sitze ich fast die ganze Zeit aufrecht und erfreue mich an der Umgebung, die zu bewundern mir nie langweilig wird, so oft ich die Strecke auch schon gefahren bin.

Wie die grünen Wogen eines unendlichen Ozeans umgibt uns die Taiga. Schnell strömend trägt die Oljokma ihre klaren Wasser vorbei an sandigen und kiesigen Inseln, an Felswänden, Steilhängen, Birken-, Lärchen- und Kiefernwald, flachen und sumpfigen Gebieten, in die zahlreiche Seen eingebettet sind. Aus den ineinander übergehenden, dicht bewaldeten, bis zu 1500 Meter hohen Bergketten erschallen die Rufe des Kuckucks. Über uns kreisen Greifvögel, Wasservögel flüchten vor dem herannahenden Boot. Im grünen Gras leuchten rote Lilien und zwischen Kies und Sand nicken die blauen Köpfe der Kuhschellen.

Plötzlich gibt mir Slawa von hinten ein Zeichen, indem er das Boot durch Körperbewegungen hin- und herschaukelt. Ich blicke mich um, er bedeutet mir: Bär am linken Ufer. Obwohl ich eine Brille trage, kann ich ihn noch nicht ausmachen. Erst als wir etwas näher herangekommen sind, sehe auch ich ihn, kurz bevor er im Wald verschwindet. Der nächste Bär lässt sich mehr Zeit, und das wird ihm zum Verhängnis. Slawa beschleunigt das Boot auf Höchstgeschwindigkeit, verlangsamt kurz vor dem Ufer und gibt zwei Schüsse ab. Das Tier ist getroffen, kann aber noch die Böschung erklimmen und gerät außer Sichtweite. Mit Bobik zusammen springt Slawa aus dem Boot und begibt sich, das Gewehr im Anschlag, auf die Suche. Nach kurzer Zeit finden sie den bereits toten Bären hinter Büschen etwa 20 Meter seitlich seiner Aufstiegsstelle. Es ist ein großes Tier. Slawa muss seine ganze Kraft aufbieten, ihn hervorzuzerren und die Böschung hinunterzurollen. Er schneidet nur die Tatzen ab, denn die kann er für ungefähr 4000 Rubel in Ust-Njukscha an einen Händler verkaufen, der sie nach China weiterverkauft. Wenn wir auf dem Weg nach Hause wären, würde Slawa die Gallenblase entnehmen, die ebenfalls Käufer in China findet, und Fleisch für die Hunde, das wegen eventueller Trichinen vor der Fütterung abgekocht werden muss. Damit können wir uns jetzt aber nicht aufhalten. Den Kadaver wird wahrscheinlich ein anderer Bär fressen. Slawa frohlockt wegen der zu erwartenden Einnahme, aber ich bin wieder bedrückt.

Slava reagiert mit Unverständnis. „Was weißt du schon? Es gibt viel zu viele Bären! Diejenigen, die wir jetzt zufällig beim Vorüberfahren sehen, sind verschwindend wenige gegenüber denen, die in den riesigen unbewohnten Wäldern ringsum leben. Es fällt nicht ins Gewicht, wenn wir einige abschießen. Außerdem ist das nötig, damit sie den Menschen fürchten und ihm nach Möglichkeit ausweichen. Sonst wären wir beim Beeren- und Pilzesammeln immer gefährdet, überhaupt beim Aufenthalt in der Taiga. Es sind nun mal keine lieben Teddys, sondern Raubtiere. Sie leben nicht nur von Beeren und Wurzeln, sondern auch von Wild. Genau wie wir. So ist das hier nun mal!"

Wir sehen noch zwei weitere Bären, die am Ufer Grünzeug fressen. Dieses Mal tut Slawa mir den Gefallen, nicht zu schießen. Einem Bären können wir uns im Boot leise nähern, und ich habe Gelegenheit, ihn beim Fressen zu filmen.

Mir wird wieder bewusst, wie glücklich derjenige sein kann, der seinen Unterhalt nicht mit Töten verdienen muss. Oder der auf das Verspeisen von Tieren verzichten kann, weil er in seiner Umgebung andere Lebensmittel kaufen kann, die eine ausgewogene Ernährung sicherstellen. Ich habe mich in Deutschland mehrere Jahre vegetarisch ernährt, kann das hier allerdings nicht einhalten. Wir haben selten Gelegenheit, Milchprodukte und Eier zu kaufen und schon gar nicht bekommen wir Sojaerzeugnisse. Zudem würde ein in der Jägertradition aufgewachsener Ewenke niemals begreifen, was an Jagd und Fischfang schlecht sein soll.

Ich versuche, Fleisch- und Fischverzehr zugunsten von abwechslungsreichen Gemüsegerichten etwas einzuschränken. Durch die Tiefkühltruhe sind Fleisch und Fisch länger haltbar, und es muss weniger davon aufgebracht werden, weil nichts verdirbt beziehungsweise schnell aufgegessen oder an die Hunde verfüttert werden muss.

Obwohl ich weiß, dass man jeden Augenblick achtsam und bewusst erleben soll, vermeide ich das absichtlich beim Essen. Ich könnte nichts hinunterbekommen, wenn ich immer daran denken würde, dass ich auf Tierleichen herumkaue – denn genau das tun wir, wenn wir Fleisch essen.

Ich kann gut verstehen, wenn sich mancher abgestoßen fühlt durch die Tatsache, dass Slawas und meine Existenz auch und wesentlich auf dem Töten von Tieren beruht. Nur sollte jeder Nichtvegetarier wissen, dass er mit seinem Essverhalten die Aufzucht und das Schlachten von Tieren veranlasst und sich dadurch schuldig macht am Tod von Tieren. Für die leckere Salamischeibe auf seinem Frühstücksbrot und die Bratwurst auf dem Grill mussten Tiere getötet werden – es hat nur jemand anderes erledigt. Und falls er nicht Wurst oder Fleisch von artgerecht gehaltenen Tieren kauft und den hohen Fleischpreis dafür zahlt, stammt sein Schnitzel von Tieren, deren kurzes, stumpfsinniges Dasein in Mastfabriken auf Gewichtszunahme reduziert war.

Mein Elch, den ich durch den Fleischwolf drehe, um Frikadellen daraus zu machen,

Es tut mir leid um den Bären

hatte es dagegen paradiesisch. Er ist bei seiner Mutter aufgewachsen, hat hier ein Blättchen gezupft, dort ein wenig Rinde geknabbert, ist herumgewandert und hat in der warmen Sonne gelegen. Die Gefahr, in den endlosen, menschenleeren Wäldern erschossen zu werden, ist gering. Irgendwann hätten ihn die Wölfe oder ein Bär gerissen. Slawa ist ihnen zuvor gekommen.

Als wir mit unseren Gästen, Sieglinde und Hansjörg aus Deutschland, die Reise in unser Dorf antreten, scheint noch die Sonne, aber der Himmel hat sich unheilverkündend verdunkelt. Vorsichtshalber legen wir schon Regenkleidung an, und Slava verstaut das Gepäck sorgfältig unter einer Plane. Tatsächlich dauert es nicht lange, bis es anfängt zu regnen, erst langsam, dann immer heftiger. Es wird kalt und unangenehm. Der prasselnde Regen, den uns der Fahrtwind entgegenpeitscht, dringt in jede Lücke und schmerzt im Gesicht. Sieglinde und ich verkriechen uns unter der Plane. Slawa kann kaum noch etwas sehen. Nach nur 25 Kilometern unterbrechen wir die Fahrt bei einer Ansammlung von Hütten, die in der Regel von Rentierewenken benutzt werden. Jetzt weilen sie mit ihren Tieren in den Bergregionen. Die Hütten werden momentan im Rahmen einer Schülerfreizeit von Schülern aus Ust-Njukscha und ihren Betreuern bewohnt. Gastfreundlich wird uns Tee, Essen, Unterkunft und die Benutzung der *Banja* angeboten.
Wir beziehen eines der Holzhäuschen. Slawa heizt sofort das eiserne Öfchen, in dessen Wärme wir nass gewordene Kleidung trocknen. Die beiden Holzpritschen bieten genügend Platz für die Matratzen und Schlafsäcke, sodass wir die Nacht trocken und

131

Slawa, Karin und Sieglinde

warm verbringen können. Glücklicherweise stellte der Regen nur eine kurze Episode in dem bereits seit zwei Wochen herrschenden sonnigen Wetter dar. Ich freue mich, dass unsere Gäste die abwechslungsreiche, einsame sibirische Landschaft bei besten Bedingungen erleben und weitere vier Bären an den Ufern beobachten können. Slawa wundert sich über die vielen Bärenbegegnungen: „Eigentlich sollten die jetzt schon in den Bergwäldern sein. Es ist Paarungszeit."

Vor der großen Stromschnelle bittet er uns, auszusteigen und die ziemlich weite Strecke zu Fuß zu gehen, um uns nicht der Gefahr des Kenterns auszusetzen. Die gesamte Strecke ist mit großen und kleineren Felsbrocken übersät, über die es zu balancieren gilt. Da muss ich ihm das erste Mal während unseres Zusammenlebens sagen: „Das kann ich nicht."

Seit einigen Tagen schmerzt mein Fuß aus unerfindlichen Gründen, denn ich habe ihn mir weder verstaucht noch sonst etwas Ungewöhnliches damit angestellt. Trotz häufigen Einreibungen mit Voltaren- und Schlangengiftsalbe, die mir Ira in Ust-Njukscha gab, wurden die Schmerzen täglich schlimmer. Knöchel und Mittelfuß sind geschwollen. Jetzt kann ich kaum noch auftreten und frage mich, wie ich mit diesem Fuß Garten- und Hausarbeit und die Betreuung der Gäste bewältigen soll. Ich kann nur hoffen, dass es von selbst besser wird und das möglichst bald.

Nachdem wir die Gäste am Ufer abgesetzt haben, wendet Slava das Boot in den Strom und steuert die Durchfahrt an. Er gibt Gas, um gegen die starke Strömung anzukommen. Der spitze Bug unseres langen Fahrzeugs bahnt sich den Weg durch hohe Wellen mit weißen Gischtkronen. Wasserfontänen fliegen an uns vorüber. Slawa mustert

Auf der Fahrt nach Ust-Njuksha

aufmerksam das Wasser, um verborgene Felsbrocken rechtzeitig entdecken und um-
fahren zu können. An Stellen, die wir zwei Tage vorher noch problemlos passieren
konnten, können nun, bedingt durch den sinkenden Wasserpegel, wenige Zentimeter
unter der Oberfläche Hindernisse lauern. Voller Vertrauen in die Fahrkünste meines
Mannes gebe ich mich dem Vergnügen der rauschenden Fahrt hin. Wie so oft wünsche ich mir, wieder einmal in meinem Faltboot den Fluss befahren zu können.

Slawa regt sich unter der Anspannung auf, als ich ungerührt die Durchfahrt filme: „Du
denkst wohl, das hier ist ein Spaß?"
„Genau beobachtet", denke ich, weil ich mir trotz anderslautender Berichte nicht vorstellen kann, dass ein solches Boot kentern könnte, solange es nicht gerade auf einen
größeren Stein fährt – drei Monate darauf werde ich eines Besseren belehrt.
Als wir Mittagspause machen und ich mühsam ans Ufer humple, um aus der Essenskiste Lebensmittel auf das am Boden ausgebreitete Wachstuch zu legen, holt Hansjörg einen Wanderstock aus dem Rucksack und bietet ihn mir als Gehhilfe an. Ich
bin platt. Mir war bereits aufgefallen, dass beide trotz ihres relativ geringen Gepäcks
bestens ausgerüstet sind, das nur aus einer großen Reisetasche, einem Rucksack und
kleinem Handgepäck besteht. Sie haben nichts Überflüssiges, aber alles dabei, was
während ihrer insgesamt fünfwöchigen Reise, die nach dem Aufenthalt bei uns noch
zum Baikalsee gehen soll, nützlich und wichtig ist. Es bleibt mir unerklärlich, wie
alles neben einem kleinen Zelt, Kochgeschirr, zwei Matratzen und Schlafsäcken in
ihrem Gepäck Platz findet. Schnell brennt ein Feuer, auf dem ich Tee koche.

Nach dem Essen erzählt uns Slava, dass in der eben passierten Stromschnelle drei kleine Kinder aus unserem Ort ertrunken sind, nachdem das vom Vater gesteuerte Boot gekentert war. Ihre Gräber hatte ich auf unserem Friedhof gesehen, ohne jedoch die Umstände ihres Todes zu kennen. Am Abend schlagen wir sechzig Kilometer vor unserem Dorf an einem Kiesufer unsere beiden Zelte auf, ein größeres mit mückendichtem Vorzelt für die Gäste und ein kleineres für uns. Ich stelle Hocker und einen Klapptisch auf. Vor einer grandiosen Felsenkulisse nehmen wir das Abendbrot ein. Es ist der längste Tag des Jahres. Die Sonne taucht die Umgebung noch lange in goldenes Abendlicht, bis sie zögernd Abschied nimmt und hinter den Bergkämmen versinkt. Sieglinde und Hansjörg dehnen den Tag am flackernden Lagerfeuer noch etwas aus, bevor sie in die Schlafsäcke kriechen.

Slawa hat den Platz mit Bedacht gewählt, denn hier soll in der geräumigen Hütte oberhalb des Ufers Igor mit unseren Hunden auf uns warten und den Elch „bewachen", dessen Spuren Slawa vor Kurzem entdeckt hatte und den er nach seiner Rückkehr aus Juktali zu erlegen gedachte. Seine Rechnung geht nicht ganz auf, denn inzwischen haben sich drei weitere Jäger aus dem Dorf eingefunden, die es ebenfalls auf den Elch abgesehen haben. Bei unserer Ankunft sind sie samt Igor bereits am See, um ihm aufzulauern. Nach ihrer Rückkehr am Morgen hört Slawa mit Erleichterung, dass sich das Tier nicht blicken ließ und hat nichts Eiligeres im Sinn, als uns schnellstmöglich im Dorf abzuliefern, um mit seiner Jagdausrüstung zurückzukehren.

Drei Nächte verharren die Männer dort, bis ihnen Jagderfolg beschieden ist. Das ursprünglich anvisierte, kapitale Tier hatte – vielleicht Unheil witternd – den Standort gewechselt, aber zwei junge Elche beweisen weniger Vorsicht und fallen den Schüssen zum Opfer. Die Beute wird wie üblich zwischen den vier anwesenden Parteien, sprich Familien, geteilt.

Mein Fuß schmerzt inzwischen nicht mehr, obwohl er noch geschwollen ist. Ich kann Sieglinde und Hansjörg durch das Dorf führen und ihnen einige Spazierwege zeigen. Sie sind sehr aktiv und durchstreifen die Umgebung, als versierte Paddler auch von einem aufblasbaren Kajak aus, das sie von uns geliehen haben. Am Ufer des Tungir pflücken sie einen großen Beutel voll wilden Schnittlauchs und treffen dort auf zwei Ewenken, die auf Plastikunterlagen schon große Mengen davon angehäuft haben. Gastfreundlich werden sie sofort zu Tee, Pfannenbrot und am Feuer gebratenem Elchschaschlik eingeladen. Was sie nicht wussten: Einer der beiden Ewenken hatte drei Jahre zuvor im Suff Igor die Axt an den Schädel gehauen, der an Kopf und Hals zwei große Wunden davontrug. Der damalige Feldscher nähte sie ohne Betäubung flink zusammen, denn der Arzt aus Tupik konnte mit dem Boot erst zwei Tage später zu Hilfe kommen. Ich freue mich, dass Sieglinde und Hansjörg sich – trotz Sieglindes Angst vor Bären – entschließen, zwei Tage auf einer der schönen Flussinseln zu zelten, denn das Wesen Sibiriens kann man nur in der Einsamkeit im Zwiegespräch mit der Natur wirklich erfahren. Ich wünschte, Slawa und ich fänden dafür wieder einmal einige Tage Zeit.

Die Insel ist sehr groß und abwechslungsreich. Im flussaufwärts liegenden Teil dominieren sandige Dünen, die durch das Wasser geformt wurden. Sie erinnerten an Meeresstrände, wüchsen nicht einzelne Weiden und Eschen dazwischen, die den Hochwassern standgehalten haben. Zum waldigen Teil hin bedecken wie ein flauschiger Teppich Moose den Boden, wobei sich das knollig wachsende Rentiermoos silbrig von der dichten, weichen Fläche einer rostroten Moosart abhebt. Zwischen große Eschen und Lärchen hat das Hochwasser mächtige Baumstämme mit tellerartigen, kahlen, manchmal knochenhell gebleichten Wurzelstöcken gepresst. Im Wald wachsen Preiselbeeren, viele Pilze und sicher noch einiges mehr, das zu entdecken ich auf einen späteren Zeitpunkt verschieben muss, genauso wie das Bad im Wasser des schmaleren Flussarms, das klar und durchscheinend über kiesige Untiefen plätschert. Wahrscheinlich kann man sogar ans andere Ufer waten, das felsig ansteigt und in hohen, dichten Wald übergeht.

Das Wetter bleibt durchgehend trocken und sonnig. Der Wasserpegel sinkt immer mehr, legt breite, steinige Uferstreifen frei und lässt an vielen verschiedenen Stellen täglich neue Untiefen entstehen. Slawa kennt die kritischen Abschnitte. Er liest den Fluss aufmerksam und tastet sich im Flachwasser mit angekipptem Motor weiter, als wir Sieglinde und Hansjörg am Ende ihres Aufenthalts bei uns zu ihrem Zug nach Juktali bringen. Hansjörg überrascht und erfreut Slawa und mich unterwegs mit einem selbstgedichteten Lied, das er mit seinem schönen, geschulten Bassbariton vorträgt.

Sieglinde auf Erkundungsfahrt

In Juktali empfangen wir unseren nächsten Gast, Claude, eine kleine, zierliche Frau aus Hamburg. Sie will mehrere Wochen bei uns bleiben. Ihr Reisebeginn stand unter einem schlechten Stern. Bleich und an Hand und Fuß zitternd steigt sie aus dem Waggon und fällt mir erleichtert um den Hals, als sie mich erblickt. Durch einen dummen Fehler des beauftragten Guide in Krasnojarsk hatte sie den ursprünglich vorgesehenen Zug verpasst und kommt nun erst am Nachmittag statt am Morgen an. Ihr war während der zweitägigen Zugfahrt aus Krasnojarsk unklar gewesen, ob wir sie am Zug erwarten würden oder ob sie allein und ohne russische und englische Sprachkenntnisse in Juktali stranden würde. Das deutsche Reisebüro hatte mich jedoch informiert, und so nimmt alles ein gutes Ende.

Slawa führt das Boot wieder sehr vorsichtig. Der Wasserspiegel ist weiter gesunken. An Stellen mit starker Strömung und felsigem Untergrund fahren wir durch sich aufbäumende, weiß schäumende Wellen, die hoch an der Bordwand vorbeischaukeln, während Slawa den Motor weiter aufdreht. Unser Holzboot mit seinem flachen Boden hat weniger Schwierigkeiten, Untiefen zu bewältigen als das in anderer Bauweise gefertigte Metallboot, in dem uns zwei Männer aus Ust-Njukscha bis in die Nähe von Srednjaja Oljokma begleiten wollen, um dort zu fischen. Ihr Motor streikt mehrmals, bevorzugt im Niedrigwasser, sodass sie ein ums andere Mal weite Strecken zu Fuß gehen und das Boot gegen die Strömung hinter sich her ziehen müssen, bis sie in tieferen Gewässern mit Slawas Hilfe den Motor reparieren und weiterfahren können. Die häufigen Aufenthalte würde ich im Interesse unseres Gastes gern vermeiden. Nach den ungeschriebenen Gesetzen der Taiga jedoch ist es undenkbar, andere bei Schwierigkeiten im Stich zu lassen, und so kommen wir nur langsam voran. Das ist nicht unbedingt ein Nachteil. Es bleibt Muße, die Landschaft in sich aufzunehmen, zu fotografieren und zu filmen. Obendrein haben wir typisch sibirisches Sommerwetter – sonnig und heiß. Der Fahrtwind kühlt angenehm.

Es bleibt lange hell; erst am späten Abend machen wir Halt. Claude und ich übernachten im Zelt, während die Männer ihre Matratzen in unserem großen Mückendom ausbreiten. Er besteht nur aus Gaze und schirmartigen Verstrebungen, und wir nutzen ihn normalerweise, um darin in Ruhe sitzen und essen zu können, wenn das Mückenvolk es wieder einmal gar zu arg treibt.

Am Folgetag beschließen die Havaristen, etwa 45 Kilometer vor unserem Dorf in einer Jagdhütte zu bleiben, bis Slawa ihnen ein Ersatzteil für den Motor bringt.

Wir kommen erst am Nachmittag zu Hause an, freudig empfangen von unseren Hunden, die den Motor gehört haben und ans Ufer gelaufen sind. Slawa holt den Laster, um das Gepäck zu uns und ins Gästehaus zu fahren. Dort heize ich als erstes die *Banja* und zeige Claude alles, damit sie sich frisch machen und einrichten kann.

In Igors Begleitung fährt Slawa am nächsten Tag mit dem Ersatzteil zu den beiden Havaristen und kommt erst vier Tage später mit einigen Karauschen zurück. Ich bin „not amused", denn auf unserem Hof gibt es jede Menge Arbeit, die nun liegen geblieben ist.

Malerisch und gefährlich zugleich: die Felssteilwände an der Oljokma.

Während Slavas Abwesenheit unternehmen Claude und ich einige Ausflüge. Das Wetter ist bestens, wenn auch mit über 30 Grad eigentlich zu warm für sie. Sie hat kürzlich eine Operation hinter sich gebracht und soll Hitze meiden.

Wir gehen morgens zeitig los, zuerst einen schönen, von hohen Bäumen beschatteten Waldweg entlang und dann über die große Wiese, auf der vor dem grünen Hintergrund des Waldes ein rosa Meer aus blühenden Weidenröschen entstanden ist. Mächtige Heuhaufen für die Winterfütterung der Kühe sind auf abgemähten Flächen aufgeschichtet. Am Fluss angekommen, können wir am Ufer entlang auf breiten Kiesflächen bis zu einer großen, grünen Insel wandern, vor der sich durch die Trockenheit eine ruhige Bucht gebildet hat. Eine frische Brise weht den Fluss herauf, hält die Insekten fern und lässt es auch im Sonnenschein nicht zu heiß werden. Wir entledigen uns aller Kleidung und waten, anfangs noch mit Überwindung, ins kühle Nass der Oljokma, das die sonnenwarme Haut erschreckt. Blauer Himmel, weiße Wolken und das Grün der Bäume spiegeln sich im Wasser. Kein Boot nähert sich, kein Mensch ist in Sicht. Entspannt sitzen wir im Sand, essen gebackene Pirogi zum Preiselbeersaft und erzählen. Zurück ins Dorf spazieren wir über vom Wasser entblößte Sandbänke am gewundenen Ufer der Oljokma entlang, umfächelt vom erfrischenden Atem des Stroms. Auf einem langen, geraden, mit saftigem Gras und Weiden bestandenen Uferstreifen hat sich an einer feuchten Stelle ein ausgedehnter, dichter, hellgrün leuchtender Teppich gebildet, der mit zahlreichen, winzig kleinen gelben Blüten übersät ist. Eine andere Wanderung führt uns ins obere Dorf und durch ein Waldstück bis zur Einmündung des Tungir in die Oljokma. Aus der Höhe betrachten wir den Lauf und die Vereinigung der Flüsse, bevor wir einen hindernisreichen Weg nach unten einschlagen. Dieses Mal baden wir im Tungir und erfreuen uns an der reizvollen Umgebung. Flussabwärts fällt der Blick auf die harmonisch ausschwingende, lange Felsbiegung, in deren Mitte das Dorf beginnt. Der malerische Anblick täuscht über die Gefahr hinweg. Ein Sturz die Steilwand hinunter auf das felsige Ufer kann tödliche Folgen haben. Ein Kind ist dort gestorben, und auch eines der Pferde fand am Fuße der Felsen sein Ende. Slawa beschwört mich immer wieder, vor allem im Winter den Pfad entlang des Steilhanges nicht zu benutzen. Doch lockt mich der herrlichen Ausblick zu jeder Jahreszeit zu sehr, als dass ich seine Warnungen befolgen möchte.

Ein bergiges Panorama bildet den Hintergrund für die schnell herbeiströmende Oljokma. Die einzelnen Höhenzüge heben sich voneinander ab, Ton in Ton und leicht verwischt wie auf einer alten, chinesischen Tuschzeichnung. An der Neunzig-Grad-Biegung des Flusses ragt eine mächtige Kiesbank weit in die Wasserfläche hinein. Auf ihr wachsen zum Land hin zwischen Sandflächen Weidenbüsche, bis der Bewuchs schließlich in Lärchen- und Birkenwald übergeht.

Uns gegenüber erhebt sich eine langgezogene, kahle Kiesinsel, die die Wasser des Tungir und der Oljokma noch lange trennt, bis sie sich an deren Ende schließlich doch vereinen und gemeinsam zur großen, weit entfernten Lena fließen. Ich versuche, hinüber zu waten, doch das von Weitem ruhig und flach aussehende Wasser hat bereits in Hüfthöhe eine so starke Strömung, dass ich mich nicht auf den Beinen halten kann und auf weitere Experimente dieser Art verzichte. Am flachen Ufer des Tungir wachsen hübsche Blumen – pinkfarbene Nelken, helllila Bergastern, Büschel weißer kleiner Blümchen und dazwischen lila blühender, wilder Schnittlauch, der hier in großen Mengen gedeiht und im Frühsommer von den Dorfbewohnern gesammelt und für den Winter durch Trocknen oder Einsalzen konserviert wird.

Kaum ist Slawa zu Hause angekommen, will er schon wieder weg. Er möchte unbedingt einen Elch erlegen. „Nicht weit von hier und nur eine Nacht! In der Nähe wachsen viele *Schimoloststräucher*; da werden wir am Morgen Beeren sammeln", macht er mir seine Absicht, mit Igor auf die Jagd zu gehen, schmackhaft.

„Dann nimm mich und Claude mit und setze uns an einer schönen Stelle ab, wo wir ein Zelt aufschlagen, baden und auf eure Rückkehr warten können", erkläre ich mich einverstanden.

Am nächsten Nachmittag brechen wir auf und fahren auf der Oljokma flussabwärts bis zu einer Insel unweit des Sees, an dem sich Slawa und Igor in der Nacht auf die Lauer legen wollen. Am Lagerfeuer essen wir unser Abendbrot, bevor sich die beiden mit dem Boot davonmachen. Die Hunde bleiben bei uns. Sie würden mit ihrem Bellen den Elch verscheuchen, wenn er nachts zum Fressen an den See kommt.

Nach Anbruch der Dunkelheit regnet es eine kurze Weile heftig. Claude und ich haben aus drei langen Stangen und einer Plane ein Tipi für die Hunde gebaut und sie darunter an einem quer liegenden Stamm angebunden, aber Bobik macht unsere gute

Absicht, sie vor dem Regen zu schützen, zweimal zunichte, sodass wir es schließlich aufgeben. Er geht an seiner Leine um die Stangen herum, bis sie umstürzen.

Der nächste Tag auf der schattenlosen Insel wird heiß. Immer wieder waten wir ins Wasser und kühlen uns ab. Eine gegenüber liegende Felswand spiegelt sich im flachen Wasserarm, durch den ich hinüberspaziere. Sanddünen, geformt wie große Meereswellen, verlieren sich im Gewässer. Die Männer kehren gegen Mittag mit leeren Händen zurück. Ein Elch hat sich nicht blicken lassen, und der nächtliche Regenguss hat die überreifen Beeren von den Sträuchern gewaschen.

Auf dem Rückweg ins Dorf begegnen wir zwei Katamaranen mit russischen Touristen, die sich gerade schwimmend im Fluss tummeln. Auf der Fläche zwischen den Schwimmkörpern häuft sich in wildem Durcheinander viel Gepäck. Auch am Ufer vor dem Dorf liegen zwei Katamarane, mit denen kurz vor unserem Eintreffen eine Schülergruppe angekommen ist. Die Schüler werden betreut von ihrem Schuldirektor, dem Sportlehrer und einem dritten Mann. Es ist abgesprochen, dass Slawa die Begleitung bis Ust-Njukscha übernimmt, während der Fluss-Guide aus Tupik zurückfährt. Besonders sportlich sieht es nicht aus, als die Gruppe am Tag darauf startet. Einige Mädchen tragen lange Jeans und Turnschuhe und müssen wegen ihrer unpraktischen Kleidung zum Katamaran getragen werden. Auf diesem stapelt sich das Gepäck der zehn Teilnehmer einschließlich ihrer Zelte und Lebensmittel. Ich wundere mich, dass zum Schluss alle noch Platz finden. Langsam paddeln sie davon.

Es wird immer heißer, die Temperaturen erreichen im Schatten 35, 36 Grad. Lange Ausflüge sind nur noch bei großer Hitzetoleranz möglich – ein Handicap für Claude. Zudem ist der Wasserstand so niedrig, dass weder Tungir noch Oljokma oberhalb des Dorfes problemlos befahrbar sind. Daher ist es nicht tragisch, dass Slawa mit dem Boot einige Tage nicht zur Verfügung steht. Claude macht in den Morgenstunden Spaziergänge, ab Mittag halten wir uns vorwiegend im kühleren Haus auf. Sie vertreibt sich die Zeit, indem sie das Kommen und Gehen im Dorf genau beobachtet und hat sich zu diesem Zweck aus Holzbohlen einen erhöhten Stand gebaut, von dem aus sie gut über den Zaun schauen kann. Durch sie bin ich immer bestens informiert, was sich auf der Dorfstraße abspielt.

Langsam verliert sich ihre Furcht vor Hunden. Als sie mir nach ihrer Ankunft von ihrer Hundeangst erzählte, hatte ich Bedenken, denn im Ort gibt es ungefähr so viele Jagdhunde wie erwachsene Einwohner. Jeder Jäger hat zwei bis drei Hunde, die in der Regel frei umherlaufen. Auch unsere Hunde sind selten angekettet. Ich leihe ihr ein Pfefferspray und empfehle, mit einem Holzscheit zu drohen, falls ein Tier zudringlich werden sollte, denn dann zieht es sich sofort zurück. Nachdem Tarzan sie einige Male zu ihrem Haus begleitet hat und sich auch alle anderen friedlich zeigen, lässt sie ihre Waffe, das Holzscheit, zu Hause und streichelt sogar unsere Hunde.

Eines Morgens brechen wir früh zu einer Wanderung auf. Unweit unseres Hauses gehen wir über eine etwas höher gelegene Wiese. Im trotz der Trockenheit saftig grünen Gras wachsen Büschelglockenblumen von einem geradezu kompromisslos

Claude freut sich über die Pilzausbeute.

knalligen Blau und Sträucher mit rosa Blütenrispen. Ein Gewächs, das im Garten noch im Jugendstadium als Unkraut entfernt wird, hat sich ungehindert zu einer über einen Meter hohen, umfangreichen Pflanze mit weißlichen, ährenartigen Blütenständen und vielarmigen, feinen Verästelungen entfaltet und wirkt wie ein zartgliedriger Korallenstock.

Im Spätwinter hatte ich im angrenzenden Wald Fahrspuren entdeckt, die querfeldein zu einer Heuwiese führten, von der aus man bequem eine umfangreiche, schön gelegene Insel mit unterschiedlichem Bewuchs erreichen kann. Jetzt will ich versuchen, den Weg wiederzufinden und hoffe, dass die weiten, sumpfigen Senken auf der Wegstrecke ausgetrocknet sind. Wir haben Glück, wenn auch das Gehen zwischen den hohen Sumpfgrasbuckeln nicht gerade bequem ist. Zwischen ihnen schauen die weißen Blüten des Sumpfherzblatts hervor. Auf der Heuwiese gibt es eine kleine Hütte, in die man bei Regen flüchten kann. Im Freien unter einer Lärche befinden sich eine Feuerstelle und ein Holztisch mit Sitzbänken, an dem wir picknicken, bevor wir auf einem kaum sichtbaren Pfad durch den Wald zur Insel weitergehen. Sie ist inzwischen keine Insel mehr, weil der schmale Flussarm, der sie normalerweise vom Land trennt, trocken gefallen ist. Anfang und Ende sind kaum noch zu erkennen, denn das Flussufer hat sich weit in den Strom ausgedehnt.

In der Nacht regnet es eine Weile, aber das reicht noch lange nicht. Wir sehnen uns nach Abkühlung, vor allem jedoch auch danach, dass sich die Regentonnen wieder füllen und die Gartenerde gründlich durchnässt wird. In letzter Zeit musste Slawa, wie auch alle anderen Dorfbewohner, das Wasser für Haushalt und Garten vom Fluss holen, viel Wasser. Schon um alle zwei Tage einmal gründlich Gemüse und Blumen zu gießen, benötige ich 400 Liter Wasser und über zwei Stunden Zeit. Immerhin leitet der nächtliche Regenguss eine allmähliche Wetteränderung ein. Es regnet in der Folge häufig stark und anhaltend, doch die Temperaturen sind zunächst mit bis zu 28 Grad immer noch hoch. Das Klima mutet fast tropisch an – feucht und warm.

Endlich, es ist schon Ende Juli und damit drei Wochen später als üblich, brechen die Pilze aus dem feuchten, dampfenden Waldboden hervor. Große, dicke Steinpilze, Birkenpilze und andere essbare Pilzarten wachsen üppig und so schnell heran, dass den Maden keine Zeit bleibt, sie zu besiedeln. Nachdem ich Claude, die noch nie zuvor Pilze gesammelt hat, einige Male zur Pilzsuche mitgenommen und ihr gezeigt habe, welche wir verwenden, ist sie nicht mehr zu bremsen. Sie geht allein los und bringt täglich strahlend eine Menge schönster Pilze an, bis ich die Hände hebe. Es reicht – wir können mittlerweile keine Pilze mehr sehen. In der Tiefkühltruhe lagern vorgebraten gefrorene und im Keller stehen inzwischen genügend Gläser mit konservierten Pilzen.

Den Gurken in ihrem Hochbeet bekommt das Wetter ebenfalls, sie wachsen mit den Pilzen um die Wette. Claude hilft mir abends mehrere Stunden, Gurken vorzubereiten, die ich in Nachtarbeit als Senfgurken, Gewürzgurken und Salzgurken haltbar mache. „Ich fahre zu einem See, Reusen aufstellen. Magst du mitkommen?" fragt Slawa Claude beim Frühstück. Sie nickt und macht sich fahrbereit. Nach seiner Rückkehr sagt er zu mir: „Sie ist ins Wasser gerollt."

„Wie, sie ist ins Wasser gerollt? Ist sie aus dem Boot gefallen? Ist ihr etwas passiert?" frage ich entsetzt.

„Nein, nein. Alles ist gut. Sie ist nur nass geworden und zieht sich jetzt um. Um zum See zu kommen, muss man vom Flussufer aus eine steile Böschung hinaufklettern. Ich stand schon oben, als sie das Gleichgewicht verloren hat und die Böschung hinunter ins Wasser gekullert ist. Ich war dermaßen erschrocken! Bin aber gleich hinterher! Zu meiner größten Überraschung fing sie beim Runterkullern an zu lachen und konnte gar nicht mehr aufhören."

Slawa fährt noch einige Male zum See, um dort in den Reusen *Galjani*, kleine Fischchen für die Hühnerfütterung zu fangen. Am See wimmelt es von Mücken aller Art, von denen die kleinen schwarzen Kriebelmücken besonders lästig sind. Gelegentlich schwellen deren Bissstellen stark an. Über Slawas linker Schläfe entsteht eine hühnereigroße Schwellung, die sich dann über die Kopfhälfte ausbreitet und sein Gesicht entstellt. Sie ist heiß und beeinträchtigt das Allgemeinbefinden erheblich. Erst nach drei Tagen geht die Schwellung zurück. Ein weiterer Biss, dieses Mal auf der rechten Kopfseite, hat dieselben unangenehmen Folgen. Slawas Cousin Wowka, der ebenfalls an Seen Reusen auslegt, hat aus dem gleichen Grund eine Schwellung, die sich über den halben Unterarm ausbreitet. Da Antihistamintabletten und -salbe keine Wirkung zeigen, vermuten wir, dass die massiven Beschwerden keine allergische Reaktion, sondern Folge einer Infektion sind. Manche Kriebelmücken scheinen Krankheitserreger zu übertragen.

Ich bin heilfroh, dass unsere Gäste davon verschont geblieben sind. Anders als Slawa, schützen sie sich allerdings immer durch Mückennetze und Lotionen.

Schützen wollen wir die Gäste auch vor Belästigungen durch Dorfbewohner, die angetrunken oft ein starkes Bedürfnis nach Gesellschaft und Gesprächen haben und nicht registrieren, dass der andere die Sprache gar nicht versteht und meist auch wünscht, in Ruhe gelassen zu werden. Slawa hat die Trunkenbolde ermahnt, nicht in das Gästehaus zu gehen, aber das ist offenbar in Vergessenheit geraten.

Der erste Besucher ist Wassili, der nüchtern tüchtig und hilfsbereit ist, aber leider sehr oft und lange trinkt. Er entschuldigt sich am nächsten Tag bei Claude, als wir beide im Hof sind. Darum sage ich Slawa nichts davon. Roman, ein Ewenke, trifft Claude beim Spaziergang am Flussufer an, begleitet sie und textet sie so lange voll, bis sie zu uns kommt, um ihn loszuwerden. Slawa ist wütend, aber wir bitten ihn, deswegen kein Theater zu machen. Dann aber sucht Roman Claude in ihrem Haus auf. Ohne anzuklopfen reißt er die Tür auf. Ein weiterer stark angetrunkener Besucher kommt kurz darauf herein. Es ist der Sohn einer Nachbarin, ein kleiner, mickriger und, nach seinem sonstigen Verhalten zu urteilen, ziemlich nichtsnutziger Bursche. Seine große Nase sitzt schief im Gesicht. Da hat wohl schon einmal jemand kräftig draufgehauen. Claude wird beide nur los, indem sie wieder zu uns flüchtet. Wir müssen dem einen Riegel vorschieben. Als ich Slawa davon berichte, geht er schweigend aus dem Haus.

„Hast du mit ihnen gesprochen?“ frage ich, als er zurückkommt.

„Nein.“

„Aber du warst doch bei Ihnen?“

„Ja.“

„Was haben sie denn gesagt?“

„Nichts. Konnten sie nicht. Ich habe ihnen einen Faustschlag versetzt und bin wieder gegangen. Sie wissen schon, warum. Das hilft besser als reden.“

So hatte ich mir den Riegel eigentlich nicht vorgestellt.

Die ausgiebigen Regenfälle lassen Bäche und Flüsse schnell anschwellen. Uferbereiche und Inseln stehen unter Wasser – ein Zustand, der zwei- bis dreimal im Jahr auftritt, ohne Schaden anzurichten. Dort, wo wir vor Kurzem noch gegangen sind, rauschen nun Wassermassen weit über Kopfhöhe.

Nachdem sich das Wetter gebessert hat und der Wasserpegel gesunken ist, machen wir bei angenehmen Temperaturen längere Ausflüge mit dem Boot. Claude wünscht sich schon lange, einen Bären zu sehen, doch die sind vorwiegend im Frühling und Frühsommer an den Ufern zu beobachten. Erst auf der Rückfahrt nach Juktali geht Claudes Wunsch in Erfüllung. Sie kann einen jungen Bären am Ufer beobachten und fotografieren. Immerhin finden wir bei einem Ausflug mit ihr auf einer Insel Spuren eines großen Bären. Sie sind frisch, erst am Morgen ist er dort entlangspaziert. Ganz in der Nähe am Flussufer hatten wir im vergangenen Jahr mit den Fernsehleuten vom NDR zwei Bären beim Fressen eines Elchkadavers beobachtet. Sie waren Slawas Schüssen entkommen. Heute finden wir in diesem Revier im Wald eine stark demolierte Jagdhütte, eindeutig das Werk eines Bären. Bären sind sehr neugierig und zerstören Dinge oft aus reinem Mutwillen. Es ist die Jagdhütte, die früher Juri Wassilowitsch gehörte und in der ich mit ihm bei meinem ersten Aufenthalt in Srednjaja Oljokma einige Tage verbrachte.

Reiner, ein anderer Gast, hat es auf den Big Fish abgesehen. Mit seiner zierlich aussehenden Fliegenrute, der Slawa anfänglich nichts Gutes zutraut, fängt er einen 96 Zentimeter großen Hecht, *Lenoks* und Barsche. Leider keinen Taimen, den sibirischen Huchen. Er erzählt Slawa, ich hätte in meinem Buch geschrieben, es gäbe hier *Taimen* von zwei Metern Länge. Slawa macht mir Vorwürfe ob der Fehlinformation. Verunsichert schlage ich die Stelle nach. Nein, so habe ich das nicht geschrieben, stelle ich beruhigt fest. Immerhin fängt sich am Tag vor Reiners Abreise ein 22,5 Kilo schwerer und 1,45 Meter langer *Taimen* im Netz. Der mächtige Kopf wirkt bedrohlich, die Haut ist dick und schwarz. Jüngere Exemplare sehen silbriggrau aus, aber auch ihre Haut ist so dick und zäh, dass ich sie mit meinem scharfen Fleischmesser kaum durchtrennen kann. Früher fertigten die Ewenken daraus wasserdichte Fußbekleidung an.

Die meisten Erlebnisse kann man nicht planen, sie geschehen oder auch nicht. Bei einem unserer Bootsausflüge stehen wir am Ufer und warten auf die Rückkehr der Hunde, als Slawas Adleraugen weit entfernt im Wasser den Kopf eines Moschustiers entdecken, das den Fluss überquert. Unsere Hunde haben es wohl aufgescheucht. Sekundenschnell schiebt er das Boot ins Wasser. „Fix, ins Boot!"

Wir beeilen uns. So schnell es der Motor hergibt, nähern wir uns dem Tier. Slawa schießt aus nächster Nähe, damit er das Tier zu fassen bekommt, bevor es untersinken kann. Am Ufer zieht er das graue Fell ab, bricht die Beute auf, und zerteilt sie. Die Eingeweide erhalten die Hunde an Ort und Stelle. Es ist ein ausgewachsener Bock mit den charakteristischen zwei langen Zähnen im Oberkiefer und einer großen Moschusdrüse mit körnigem Sekret, das Wertvollste an der Beute. Slava löst sie sorgfältig heraus.

Ein anderes Mal fahren wir langsam in eine Bachmündung hinein, um dort Teewasser zu holen. Ein Auerhahn fliegt weg in Richtung des baumbewachsenen hohen Felsens, der sich neben dem Bach erhebt. Slawa sucht, sieht den Vogel aber nicht mehr. Er füllt die Kanne mit Wasser, und wir fahren wieder auf den Fluss hinaus. Schuss! Er legt das Boot am Ufer an und klettert die Anhöhe bis ganz oben hinauf. Mit dem großen, bunten Hahn in der Hand kommt er wieder in Sicht. Niemand von uns anderen hatte ihn dort oben auf dem Baum sitzen sehen, nur Slawa, der außerdem das Boot lenkte und das Wasser beobachtete. Die Beute ist dieses Mal nicht für unsere Gaumen bestimmt, sondern für die Bestückung der Zobel-Fangeisen. Slawa legt das Tier im Ganzen, unausgenommen mit Federn, in die Kühltruhe.

„Warum nimmst du keine Raben als Köder? Davon gibt es doch so viele ums Dorf herum", frage ich.

„Stimmt, da wäre die Köderbeschaffung einfacher. Doch die Zobel mögen sie nicht", bedauert Slawa.

Auf *ein* Abenteuer jedoch hätten wir alle nur zu gern verzichtet. Nach einer wohl zu üppigen Mittagsmahlzeit hatten sich Susanne und Werner für das Abendbrot abgemeldet. Abends erkundigt sich der Mann, ob seine Frau bei uns sei. Sie sei spazieren gegangen und wollte nach zwei Stunden zurück sein. Da es nicht weit über die Zeit ist, ist er nicht beunruhigt und will noch warten. Um halb neun jedoch ist sie noch immer nicht zurückgekehrt. Da Slawa nicht zu Hause ist, begebe ich mich mit Werner erst einmal allein auf die Suche. Wir gehen auf der großen Wiese den Fahrweg entlang bis zu einer sumpfigen Senke, in der sich nach dem Regen viel Wasser angesammelt hat und die man nur mit hohen Gummistiefeln trockenen Fußes durchqueren kann. Da Susanne laut Werner nur ihre Schnürschuhe angezogen hat und ich keine Fußspuren sehe, glaube ich nicht, dass sie dort entlanggegangen ist. Wir kehren um und suchen das Steilufer ab. Wenn sie dort ausgeglitten und abgestürzt ist, ist das Schlimmste zu befürchten. Zum Glück ist unsere Suche an dieser Stelle erfolglos.

Ich frage alle Leute, die wir treffen, ob sie Susanne gesehen haben. Ein junger Mann bejaht es. Er habe sie ungefähr um zwanzig Uhr am Generatorhaus gesehen, also zu einer Zeit, zu der sie eigentlich schon seit einer Stunde zu Hause sein wollte. Später stellt sich heraus, dass sich der junge Mann bei seiner Zeitangabe um ganze drei Stunden geirrt hat! Wir gehen zurück zum Gästehaus, um nachzusehen, ob sie inzwischen eingetroffen ist. Zu Hause ist sie nicht. Wir müssen die Suche ausweiten. Slawa ist inzwischen heimgekehrt. Bei ihm haben sich viele Dorfbewohner eingefunden, die sich an der Suche beteiligen wollen, denn durch meine Fragerei hat sich schnell herumgesprochen, dass Susanne vermisst wird. Mit Taschenlampen ausgerüstet zerstreuen sich kleine Grüppchen in verschiedene Richtungen, während Slawas Gruppe mit dem Lastwagen losfährt.

Ich gehe mit Werner auf Waldwegen zu einem kleinen See und dann zur ehemaligen Tierfarm. Nur gut, dass ich die Gegend so gut kenne. Es ist stockdunkel, und meine Lampe gibt nur ein schwaches Licht ab. Laut rufend und ab und zu die Trillerpfeife benutzend, folgt Werner meinen Schritten. Keine Antwort. Auch Boris und Ira kommen aus einem Waldstück zurück, das sie erfolglos durchsucht haben.

Um ein Uhr nachts schließlich trifft Slawas Gruppe mit Susanne ein. Sie ist bis zu den Knien nass und fertig mit den Nerven.

„Oh, es war so schrecklich", weint sie.

Ich dränge ihr trockene Fußbekleidung und heißen Tee auf, obwohl sie meint, ihr sei nicht kalt. Das ist wohl der Aufregung zuzuschreiben.

„Wo habt ihr sie denn gefunden?", möchte ich wissen.

„Weit weg stromab am Flussufer, noch hinter der großen Wiese. Fast hätten wir ihre Rufe nicht gehört, weil sie unterhalb der steilen Böschung war. Wir haben gleich ein

Feuer zum Wärmen gemacht, und ich habe Wowa zu Boris geschickt, damit er uns mit dem Boot abholt. Unser Laster steckt nämlich im Sumpf fest. Den müssen wir morgen irgendwie rausholen."

Es stellt sich heraus, dass Susanne schon gegen 17 Uhr am Generatorhaus gewesen und dann durch die sumpfigen Senken der großen Wiese gegangen ist, jedoch nicht auf dem Fahrweg. Am Fluss angekommen, wollte sie am Ufer entlang zum Dorf gehen. Das hätte im Prinzip auch funktioniert, wenn sie die Gegend besser gekannt und gewusst hätte, dass der Fluss einen großen Bogen macht, den man beim Weg über die Wiese abschneidet. Zudem hätte sie oberhalb des Ufers auf Waldpfaden gehen müssen, weil es durch den derzeitig hohen Wasserstand kaum flache Uferstreifen gibt. So aber hangelte sie sich auf steilen Böschungen entlang oder ging streckenweise mit den Schuhen einfach durchs Wasser. Als das Dorf lange nicht in Sicht kam, bekam sie Zweifel über die Richtung, kehrte um und ging entgegengesetzt. Das wiederholte sie einige Male, bis es ganz dunkel war und sie sich schon eine Baumgabel zum Übernachten gesucht hatte. Den Weg, den sie gekommen war, konnte sie nicht mehr finden.

Dass sie noch rechtzeitig entdeckt wurde, war großes Glück, denn in dieser Nacht sank die Temperatur auf fünf Grad, und feuchter Nebel hing über dem Fluss und den Wiesen. Mit völlig durchnässten Socken, Schuhen und Hosenbeinen wäre eine Unterkühlung sicher gewesen. Ein glücklicher Umstand war auch, dass sich das Paar nicht gemeinsam verirrt hatte. Es wäre wegen der Abmeldung vom Abendessen unbemerkt geblieben.

Die Zeit mit unseren Gästen ist unterhaltsam und abwechslungsreich. Obwohl ich täglich drei Mahlzeiten serviere, mit denen ich mir besonders viel Mühe gebe, und neben den Ausflügen immer Zeit für Gespräche aufbringe, fühle ich mich gut. Ich sehe es als meinen Job an, den Gästen den Aufenthalt so erfreulich wie möglich zu gestalten und bin zufrieden, wenn sie zufrieden sind.

Meinen Mann interessiert es, wie unsere Gäste seine Heimat erleben, die er ihnen bei den Ausflügen nahebringt. Meistens sind es weitgereiste Globetrotter, die sich in die sibirische Taiga wagen. Slawa lächelt leise, aber zufrieden, wenn ich ihm übersetze, wie begeistert sie von den Erlebnissen bei uns sind und wie lobend sie sich über seine sympathische Art, über die Sorgfalt, Umsicht und Effizienz äußern, die er bei all seinen Handlungen an den Tag legt. Unübersehbar sind seine Führungseigenschaften. „Er ist der Chef", stellen die Gäste abschließend fest. Das hört er besonders gern.

In der Sommerküche koche ich viel lieber als im Haus.

Unsere Hunde bekommen natürlich auch immer etwas ab.

Kampfhähne

An einem regnerischen Tag kommen abends nach acht Uhr Boris und Ira aus Ust-Njukscha an. Aus ihrem relativ kleinen Metallboot quellen wie aus einer Wundertüte neben der dreizehnjährigen Tochter und einem zweijährigen Enkel und allerlei Gepäck, Benzinkanistern und Milchkannen zwei Färsen heraus. Sie sind Abkömmlinge ihrer eigenen Kühe, und Slawas Cousin Wowka will sie übernehmen.

Ich freue mich, dass die Leute wieder Nutztiere halten. In den ersten Jahren meines Hierseins gab es außer den Pferden keine, doch nun meckern Ziegen, muhen drei Kühe und ein Bulle, gackern Hühner und krähen Hähne um die Wette. Unsere 25 Hühnerküken haben sich prächtig entwickelt und sehen mit ihrem ganz unterschiedlichen Gefieder sehr hübsch aus. Besonders schön sind die Hähne. Stolz spreizen sie die bunten Federn, ihre roten Kämme und Kinnlappen leuchten. Leider haben wir mit dreizehn Exemplaren zu viele davon und müssen uns bald entscheiden, welche wir schlachten. Sie verbreiten viel Unruhe, und beim Fressen drängen sie die Hühner beiseite. Das Tier, das sich das größte Stück Kartoffel, Fisch oder Gemüse geschnappt hat, ist am schlechtesten dran. Ohne zum Fressen zu kommen, rennt es aus Besorgnis, die anderen könnten es ihm abnehmen, auffällig Runde um Runde im Gehege herum, bis schließlich tatsächlich alle hinter ihm her sind. Öffne ich den Käfig, bevor ich ihnen zur Ablenkung etwas Futter hingeworfen habe, fliegen sie mich an und fügen mir mit ihren scharfen Krallen an den kräftigen, dreizehigen Füßen oft genug tiefe Kratzer an den Händen zu. Sie lernen es nicht, den Strohbesen zu fürchten, mit dem ich sie in Schach halte. Hühner sind bemerkenswert unintelligent, aufsässig und kennen beim Fressen keine Gnade.
Wir hatten im Sommer zuvor schon einmal Küken bei Ira bestellt. Sie befanden sich im Hof in einer großen Kiste, die mit einem Deckel aus Drahtgeflecht zugedeckt war. In einem unbeobachteten Moment hatte der Nachbarshund den Deckel beiseitegezerrt und unter den Küken ein Blutbad angerichtet. Über die Hälfte der Tierchen hatte er getötet und verletzt. Wir beobachteten, dass die gesunden, „ach so niedlichen" Küken aus den verletzten, noch lebenden Geschwistern Fleisch heraushackten. Es schmeckte ihnen offenbar besser als die Hirse. Zum Fürchten – ein Glück, dass Hühner so klein sind und einem nicht gefährlich werden können.

Ira erzählt, dass in Ust-Njukscha und Umgebung ein Erdbeben der Stärke 6 aufgetreten sei und bisher den ganzen Sommer über kleinere Beben deutlich zu spüren waren. Es seien jedoch keine größeren Schäden aufgetreten. In einigen der aus Betonplatten errichteten und wegen des Permafrosts auf Stelzen stehenden Häusern in Juktali und im steinernen Schulgebäude in Ust-Njukscha seien Risse entstanden, doch in den Holzhäusern sei lediglich etwas Kalkfarbe von den Wänden gerieselt.

Weder Ira noch ich haben Zeit, lange miteinander zu plaudern. Neben anderen Arbeiten bei ihrer Schwiegermutter erntet Ira die Himbeerbüsche ab und bereitet viele Gläser Himbeermarmelade. Die Arbeit hätte sie sich sparen können, denn die meisten gehen durch Slawas Schuld zu Bruch.

Slawa hat schon einige Tage schlechte Laune. Auf der Wiese uns gegenüber will er einen Unterstand bauen, um den Lastwagen dort abzustellen. Die Tante bittet ihn, den Unterstand ein Stück weiter weg und nicht gerade vor ihrem Fenster zu bauen. Er streitet lautstark mit ihr und dann auch mit mir, als ich die Tante verteidige und sage, dass es uns doch auch stören würde, wenn jemand unsere Aussicht verbaute. Slawa hat zwar Gründe, warum er den Laster dort abstellen will, ist aber nicht bereit, ruhig darüber zu sprechen und über eine andere Lösung nachzudenken. Trotz der Einwände beginnt er damit, die Löcher für die Pfosten auszuheben. Als die Tante das bemerkt, kommt sie zu mir und beklagt sich. Leider kann ich ihr nicht helfen. Slawa hat es gesehen und fragt, was die Tante gewollt habe. Ich erzähle es ihm. Da fährt er wie der Teufel zu ihr hinüber, wettert und spricht danach wochenlang nicht mit ihr.
Eines Abends geht er weg und kommt noch schlechter gelaunt wieder.
„Irgendwie geht's dir nicht gut, was?" sage ich zu ihm. Da erzählt er mir, dass er Igor in der Sommerküche von Boris´ Mutter niedergeschlagen habe, sodass er blutete. Beide wären in das Gestell mit der Himbeermarmelade gefallen, das daraufhin umgestürzt sei. Die meisten Gläser wären auf dem Boden zerbrochen. Alles in allem sei es eine große Schweinerei.
Ich bin fassungslos. „Was sollte das denn? Warum hast du Igor geschlagen?"
„Er hat den Bootsmotor, den ich ihm verkauft habe, verborgt. Die passen doch nicht auf, und wenn er dann kaputt ist, kommt Igor zu mir und will wieder Ersatzteile haben. Das habe ich Igor vorgehalten. Daraufhin ist er laut geworden und hat gesagt, es sei seine Sache, ob er den Motor verleiht oder nicht. Niemand darf mich anschreien! Ich bin wütend geworden."
„Und wer ist zuerst laut geworden? Das warst mit Sicherheit doch du."
„Manchmal habe ich selbst Angst vor meinem Zorn."
„Der kommt aus deinem Inneren. Du musst dein Denken ändern, denn das ist die Ursache."
Jetzt wird ihm das Gespräch zu ernsthaft, und er lenkt ab. Am nächsten Tag frage ich ihn, ob er nicht zu Ira gehen und sich entschuldigen will.
„Wieso? Das war doch Igors Schuld."
In solchen Momenten spüre ich die Kluft zwischen uns, und das macht mich tieftraurig. Manchmal weine ich deswegen.

Abschied für immer

Wie viel körperliche Arbeit Iwan Georgiewitsch seiner Frau Dora Michailowitsch abnahm und wie schwach sie inzwischen ist, wird erst deutlich, als er unerwartet ganz plötzlich stirbt.

Wir kommen mit dem Boot aus Juktali zurück und werden gleich unten am Fluss mit der Nachricht konfrontiert, dass Iwan Georgiewitsch am Vormittag verschieden sei. Wie es seiner Art entsprach, hatte er sich trotz seiner 84 Jahre und Sommerhitze von über 30 Grad nicht geschont, sondern Benzin und Ausrüstung für einen Jagdausflug das Steilufer hinunter zum Boot geschleppt, was mehrmaliges Hinunter- und Hinaufklettern erforderte. Dann merkte er jedoch, dass ihm das Herz zu schaffen machte und legte sich aufs Bett, um etwas auszuruhen. Er erwachte nicht mehr.

Dora Michailowna ist ruhig und gefasst, als wir sie aufsuchen. Der Tote ist inzwischen von zwei Frauen aus dem Dorf gewaschen und mit Hilfe einiger Männer im Wohnzimmer aufgebahrt worden. Es ist üblich, dass ein Verstorbener drei Tage lang aufgebahrt bleibt und Tag und Nacht Totenwache gehalten wird. Währenddessen zimmert ein Dorfbewohner aus einfachen, rohen Brettern den Sarg und beschlägt ihn außen und innen mit Stoff. Andere Männer heben auf dem Friedhof das Grab aus.

Slawa und ich beteiligen uns an der Totenwache. Während ich die still und starr daliegende Gestalt im Jackett mit den angesteckten Ehrenabzeichen und dem mit einer Binde hochgebundenen Kinn anschaue, denke ich an gemeinsame Erlebnisse und an sein arbeitsames, fröhliches, lebhaftes Wesen. Es fällt mir schwer, beides in Einklang zu bringen. Im Geiste sehe ich ihn das Bajan spielen und dazu mit Hingabe die melodischen russischen Lieder singen, sehe seine einladende Geste, sein freudiges Lächeln und höre ich ihn sagen: „Oh, ein Gast kommt! Kommen Sie herein, kommen Sie herein!"

Montags dürfen keine Begräbnisse stattfinden. Das ist ein ungeschriebenes Gesetz, dessen Sinn keiner kennt, das aber eingehalten wird. Deshalb und wegen der großen Hitze findet das Begräbnis bereits nach zwei statt nach drei Tagen statt. Eine Frau bastelt aus zum Oval gebogenen Drahtschlingen und orangefarbenen Plastiktüten eine Art Kranz, denn niemand hat Kunstblumen im Vorrat. Für einen etwaigen Todesfall Kunstblumen oder einen Sarg bereitzuhalten, gilt als böses Omen – als würde man damit den Tod herbeirufen. Im Hof stellen wir Tische und Bänke für eine lange Tafel zusammen. Mehrere Frauen bereiten in der Küche des nahen Kindergartens eine Menge Speisen für den Totenschmaus vor. Dora Michailowna als nahe Angehörige ist von allen Arbeiten befreit.

Die Männer heben den offenen Sarg auf die Ladefläche eines Lastwagens, der sich langsam in Bewegung setzt, gefolgt von den Dorfbewohnern. Sie schreiten über frische Lärchenzweige, die vom Lastwagen herabgeworfen werden. Auf dem Friedhof wird der Sarg ohne eine Rede oder andere Feierlichkeiten ins Grab gesenkt. Jeder

Anwesende wirft eine Handvoll Erde darauf, und dann wird die Grube rasch zuge-schaufelt und mit dem Plastiktütenkranz geschmückt. Ich stelle ein Glas mit frischen Blumen aus unserem Garten aufs Grab, bevor wir uns auf den Rückweg zum Trau-erhaus begeben. Dort haben einige Frauen das Haus gesäubert, die Speisen aus dem Kindergarten herübergebracht und die Tafel gedeckt. Nach einem kurzen Spruch auf den Verstorbenen leert man die Wodkagläser und beginnt zu essen.

Die Verfahrensweise, mit der hier Tote unter die Erde gebracht werden, beschäftigt mich einige Zeit. Ich fühle mich lebhaft an das Begräbnis meiner Mutter erinnert, das ich mit zwölf Jahren erleben musste. Während meine Großeltern, meine kleine Schwester und ich voller Schmerz über den Verlust unseres liebsten und wichtigsten Menschen waren, aßen, tranken und unterhielten sich die „Trauergäste" fröhlich und schienen den Anlass des Zusammenseins völlig vergessen zu haben. Ich hasste sie alle und fand ihre Gesellschaft unerträglich.

Der tiefere Sinn des Totenschmauses bleibt mir auch jetzt verschlossen. Hier im Dorf stellt er den Abschluss all der unentgeltlichen Arbeiten und Hilfeleistungen dar, die die Nachbarn im Zusammenhang mit einem Todesfall leisten müssen, bevor sie sich wieder ihren eigenen Bedürfnissen zuwenden können. Möglicherweise sind die Teil-nehmer des Begräbnisses froh, dass sie es hinter sich haben und das Leben für sie weitergeht?

„Slawa, muss man so eine Feier veranstalten? Ich finde es entsetzlich, dabei sitzen zu müssen, wenn alle trinken und futtern, nachdem einem gerade der liebste Mensch weggestorben ist. Ich glaube, das könnte ich nicht ertragen."

„Es ist so üblich, und es wäre eine Beleidigung des Toten, der Verwandten, Bekann-ten und aller Helfer, wenn man anschließend keine Feier machte."

In Ermanglung geistiger Inhalte und Rituale scheint trinken und essen die einzig be-kannte Form zu sein, den Verstorbenen zu ehren und Abschied zu nehmen, und mir wird klar, dass ich es Slawa schuldig bin, mich an die hiesigen Sitten zu halten. Für meine Person empfinde ich großen Widerstand gegen einen solchen Weggang. Lieber würde ich allein in der Taiga sterben und dort bleiben für alle Zeit oder Wölfen und Bären als Futter dienen. Als ich den Gedanken Slawa mitteile, reagiert er entsetzt: „Weißt du, was das für Probleme mit den Behörden geben würde, wenn keine Leiche da wäre?"

Für Dora Michailowna bedeutet es nicht nur den Abschied von ihrem Mann, sondern auch den von ihrem bisher gewohnten Leben. Obwohl sie nicht um ihren Mann trauert – das Zusammenleben scheint seit Langem nur eine Zweckgemeinschaft gewesen zu sein –, wirkt sie plötzlich schwach, geschrumpft und schutzlos. Trotzdem kocht und bäckt sie wie bisher. Als ich sie wieder einmal aufsuche, hat sie gerade eine große Schüssel Hefeteig für *Blini* angerührt.

„Wer soll das denn alles essen?", wundere ich mich.

„Ich bin das so gewohnt, größere Mengen zuzubereiten", gibt sie mir zur Antwort.

Und dann bittet sie mich, vorbereitetes Fleisch durch den Fleischwolf zu drehen, weil sie zu schwach dazu sei.

Sie könne bei ihr Himbeeren pflücken, gibt sie einer Frau im Dorf zu verstehen, nimmt ihr zu deren Ärger dann aber die volle Kanne ab, schüttet den Inhalt bei sich in eine Schüssel und gibt ihr die Kanne zurück mit der Bemerkung, nun könne sie für den eigenen Bedarf ernten.

Ich frage mich, wie sich ihr zukünftiges Leben gestalten wird. Wer soll neben der eigenen die Arbeit leisten, die sonst tagtäglich Iwan Georgiewitsch vollbracht hat? Und wer wird ihr behilflich sein beim Verkauf oder der Weggabe der vielen Dinge, die in der Garage und den Schuppen angehäuft sind und nun nur noch eine Belastung darstellen? Mit den im Dorf lebenden, entfernten Verwandten, die uneigennützig ihre Hilfe anboten, hat sie sich schnell überworfen, weil sie deren Rat nicht hören wollte. Kaum ist der Hausherr unter der Erde, gehen Leute ein und aus, die etwas billig erwerben oder geschenkt haben wollen. Slawa bietet Dora Michailowna an, sie mit Ratschlägen zu unterstützen, nennt ihr für die wertvolleren Objekte realistische Verkaufspreise und rät ihr, andere Sachen zu verschenken oder gegen Hilfe im Haus und Garten zu überlassen. Vor allem raten wir, die zu verkaufenden Gegenstände nur gegen Bargeld abzugeben und mindestens eine der beiden weit entfernt lebenden Töchter zur Unterstützung zu sich zu bitten. Mit den Töchtern zusammen soll sie auch überlegen, wie es weitergehen soll. Vielleicht könnte sie in deren Nähe eine kleine Wohnung mieten oder kaufen, denn an Geld dürfte es kaum mangeln bei ihrer und der Sparsamkeit ihres verstorbenen Mannes. Ein Ortswechsel ist besonders deshalb anzuraten, weil hier nur ein Feldscher praktiziert, der bei ernsthaften Erkrankungen keine Hilfe ist. Der Zugang zu ärztlicher Versorgung ist mehrere Monate im Jahr versperrt, immer dann, wenn durch das Auftauen oder Zufrieren des Flusses weder Boote noch Autos verkehren können. Die Pflege kranker Menschen stellt generell ein größeres Problem dar, da man nicht, wie in der Stadt, die Heizung aufdrehen, Wasser aus dem Wasserhahn entnehmen, die Wäsche in die Waschmaschine werfen und sie gewaschen, gespült und geschleudert entnehmen kann. Jede Tätigkeit erfordert einen hohen Arbeitsaufwand.

Aus Dora Michailowna werden wir nicht schlau, denn sie sagt weder, was sie will, noch, was sie nicht will. Fragt man sie, weicht sie aus. Slawa schickt jemanden zu ihr, der Fangeisen und Fischnetze abkaufen will. Aber den verweist sie auf „später im Jahr". Auch die drei Hunde will sie plötzlich behalten, statt erleichtert zu sein, wenn jemand sie gutwillig übernimmt. Mehrmals treffe ich sie beim Marmelade kochen an, obwohl sie nach eigener Aussage aus den vergangenen Jahren noch genügend Vorräte hat. Allem Anschein nach hofft sie, ihr Leben könne so weitergehen wie bisher und eine Umorganisation sei nicht notwendig.

Als sie von meinem Telefon aus eine ihrer Töchter anruft, erzählt sie lediglich, im Garten wachse alles gut und alle, besonders ich, würden ihr helfen. Sie bittet mit keinem Wort um den Besuch ihrer Töchter und deren Beistand. Damit gibt sie zu erkennen, dass sie im Ort zu bleiben gedenkt, was bedeutet, die Hilfe und im Krankheitsfall die Pflege durch die Dorfbewohner zu erzwingen. Selbstverständlich könnte man sie im Ernstfall nicht im Stich lassen. Ich ärgere mich darüber, dass sie über uns verfügt, ohne mit uns über ihre Absichten gesprochen und sich unserer Zustimmung zur Hilfe vergewissert zu haben. Nach Abschluss ihres Telefongesprächs bitte ich um den Hörer und erkläre der Tochter, dass ihre Mutter nach meinem Eindruck sehr schwach sei und zumindest ihres Rats bedürfe. Es sei notwenig, dass die Töchter herkämen und gemeinsam mit der Mutter entschieden, wie es weitergehen solle. Die Tochter bedauert, dass sie aus Krankheitsgründen zurzeit nicht, sondern erst im Winter kommen könne.

Überraschend entscheidet sich Dora Michailowna Ende August zu ihrer Tochter nach Chabarowsk zu fahren. Den Schlüssel zu ihrem Haus übergibt sie einem in ihrer Nähe wohnenden Ehepaar, das ihr großzügig angeboten hat, die Kartoffeln zu ernten und einzulagern, täglich die Hunde zu füttern und später im Winter das Haus zu heizen. Auch zuvor schon haben sie ihr Hilfe angedeihen lassen, beim Jäten geholfen, Wasser aus dem Fluss gebracht und dergleichen. Dora Michailowna glaubt, dass sie das aus purer Menschenfreundlichkeit tun, ohne eine Gegenleistung zu erwarten. In Wahrheit hofft das Ehepaar, dass sie bei der Tochter bleibt und sie das Haus, Nebengebäude und Inventar übernehmen können. Kaum ist Dora Michailowna abgereist, verbreitet der Mann die Kunde, dass ins Haus eingebrochen wurde und einige Dinge gestohlen wurden, unter anderem ein relativ teures Gewehr.

Zur Enttäuschung des Paares kehrt Dora Michailowna ins Dorf zurück. Nach wie vor scheint alles ungewiss. Dem einem erzählt sie, sie wolle alles verkaufen und in Chabarowsk wohnen, dem anderen sagt sie, sie wolle in Tupik ein Haus kaufen und dorthin ziehen. Letzteres hat sie wohl auch ihrer Tochter weisgemacht, damit diese sie nicht zu sich holt. Verständlicherweise fällt es ihr schwer, sich von der gewohnten Lebensweise, der Taiga und dem Dorf, das über fünfzig Jahre ihre Heimat war, zu lösen und sich in die Abhängigkeit eines anderen Menschen zu begeben. Krankheit, Altersbeschwerden, Schwäche, Hilflosigkeit, Abhängigkeit – nicht allen ist es vergönnt, dem zu entgehen und, wie Iwan Georgiewitsch, rüstig zu bleiben und erst im hohen Alter schnell und schmerzlos zu sterben.

Der Schwindel fliegt auf, als die Tochter bei entfernten Verwandten in Tupik anruft und sich nach dem Hauskauf erkundigt. Schließlich reist die Tochter an und nimmt Dora Michailowna kurzerhand mit.

Zwei weitere Todesfälle ereignen sich kurz hintereinander als Folge des Alkoholmissbrauchs, der im Dorf die Todesursache Nummer eins darstellt.

Eines schönen Sommermorgens findet man am Ufer Kleidung und Schuhe von Sergej, einem um die 55 Jahre alten, allein lebenden Ewenken. Er hatte am Abend zuvor zusammen mit anderen dort gesessen und Wodka getrunken. Dass er sich ausgezogen hatte, schwimmen gegangen und nicht zurückgekommen war, fiel in dieser Nacht keinem auf. Erst nach dem Kleiderfund am Morgen begibt man sich auf die Suche und entdeckt seine Leiche im flachen Wasser etwa 200 Meter flussab.

Nicht lange darauf kehren wir mit Gästen von einem zweitägigen Ausflug zurück. Kaum haben wir unser Boot am Ufer vertäut, kommt Wassili, der unweit unseres Hauses wohnt, auf uns zu.

„Tanja ist gestorben, vor zwei Stunden. Der Feldscher wartet vor eurem Haus. Er will von eurem Telefon aus nach Tupik telefonieren. Das Dorftelefon funktioniert ja nicht." Er ist ernst, aber ganz ruhig. Tanja ist seine Frau.

Wir sind betroffen. Tanja, noch keine 50 Jahre alt und sehr stämmig, machte immer einen robusten und gesunden Eindruck. Ich mochte sie. Sie hatte viele gute Eigenschaften, allerdings auch einige fragwürdige Verhaltensweisen.

Zehn Tage zuvor hatte Wassili seinen fünfzigsten Geburtstag gefeiert, für den er schon lange vorgearbeitet hatte. Sein erklärtes und konsequent verfolgtes Ziel war nämlich, bis dahin 50 Liter Selbstgebrannten herzustellen. Als er mir davon erzählte, sagte ich zu ihm: „Na, da wirst du deinen 51. Geburtstag vielleicht gar nicht mehr erleben."

An seinem Geburtstag kam er vormittags zu mir, noch oder schon wieder halbwegs nüchtern, und lud uns zu sich ein. Weil ich nicht unhöflich sein wollte, nahm ich die Einladung an. Als ich Slawa von der Einladung berichtete, winkte er ab: „Ohne mich! Da wird doch sowieso nur gesoffen."

Claude hingegen wollte mitkommen. Als wir eintrafen, lag das Geburtstagskind abgefüllt quer über dem Bett neben der schlafenden Tanja. Wir wollten stehenden Fußes umkehren, aber einige angeheiterte Frauen, die beim Essen zubereiten und Abwasch geholfen hatten, drängten uns, Platz zu nehmen und etwas zu essen. Sie hatten viele Fragen an Claude, die ich übersetzte. Nach einer Weile tauchte Tanja auf und kam schwankend zu uns. Sie beteiligte sich am Gespräch und bot uns Wein an, den wir höflich, aber bestimmt ablehnten mit der Begründung, wir tränken keinen Alkohol. Das nahm sie nicht übel. Alkoholselig umarmte sie uns, küsste uns auf die Wangen und versicherte: „Ich liebe euch."

„Wir lieben euch auch alle, aber jetzt müssen wir leider gehen", verabschiedete ich uns, die wir schon eine Weile unruhig hin- und hergerutscht waren.

Die 50 Liter Schnaps waren wohl selbst für Srednjaja Oljokma etwas zu großzügig bemessen. Nach dem Geburtstag war noch eine Menge übrig, was leicht an den tagelang eifrig zur Quelle wandernden Pilgerscharen zu erkennen war. Wassili und Tanja tranken ebenfalls weiter. Nach einer Woche war entweder der Selbstgebrannte ausgetrunken oder ihnen war so elend, dass sie ihn nicht mehr hinunterbrachten. Jedenfalls hörten sie mit dem Trinken auf.

Der Feldscher erzählt mir, dass Tanja danach ständig Eis gegessen habe, weil Kehle und Speiseröhre so sehr brannten. Sie sei auch ziemlich verwirrt gewesen. Ihr Sohn fand sie tot vor dem Herd sitzend. Sie hatte offenbar den mit Selbstgebranntem vermischten Kaffeeextrakt getrunken, den Wassili zum Aromatisieren verwendete, denn die Tasse, in der sich das Gemisch befunden hatte, war fast leer.

Der Feldscher ruft von meinem Telefon aus mehrmals in Tupik an, um den Todesfall zu melden und zu erfahren, ob Staatsanwalt und Gerichtsmediziner den Fall überprüfen wollen und herkommen werden.

„Ja, sie kommen", wird ihm beschieden, aber am Wochenende ist wohl keiner der Verantwortlichen zu erreichen, und so bleibt es ungewiss, wann sie kommen. Dies bedeutet, dass der Leichnam bis zu ihrem Eintreffen nicht bestattet werden darf. Andererseits ist es außerordentlich heiß, die Verwesung setzt schnell ein. Ohne einen neuerlichen Anruf entscheidet Wassili, dass die Bestattung wie üblich stattfindet. Vom Staatsanwalt hören wir nichts mehr, nur ich bleibe wieder einmal auf den sehr hohen Telefonkosten sitzen. Weder Wassili noch der Feldscher fühlen sich veranlasst, sie mir zu ersetzen. Der Feldscher erfüllte nur seine Dienstpflicht und in Wassilis Interesse waren die Anrufe nicht.

Für den Totenschmaus will Wassili drei Kisten Wodka ordern. Slawa überredet ihn, „nur" zwei Kisten zu kaufen und stellt den Wodka bis zur Bestattung bei uns sicher. Mir fehlt jegliches Verständnis dafür, dass ausgerechnet bei einem Todesfall infolge Alkoholmissbrauchs abermals zügellos getrunken werden soll. Aufgebracht sage ich zu Slawa: „Wenn ich sterbe, will ich nicht, dass aus diesem Anlass auch nur ein Tropfen Alkohol getrunken wird, egal, was hier üblich ist oder nicht!"

„Ich würde dein Begräbnis sowieso nicht erleben, weil ich mich gleich erschießen würde. Aber bei meinem Begräbnis soll auch nicht getrunken werden. Wem es nicht passt, der kann zu Hause bleiben", gibt Slawa zurück.

Wassili trinkt nach Tanjas Tod unablässig weiter. Er hat Zucker und Hefe in Wasser vergoren zu Braschka, einer alkoholischen Flüssigkeit. Das geht schneller als das Brennen. Alle Gefäße im Haus sind voll davon. Dementsprechend wüst geht sein Leben weiter. Zweimal schießt er in die Decke seines Hauses. Er prügelt sich mit seinem erwachsenen Sohn, der ihm einen Stuhl an den Kopf schlägt. Im Haus ist immer Betrieb, denn viele Dorfbewohner holen sich dort ihre Dröhnung. Geschrei und manchmal Schimpfworte dringen zu uns herüber. In diesem Chaos muss sein bedauernswerter zehnjähriger Sohn leben, der eben seine Mutter verloren hat, die liebevoll zu ihm war und sich außerhalb ihrer alkoholischen Exzesse gut um ihn gekümmert hat. Und es ist auch schade um Wassili. Er ist ein guter Jäger, hat viele handwerkliche Kenntnisse und Fertigkeiten sowie anständige Charakterzüge, ist hilfsbereit und – im nüchternen Zustand – sympathisch.

Die Trinker in unserem Dorf sind keine schlechten Menschen. Slava und ich sind oft bekümmert, wenn wir sehen, wie sehr sie sich selbst und ihren Familien schaden. Ihnen zu helfen ist kaum möglich. Slava hat es versucht, aber ohne dauerhaften Erfolg. Er fuhr mit seinen Verwandten Igor und Wowa nach Tschita, wo sie in einer spezialisierten Einrichtung eine Injektion erhielten, die ihnen den Alkoholgenuss verleiden sollte. Slava hat vor mehreren Jahren mit Hilfe dieser Injektion das Trinken aufgegeben, aber Wowa begann schon einige Tage danach wieder zu zechen. Igor hielt immerhin neun Monate durch, bis er rückfällig wurde. Aus seiner Hilflosigkeit heraus wird Slawa zornig, wenn sie trinken. Man kann nichts tun.

Der nächste tragische Zwischenfall ist vorprogrammiert. Es dauert nicht lange, bis der Feldscher wieder bei mir erscheint und telefonieren will, um sich Rat vom Arzt aus Tupik zu holen. Wowa ist nach wochenlanger Trinkerei erkrankt. Er hat große Schmerzen. Leber und Bauch sind angeschwollen. Es kommt keine Verbindung zustande, was manchmal der Fall ist, weil das Telefonnetz in Tupik schlecht ist. Inzwischen habe ich aber erfahren, dass der Dorfvorsteher ein Dienst-Satellitentelefon bekommen hat. Ich bitte den Feldscher, den nächsten Anruf in dienstlicher Sache beim Dorfvorsteher zu machen.

Zum Glück erholt sich Wowa schnell. Schon am nächsten Tag läuft er wieder herum. Nein, trinken will er nicht mehr, es war ihm eine Lehre, behauptet er. Erfahrungsgemäß wird es nicht allzu lange dauern, bis er die Lehre wieder vergessen hat. Bereits im letzten Winter war er einmal in einem bedenklichen Stadium. Er hatte den gesamten Vorrat seines bei großer Kälte gefangenen, gefrorenen Fischs gegen Wodka eingetauscht und trank danach täglich. Gegen vier Uhr morgens klopfte er heftig an unser Fenster, damit wir die Tür öffneten. Wowa stand auf der Treppe, bei unter minus 30 Grad barfüßig in Filzpantoffeln, über dem Unterhemd nur eine dünne, offene Trainingsjacke. Laut und aufgeregt berichtete er, auf der Straße liefen Leute mit Gewehren herum und schössen. Sie seien ganz gefährlich.

„Ja, ich kümmere mich darum. Gehe jetzt nach Hause und warte dort auf mich", sagte Slawa zu ihm.

Bevor er zu Wowa ging, bedeutete er mir: „Es hat keinen Zweck, ihm das ausreden zu wollen. Er würde mir nicht glauben."

Wowas Wahnvorstellungen hielten den nächsten Tag an. Er rannte ruhelos umher und erzählte, Irina K. hätte Wodka auf die Betten, ihn selber und auf alle Sachen gegossen, und dann hätte sie alle seine Sachen geklaut. Man wolle ihn umbringen und hätte auf ihn geschossen. Slawa sah mehrmals nach ihm und heizte den Ofen. Am Nachmittag schlief er endlich ein. Er hatte lange nicht geschlafen.

„Durch den vielen Alkohol sind die Nerven so überreizt, dass man tagelang nicht schlafen kann und Halluzinationen bekommt." Slawa weiß, wovon er redet, denn es ging ihm früher ähnlich, bevor er zum Abstinenzler wurde, und er kennt gleichartige Fälle.

„Einer hat mir erzählt, auf seiner Bettdecke sprängen viele kleine schwarze Teufelchen herum und seine Hündin beschimpfe ihn aufs Übelste. Aber er ginge jetzt auf die Lichtung hinterm Dorf, wo früher der Hubschrauberlandeplatz war, und warte auf ein Ufo. Die Außerirdischen würden ihn dort abholen. Er wollte auch tatsächlich losgehen, barfüßig mitten im Winter."

Die letzte Ruhestätte der oftmals viel zu früh Gegangenen.

Endloser Himmel über endloser Weite – das Wort „Freiheit" in neuer Dimension.

Gaben der Natur

Nachdem die letzten Gäste dieses Sommers abgereist sind und die nächtlichen Temperaturen sich bereits dem Gefrierpunkt nähern, ist es höchste Zeit, die kälteempfindlicheren Gartenfrüchte zu ernten. Ich schwanke zwischen Freude über die üppige Ernte, die ich auf dem Boden des großen Zimmers ausbreite, und Verzweiflung, wenn ich daran denke, dass ich den ganzen Segen verarbeiten und konservieren muss.

Unsere überzähligen Hähne müssen jetzt ihr Leben lassen und wandern in die Kühltruhe. Drei behalten wir noch, weil wir uns nicht entscheiden können, welcher von ihnen der Stammvater nachfolgender Generationen werden soll. Der große, stattliche, weiße mit dem hellbraunen Federschmuck? Oder der mit dem leuchtend rotbraunen Muster im metallgrün schillernden schwarzen Kleid? Der in allen erdenklichen Farben schimmernde Prachtkerl, für den neben seiner Schönheit die Tatsache spricht, dass er frühzeitig mit den Leibesübungen zur Nachwuchserzeugung begonnen hat? Er hat allerdings einen unüberhörbaren Makel – dem Krähen folgt jedes Mal ein asthmatisch klingender Krächzer, der uns für die genetische Veranlagung des Nachwuchses fürchten lässt.

Eine frühreife Henne – die Hühner sind gerade 5 Monate alt – beginnt mit dem Eierlegen. Noch nie habe ich ein Ei so bewundert und gewürdigt wie dieses erste, zartbraune. Täglich erfreut sie uns mit einem weiteren, das Slawa triumphierend ins Haus trägt. Dreißig gekaufte Eier sind nichts gegen dieses eine, besondere. Auch der Geschmack scheint uns unvergleichlich.

Slawa fährt regelmäßig mit dem Boot hinaus, um die Fischnetze zu kontrollieren. In diesem Jahr gehen besonders viele Taimen, dafür weniger *Lenoks* und fast keine *Nalims* in die Netze.

Die Ebereschen hängen voller orangefarbener Dolden und die großen Stlaniksträucher, ein Nadelgewächs, tragen außergewöhnlich viele Zapfen. Von denen würde ich gern einen Sack sammeln, denn die Nüsschen darin sind nur wenig kleiner als die der großen sibirischen Zeder, aber genauso schmackhaft mit sehr wertvollen Inhaltsstoffen. Sie lassen sich leicht aus den Zapfen lösen, doch leider haben wir kein Gerät, mit dem man ohne großen Aufwand die dicke braune Schale entfernen kann. Die Einheimischen knacken sie wie Sonnenblumenkerne zwischen den Zähnen. Zedernnüsschen kann man geschält und ungeschält auf den Märkten kaufen, sie sind – ähnlich wie Pinienkerne – recht teuer. Die Stlaniknüsse schmecken auch Bären, Zobeln und Eichhörnchen. Von den letzteren gibt es eigenartigerweise seit drei Jahren kaum noch welche. Vielleicht hat unter ihnen eine Krankheit grassiert, der sie zum Opfer gefallen sind. Auch *Burunduks*, sibirische Streifenhörnchen, sehe ich nur noch selten.

Die Gaben der Natur und ihre Schönheit entschädigen uns für die zivilisatorischen Einschränkungen. Seit langem haben wir keinen regulären Postdienst mehr und bekommen nur dann Post, wenn jemand sie aus Tupik mitbringt. Ende August erhalte ich zum ersten Mal in diesem Jahr Briefe. Einige waren schon im März in Russland beziehungsweise in Deutschland abgeschickt worden und trafen laut Eingangspoststempel im April in Tupik ein. Als ich jedoch im Mai nach unserer Rückkehr aus Tschita auf der kleinen Poststelle in Tupik nach Briefen für mich gefragt hatte, bekam ich zur Antwort, es seien keine da. Die Angestellte hatte wohl keine Lust gehabt, genauer nachzusehen.

Meine eigenen Briefe und Geld für Briefmarken gebe ich Leuten mit, die nach Ust-Njukscha fahren. Ich weiß, dass sie dort korrekt frankiert werden und sicher auf die Reise gehen, denn auf dem dortigen Postamt arbeitet eine fähige Angestellte mit erfreulicher Berufsauffassung. Da die einzelnen Verwaltungsbezirke unterschiedliche Posttarife für Auslandssendungen haben, kann ich mich nicht am dortigen Tarif orientieren und bin im Unklaren, wie viel Porto ich auf Briefe mit Absendeort Tupik oder Mogotscha kleben muss. Leider wissen es auch die Postangestellten in Tupik und Mogotscha nicht. Im Mai ließ ich in Mogotscha einen Brief nach Deutschland frankieren. Die Mitarbeiterin klebte Marken auf den Brief, die einer 260prozentigen Portoerhöhung gegenüber dem Vorjahr entsprachen. Sie wollte ganz sicher gehen, dass das Porto ausreicht, war aber zu faul, in den Tarifunterlagen nachzusehen. „Wot takaja sistema!", würde der Onkel sagen.

Es ist September. Seit dem letzten Schneefall am 18. Mai sind noch keine vier Monate vergangen, als wir am Morgen beim ersten Blick aus dem Fenster in dichtes Schneetreiben schauen. Den Himmel verdunkelt eine düstere, graue Wolkendecke, aus der unablässig große weiße Flocken lautlos herabsäen und den leicht gefrorenen Boden allmählich bedecken.

„Das wird bestimmt bald wieder tauen", bin ich noch zuversichtlich. Doch es schneit auch am nächsten und übernächsten Tag weiter, mal mehr, mal weniger heftig. Es ist nasskalt, und zuweilen weht ein böiger Wind. Fast 25 Zentimeter Schnee fallen in diesen drei Tagen. Die Blätter der Traubenkirschen hatten noch keine Zeit, ihre rote Herbstfarbe anzunehmen. Begrünte Äste beugen sich unter dem feuchten, schweren Schnee. Auch Birken, Eschen, Weiden und Lärchen sind noch dicht belaubt. Ihr Blattwerk, teilweise schon gelblich gefärbt, schimmert durch die weiße Decke wie eine ferne Erinnerung an sonnige Herbsttage. Die noch vor wenigen Tagen bunt blühenden Gladiolen und die Dahlienbüsche sind unter der Last zusammengesunken. Einige wenige der dunkelroten großen Dahlienblüten leuchten aus dem Weiß hervor. Der Frost hat sie starr gefroren und ihre Schönheit konserviert. Wie ein Leichentuch bedeckt der Schnee das saftig grüne Gras und die noch vor Kurzem warme, braune Erde.

Schneefall noch vor Mitte September ist ungewöhnlich. Und ausgerechnet in diesem Jahr haben wir noch keine Zeit gefunden, alle Kartoffeln zu ernten und die sieben, acht Eimer Preiselbeeren zu sammeln, die wir das Jahr über benötigen. Wir können nur warten und hoffen, dass bald wieder wärmeres und niederschlagsfreies Wetter eintritt, damit Erde und Beeren abtrocknen.

In der Zwischenzeit begibt sich Slawa mit Igor und unseren drei Hunden auf Elchjagd. Sie kommen schon am nächsten Mittag mit zwei jungen Elchkühen zurück, die die Hunde am frühen Morgen aufgestöbert und zum Fluss getrieben hatten. Eine günstige Lösung, denn so mussten sie das viele Fleisch nicht durch unwegsames Gelände zum Boot schleppen, wie es bei Jagderfolgen an den Seen nötig ist. Das Fleisch ist zart und fett, ein Zeichen, dass die Kühe in diesem Jahr keine Kälber hatten oder diese frühzeitig vom Bären gerissen wurden. Einen Teil des Fleisches behält Igor. Onkel und Tante erhalten einen ganzen Schenkel, obwohl Slawa ihnen wegen des verhinderten Unterstandes für den Laster noch immer böse ist. Darum bringt er das Fleisch nicht selbst hin, sondern schickt Igor. Slawas Schwester Viktoria wird bedacht und noch einige Andere. Trotzdem bleibt eine Menge für uns übrig. Einen Teil frieren wir ein – die Kühltruhe ist danach randvoll mit Fleisch und Fisch. Ich stelle viele Gläser Fleischkonserven her. Sie sind viel besser als das Büchsenfleisch, das man im Laden kaufen kann und das meistens aus minderwertigem, fetten Fleisch und Wasser besteht. Den großen Rest salzen wir ein und stellen ihn zum baldigen Verbrauch in die kalte Grube im Garten. Auch die Hunde müssen jetzt ausreichend mit Fleisch gefüttert werden, damit sie vor dem harten Winter und der Winterjagd gut genährt und kräftig sind. Weil Slawa immer behauptet, er brauche außer Fleisch, Kartoffeln und Brot gar nichts, spare ich mir das Zubereiten aufwendiger Gerichte, koche einfach einen großen Topf Fleisch und werfe in die Brühe ein paar Nudeln. Einen größeren Gefallen hätte ich ihm nicht tun können. Mit Appetit macht er sich über das Essen her, das ich dieses Mal nicht mit Gemüse und so exotischen Gewürzen wie Thymian, Majoran und Ähnlichem verpfuscht habe. Auch ich esse – es ist das erste Mal – Fleisch satt ohne irgendwelche Beilagen, und es schmeckt mir sogar. Das dunkle Elchfleisch hat einen kräftigen, würzigen Geschmack.

Aus dem Winter ersteht der Herbst aufs Neue. Über noch verbliebenen Schneeresten am Boden erhebt sich rotes und goldenes Blattwerk und leuchtet in der Sonne. Wir atmen auf – noch hat uns die kalte Jahreszeit nicht im Griff, noch erwärmen Sonnenstrahlen die Luft, erfreuen bunte Farben unser Auge. Die Hunde liegen lang ausgestreckt in der Wärme, als sei ihnen bewusst, dass dazu nicht mehr lange Gelegenheit sein wird.

Zusammen mit einem Helfer erntet Slawa die restlichen Kartoffeln und geht einige Male in den Wald, um Preiselbeeren zu sammeln. Meine Aufgabe ist es unterdessen, für die Mahlzeiten zu sorgen, *Warenje* – eine Art Konfitüre – zuzubereiten und das Gemüse zu verarbeiten. Viele Gläser Warenje, würziges Gemüsemus, Chutney, Letscho, Mixed Pickles, pikante Puffbohnen und Ähnliches wandern nach und nach in den Keller. Während ich am heißen Herd stehe, blicke ich immer wieder sehnsuchtsvoll nach draußen in die klare Herbstlandschaft. Ich bin froh, wenn ich im Garten arbeiten kann – Möhren und Rote Bete einmieten, Blumenzwiebeln und Dahlienknollen ausgraben, Erde in große Töpfe und kleine Tonnen füllen, die wir im Februar ins Haus bringen und auftauen lassen können für Aussaaten und Setzlinge. Zwischendurch knapse ich mir immer wieder etwas Zeit ab, um am Buch zu schreiben.

Aus Tupik trifft Anatoli ein. Er bringt zwei Monteure von der Telefongesellschaft Megafon mit, die das Dorftelefon auswechseln sollen. Danach sollen wir ohne Bezahlung Haustelefone innerhalb unseres Verwaltungsbezirks anwählen können. Die meisten Leute haben aber nur Mobiltelefone. Theoretisch wäre es möglich, mittels Telefonkarte Mobiltelefone anzurufen, allerdings ausschließlich solche der Firma Megafon. Auch Hausapparate in anderen Verwaltungsbezirken sollen wählbar sein. Dafür bräuchte man aber Telefonkarten von Megafon, die bei uns niemand hat und die hier auch nicht erhältlich sind. Tja, Pech gehabt. Nach dem 7. November sollen angeblich auch Mobiltelefone anderer Firmen erreichbar sein. Wobei *nach* dem 7. November nicht heißt *ab* dem 7. November.

Das neue Telefon funktioniert nach der Abfahrt der Monteure gerade einmal zwei Tage. Wen wundert es. "Eta Rossija – Das ist Russland!", rufen die Russen in solchen Fällen in einem Tonfall aus, der zwischen Resignation, leichter Belustigung und Groll schwankt. In Anatolis Boot reisen auch der Feldscher und seine Frau ab in den Urlaub nach Hause, nach Kirgisien. Nachdem er zwei Jahre allein hier praktiziert hatte, holte er seine Frau nach. Die Frau des Feldschers ist eine sehr gastfreundliche Frau, von deren guter Küche ihr Leibesumfang zeugt. Ihre Pluderhosen mit einem Tunika ähnlichen Gewand darüber sind aus schönen, bunt gemusterten Stoffen geschneidert. Das Ehepaar kommt aus einem klimatisch und kulturell völlig anders geprägten, zivilisierten Umfeld mit vielfältigen, schönen, gelebten Traditionen. Geld ist der Grund, weswegen sie nun hier leben – in Kirgisien würde er wesentlich weniger verdienen beziehungsweise überhaupt keine Arbeit finden, erklärte er mir. Beide sind Moslems, angenehm, freundlich und zivilisiert. Sie trinken keinen Alkohol. Er nimmt seine Aufgabe ernst und kümmert sich vorbildlich um die Kranken, soweit seine Kenntnisse und Möglichkeiten reichen. Ich sehe ihn oft, wenn er unsere Tante besucht, die es seit zig Jahren immer irgendwo schmerzt, heute hier und morgen da. Niemand weiß, woran sie eigentlich leidet, einmal abgesehen davon, dass ihr starker Tablettenkonsum und die häufigen Wodkakuren mit Sicherheit ein Teil des Problems sind.

Der Feldscher und seine Frau können auf Grund der Wegverhältnisse frühestens Mitte Dezember zurückkommen. Seine Abwesenheit fällt in die denkbar ungünstigste Zeit, und ich frage mich, ob und wer ihm die Erlaubnis gegeben hat, seinen Urlaub gerade jetzt zu nehmen statt im Winter, wenn der Winterweg mit Autos befahrbar ist und im Notfall ein Arzt aus Tupik herkommen kann. In spätestens zehn Tagen beginnt der Fluss zuzufrieren und wird mindestens zweieinhalb Monate weder mit Booten noch mit Autos befahrbar sein. Im Dorf ist niemand in der Lage, im Notfall Spritzen zu setzen, Infusionen zu legen oder schwere Verletzungen zu versorgen. Darüber macht sich außer mir offenbar keiner Gedanken, am wenigsten die für das Dorf Verantwortlichen.

Anatoli hat Preiselbeeren aufgekauft, Fleisch und Fisch. Damit, mit 150 Litern Benzin, fünf erwachsenen Personen und deren Gepäck ist das Boot schwer beladen. Vierzig Kilometer vor Tupik setzt der Bootsmotor aus, und das Boot treibt in der Strömung zurück auf einen dicht über die Wasserfläche ragenden Baumstamm zu. Anatoli, der ganz hinten sitzt und den Motor bedient, eingekeilt von der Ladung, hat keine Chance, sein zehn Meter langes, schweres Boot gegen die Strömung in eine andere Richtung zu lenken. Das geschieht normalerweise etwa von der Mitte des Bootes aus mittels einer langen Stange, die wie ein Paddel oder zum Staken benutzt wird. In schwierigen Situationen sind dafür zwei kundige Personen erforderlich. Anatolis Passagiere sitzen jedoch schreckensstarr auf ihren Plätzen und wollen nicht glauben, dass sie tatsächlich in Gefahr sind zu kentern. Am Baumstamm legt sich das Boot quer und kippt dann unaufhaltsam um. Anatoli hat einen dick wattierten Anzug an, der sich voll Wasser saugt und das Schwimmen erschwert. Er bekommt einen leeren Benzinkanister aus Plastik zu fassen und klammert sich daran, während ihn die Strömung davonträgt. Die beiden Monteure halten sich am Baumstamm fest, der Feldscher und seine Frau am umgekippten Boot. In der unbesiedelten Taiga haben sie das unfassbare Glück, dass in der Nähe zwei Fischer ihrem Geschäft nachgehen und sie aus dem Wasser ziehen. Die Frau des Feldschers ist so in Panik, dass die Helfer ihre verkrampften Hände kaum von der Bordwand lösen können. Alle Personen werden gerettet, aber die Ladung ist verloren.

Wir haben Anatoli 800 Euro mitgegeben mit der Bitte, sie auf der Bank in Mogotscha gegen Rubel zu tauschen. Es ist außer ein paar tausend Rubeln unser letztes Geld, das im Wesentlichen für den Kauf von Benzin, Motoröl und Ersatzteilen für den *Buran* gedacht ist. Die Besitzerin des kleinen Ladens hat Anatoli ebenfalls Geld mitgegeben, einen dicken Packen Rubelscheine. Glücklicherweise trägt Anatoli alles Geld am Leib, sodass es zwar nass wird, aber nicht verloren geht. Zum Trocknen breitet er die Geldscheine in seinem Haus aus, worauf seine kleine Tochter herumerzählt, dass ihr Papa ganz, ganz viel Geld habe und es im Haus verstreue.

Bisher setzte regelmäßig Anfang Oktober der erste Schneefall ein, doch dieses Jahr ist alles anders. Die Luft ist glasklar und der Himmel von einem zarten, hellen Blau. Die Farben der Landschaft sind verblasst zu gelblichen und bräunlichen Tönen, lediglich die Kiefern bilden grüne Farbinseln. Alles wirkt so durchscheinend und schwerelos, als schwebe nur noch der Geist des verblichenen Herbstes im Raum. Die Sonne scheint von morgens bis abends, doch ihre Kraft ist vermindert. Nachdem sie im Westen hinter der Hügelkette versunken ist, beleuchtet sie von unten zarte Wolkenschleier, die rosarote bis purpurfarbene Farbtöne annehmen. Vom rosigen Hintergrund hebt sich die dunkle, anmutig gewellte Kammlinie der Berge ab, in deren Wäldern sich – dem Menschenauge verborgen – vielfältiges Leben regt. Des Nachts sinken die Temperaturen bereits unter minus 10 Grad, und auf dem Fluss bilden sich die ersten, noch zerbrechlichen dünnen Eisschollen.

Slawa bringt mit dem Boot zwei Benzinfässer zu einem Platz, von dem er sie im Winter zur Zeit der Zobeljagd mit Schneemobil und Schlitten abholen wird. Abgehetzt kommt er am späten Nachmittag zurück. „Ich habe einen Elch angeschossen und nehme jetzt die Hunde mit zum Suchen."

Und schon ist er weg. Einige Zeit darauf, in tiefer Dämmerung, höre ich sein Boot den Fluss heraufkommen und stelle das Abendessen auf den Tisch. Nicht lange danach tritt er ins Haus und winkt ab:

„Zum Essen habe ich jetzt keine Zeit. Ich habe zwei Elche erlegt und brauche Helfer, um sie aufzubrechen und zu zerlegen. Wir müssen uns beeilen. Trotzdem wird es schon finster sein, wenn wir damit fertig sind. Warte nicht auf mich. Wir werden dort übernachten. Es ist mir zu riskant, in der Dunkelheit mit dem Boot zurückfahren. Der Wasserstand ist ziemlich niedrig, ich will den Motor nicht beschädigen."

Nach seiner Rückkehr am Morgen frage ich: „Warum hast du denn zwei Tiere erlegt? Eines hätte doch wirklich genügt, ganz abgesehen davon, dass wir eigentlich gar kein Fleisch brauchen."

„Das war total verrückt, ein Versehen. Nachdem ich mit den Hunden zurück war, trieben sie den Elch zum Wasser, und ich habe ihn erlegt. Es war schon ziemlich dunkel. Als ich ihn näher betrachtete, sah ich, dass es nicht der angeschossene war, sondern ein anderer! Den angeschossenen haben die Hunde dann auch noch gefunden, dem musste ich natürlich den Gnadenschuss geben. Wegen des Fleisches mach dir mal keine Gedanken. Es waren keine großen Tiere, sondern junge, etwa anderthalb Jahre alt. Übermorgen kommen Boris und Ira aus Ust-Njukscha; ihnen werde ich einen Elch geben. Anatoli hat sich mit einem Kumpel angekündigt zum Fischfang. Auch ihn werde ich mit Fleisch versorgen."

Nachdem Verwandte im Dorf ebenfalls bedacht sind, bleibt für uns nicht so viel übrig, dass ich mir Sorgen um die Verwertung machen müsste.

Der Elch wird vor Ort zeiteilt und mit dem Boot zum Dorf gebracht.

Das habe ich mir nicht gewünscht

„Slawa, vielleicht könnten wir an meinem Geburtstag an einen schönen Platz fahren und dort picknicken?", schlage ich vor.

„Tut mir leid, mir fehlt die Zeit. Mir schwirrt schon der Kopf bei den Gedanken, was alles noch zu tun ist, bevor ich zur Winterjagd aufbrechen kann. Ich muss Lastwagen und *Buran* reparieren, wobei die Suche nach passenden Ersatzteilen wahrscheinlich wieder am langwierigsten sein wird. Von den neu gekauften Ersatzteilen ist ein großer Teil fehlerhaft und muss nachgearbeitet werden – wenn ich es überhaupt hinbekomme."

Seine Ablehnung stellt für mich kein Problem dar, denn ich liebe es, mich allein in der Natur zu bewegen und freue mich schon darauf, allerdings nicht lange. Ira und Boris sind inzwischen aus Ust-Njukscha eingetroffen, und Ira erweist mir nicht die Gnade, meinen Geburtstag vergessen zu haben.

„In drei Tagen hast du Geburtstag, ein Feiertag", erinnert sie.

„Ich bin ein Jahr älter geworden. Was gibt es denn da zu feiern?", antworte ich zurückhaltend.

„Dass du geboren bist!"

Ich lächle ein wenig gequält. „Für mich bedeutet es einen Feiertag, wenn ich nicht kochen muss, sondern einen Tag für mich habe und draußen umherstreifen kann."

Mir ist durch das Gespräch klar geworden, dass ich um eine Geburtstagsfeier nicht herumkomme. Wie ich Ira kenne, hat sie ein Geschenk mitgebracht und fände es unfreundlich, wenn ich sie und Boris nicht einladen würde. Und natürlich gehört auch Slawas Schwester Viktoria zur Geburtstagsrunde. Im letzten Jahr kam sie vorbei, um zu gratulieren und mir ein Geschenk zu überreichen, obwohl ich keine Feier vorgesehen hatte. Es ist lieb und nett, dass sie an mich denken und mir eine Freude machen wollen, und ich komme mir undankbar vor, als ich mit großer Unlust Vorbereitungen für das mehr oder weniger aufgezwungene Fest treffe.

Es ist üblich und ein Zeichen der Wertschätzung, dass sich der Tisch unter der Last verschiedensten Speisen biegt. Ich stehe den ganzen Tag in der Küche, backe, brate, koche, rasple. Mehrere Salate, marinierte Pilze, eingelegte Gurken, gebratene Hühnerteile sowie Elch-Buletten in Bratensoße, mit Fleisch gefüllte Paprikaschoten, Reis, Kartoffelpüree, Kuchen, Plätzchen und Bonbons bedecken am Abend die Tischplatte. Obwohl ich daran gedacht hatte, habe ich kein Bier oder andere alkoholische Getränke gekauft – ich will konsequent bleiben und gar nicht erst damit anfangen. Ganz entgegen der in manchen Reisebüchern aufgestellten Behauptung habe ich nicht die Erfahrung gemacht, dass sich Gäste oder Gastgeber beleidigt fühlen, wenn man Alkohol ablehnt. Ich halte es im Gegenteil für wünschenswert, mit gutem Beispiel voranzugehen und zu zeigen, dass man sich auch ohne diesen wohlfühlen und amüsieren kann. Und es gibt in Russland nicht wenige trockene Alkoholiker, die keinen Tropfen trinken. Ich bin kein grundsätzlicher Gegner alkoholischer Getränke, sondern trinke in einem anderen Umfeld Wein oder Bier. Nur eben hier nicht und wenn doch, mit großer Zurückhaltung, nie auf eigene Veranlassung und nur mit Personen, von denen ich weiß, dass sie sich nicht betrinken.

Als ich einmal hinausgehe, um Luft zu schöpfen, sehe ich in einiger Entfernung auf der Straße ein großes blaues Cape liegen. Dann, oh Wunder, rafft sich das Cape auf und schwankt die Straße entlang. An Strommasten und Pfosten legt es längere Pausen ein, um das Gleichgewicht auszubalancieren. Es hat wohl im Dorfklub an der Feier zum Tag der Pensionäre teilgenommen.

Ira und Viktoria haben sich fein gemacht. Die untersetzte Viktoria trägt eine schwarze, seitlich mit Silberstreifen abgesetzte Hose und einen schwarzen Pullover mit silberweißen Verzierungen. Iras füllige Figur steckt in schwarzen Stretchhosen und einem schwarzen Oberteil mit viel Silberglitter, das weit ausgeschnitten ist und ihren üppigen Busen zur Geltung bringt. Ich bin das Aschenputtel – unabsichtlich, denn als ich mir etwas Nettes anziehen wollte, fand ich nichts im Kleiderschrank und musste mich mit sauberen, braunen Leggins und einem beigefarbenen Fleecepullover zufriedengeben. Ira schenkt mir schwarze Leggins mit Glitzersteinchen, zu der aber weder meine Woll- noch die Fleecepullover passen. Seltsamerweise wünsche ich mir plötzlich heftig ein eng anliegendes Oberteil mit viel, viel Silberglitter – der russische Geschmack hat schon auf mich abgefärbt.

„Heute war das Wetter besonders schön und warm, in der Sonne bis 20 Grad. Das habe ich hier so spät im Jahr noch nicht erlebt." Ich bemühe mich, einen bedauernden Unterton ob der durch die Geburtstagsfeier verhinderten Wanderung zu vermeiden.

Viktoria erinnert sich. „Einmal, es ist schon lange her, war es am achten Oktober unglaublich heiß – wie im Hochsommer. Wir hielten es nur in leichter Sommerkleidung aus und liefen barfuß in Sandaletten. Am nächsten Tag schneite es – der Winter war da."

Meine Hoffnung, dass ich den Spaziergang am folgenden Tag bei schönem Wetter nachholen könnte, erfüllt sich nicht. Alles ist dicht vernebelt vom zinnfarbenen Dunst eines großen Waldbrandes, trübes Licht sickert durch die dichte Decke aus Rauch. Aus welcher Richtung der Rauch kommt und wie weit der Brand entfernt ist, lässt sich nicht einmal erahnen. Am Nachmittag beginnt es zu regnen, und ich vermute, dass der Regen das Ende des Altweibersommers einläutet. Überraschend empfängt uns der nächste Morgen mit klarem Himmel und Sonnenschein. Der Rauch ist verschwunden.

Als ich Slawa, der noch im Bett liegt, die frohe Nachricht verkünde, mahnt er: „Pass auf, wenn du nach draußen gehst, die Bretter im Hof sind glatt."

„Es sieht aber nicht aus, als hätte es gefroren", widerspreche ich. Das Thermometer zeigt null Grad an.

Als ich über den Hof gehe, rutsche ich auf den überfrorenen Brettern aus und schlage rücklings mit der linken Rippe auf die Schubkarre. Der Schmerz lässt relativ schnell nach. Slawa verschweige ich den Ausrutscher, um ihn nicht zu rechthaberischen Äußerungen zu animieren. Da es noch kalt ist und ich erst um die Mittagszeit losspazieren will, sammle ich zum Aufwärmen zwei Karren Pferdemist und grabe sie im Vorgarten des Gästehauses unter die sandige Erde in der Hoffnung auf üppige Blumenpracht im nächsten Sommer. Währenddessen treibt ein kalter Wind aus Norden graue Wolken heran und lässt mir unser mollig geheiztes Haus weit verlockender erscheinen als den Gang über windgekämmte Wiesen. Nachdem ich eine Weile im Warmen gesessen habe und aufstehe, fühle ich plötzlich genau, wo mich die Schubkarre erwischt hat. Das wird eine Prellung sein, mutmaße ich.

Seltsamerweise befürchte ich zwar immer, einer der Dorfbewohner könne schwer erkranken, während ärztliche Hilfe weit entfernt ist, mache mir aber um mich und Slawa kaum ernstliche Sorgen. Wozu auch – wir müssen abwarten, was sich ergibt und dann eine Lösung finden. Spekulationen sind unnütz, denn meistens kommt alles ganz anders.

Als der Wind eingeschlafen und es deutlich milder geworden ist, breche ich auf. Ich kann mich kaum entscheiden, welche Richtung ich einschlagen will – alle Möglichkeiten kommen mir verlockend vor. Schließlich gehe ich zum Fluss hinunter. Die Hunde springen sofort begeistert auf und begleiten mich. Das Wasser ist durch das trockene Herbstwetter wieder weit zurückgewichen, sodass ich nicht den Weg durch den Wald nehme, sondern am flachen Ufersaum entlanggehe. Langmähniges, trockenes Gras liegt noch in Fließrichtung am Boden und bildet einen weichen Teppich, bis es durch grobe Steine und später durch sandige Flächen abgelöst wird. Angeschwemmte Baumstämme und große Wurzeln haben sich in den Sand eingegraben, der um sie herum zu Hügeln angewachsen ist. Dazwischen ruhen Wasserlachen, überzogen mit einer dünnen Eisschicht. Felsen spiegeln sich im Fluss. Es ist vollkommen still, nichts regt sich. Die Landschaft wirkt, als sei sie in Erwartung des Winters in einen hypnotischen Schlaf verfallen – sie ist bereit für die kalte Jahreszeit. Ich bin dankbar für den milden Tag, der mir geschenkt ist. Sehr lange war ich nicht mehr allein unterwegs. Glücklich stapfe ich durch ein großes Waldstück, klettere über umgestürzte Bäume und winde mich an blattlosen Sträuchern vorbei. Dunkelgrüne Preiselbeerblätter glänzen wie lackiert. Ich nehme alles so intensiv wahr, als würde ich es neu entdecken – wie damals, als ich acht Monate allein in Srednjaja Oljokma lebte. Die langen, keilförmigen rosa Blütenstände der Weidenröschen auf der großen Wiese sind zu einer Reihe weißer Federchen geworden, die sich auf hohen, vertrockneten Halmen leise im Atem des Herbstes bewegen. Dunkelblaue Schatten sinken in die Talmulden. Der Wind erhebt sich wieder und fegt kalt durch meine Kleidung. Ich wünschte, ich könnte meinen Schritt beschleunigen, doch ich befinde mich inzwischen auf sumpfigem Terrain. Hochgewölbte Sumpfgrasbuckel laden ein, auf ihnen trockenen Fußes das nasse Gebiet zu überqueren. Folgt man der Einladung, rutscht der Fuß unweigerlich ab in tiefe, wassergefüllte Zwischenräume. Schmerzhafte Verstauchungen können die Folge sein. Langsam taste ich mich vorwärts. Allzu tiefe Wasserlöcher vermeidend, suchen meine in derben Gummistiefeln steckenden Füße

Halt in den sumpfigen Vertiefungen zwischen den noch grünen Grasbuckeln. Im Dorf angekommen, treffe ich den Onkel am Gartenzaun. Er hat einen vier Wochen alten Welpen bei sich, den er nach seinem glorreichen Vorgänger „Tungir" getauft hat. Der kleine graue Dickwanst macht sich lang und dünn, um unter dem Hoftor hindurchzukriechen und zu den großen Hunden zu gelangen. Bobik erwartet ihn interessiert und legt sich auf den Boden. Unerschrocken klettert der Welpe auf ihm herum und zaust mit kleinen, spitzen Zähnen sein Fell und die Ohren. Bobik, der noch vor einem Jahr genauso klein war, sperrt das mit weißen Reißzähnen bewehrte Maul auf, das größer ist als das ganze Hündchen, und packt es spielerisch am Nacken. Sobald er zu derb wird, winselt der Welpe, und er lässt sofort los. Dann will der Kleine das Spiel mit Tarzan ausprobieren, aber der knurrt abwehrend, und er stiebt erschrocken außer Reichweite.

Es fällt mir schwer, von der wärmeren Jahreszeit Abschied zu nehmen – zweifellos das verwöhnende Ergebnis des so lange anhaltenden, milden Herbstes. „Bitte noch einen warmen, sonnigen Tag!", schicke ich ein Stoßgebet zum steingrauen Himmel. Slawa, der sich zwischen zwei Vermutungen meistens für die Negativvariante entscheidet, prophezeit Schnee. Damit liegt er zu meiner Freude daneben. Am Morgen zeigt sich zwischen Wolkenlücken zögerlich die Sonne, was mich besonders freut, weil ich bei gutem Licht noch einige Fotos machen möchte – Fotos als der vergebliche Versuch, den Augenblick festzuhalten. Sie sind nur ein fades Abbild, denn sie zeigen nie die Wirklichkeit in ihrer Dreidimensionalität mit all den feinen Nuancen, zu denen die leisen Bewegungen, Geräusche und Gerüche gehören. Trotzdem dienen sie dazu, uns an diesen Augenblick zu erinnern oder – im schlimmsten Fall – mit der erbarmungslosen Vorführung endloser Fotoreihen Verwandten und Bekannten die gegenwärtigen Augenblicke zu vermiesen. Eine solche Darbietung ist mir besonders in Erinnerung geblieben. Auf die Frage eines frisch vermählten Paares, ob ich die Fotos von der Hochzeitsreise ansehen wolle, antwortete ich leichtsinnig: „Ja, gern." Daraufhin holte das Ehepaar freudig zehn dicke Tüten heraus und packte sie auf den Tisch. Da dämmerte es mir, dass ich einen bösen Fehler gemacht hatte. Dieser Eindruck verstärkte sich beim Ansehen der Bilder, denn während der absolut ereignislosen Reise war kein Objekt als zu gering erachtet worden, abgelichtet zu werden. Die schrittweise Annäherung an die Unterkunft war ebenso penibel dokumentiert wie das mittelmäßige Hotelzimmer, das mittelmäßige Badezimmer, und sogar die mittelmäßige Kloschüssel war aus verschiedenen Perspektiven ins rechte Licht gesetzt worden. Auch dem meist leeren Swimmingpool waren viele Einstellungen gewidmet: Swimmingpool am Morgen, am Mittag, am Abend, beleuchtet in der Nacht – aufgenommen von links, rechts, von oben, vorne und hinten. Das war das, was *ich* sah. Sie hingegen sahen in den Bildern das erregende Abenteuer, zum ersten Mal in ihrem Leben eine weite Reise gemacht und im Hotel übernachtet zu haben, in dessen sicherem Terrain sie sich dann wohl die meiste Zeit aufgehalten hatten.

Nach der fünften Tüte war meine Höflichkeit aufgebraucht. „So viele Fotos ermüden mich, mehr möchte ich mir nicht ansehen", setzte ich ihrem Vergnügen und meiner Qual ein Ende.

Erstaunlich für die Jahreszeit, triumphiert noch immer klares, sonniges, und sogar mildes Wetter, das nach draußen lockt und mich müde Küchenschabe in ein beschwingt über den Waldboden schreitendes Wesen verwandelt. Ich habe das Gefühl, als würde jeder Schritt geistige und körperliche Schlacken abbauen und mich immer leichter werden lassen. Birkenblätter rascheln unter meinen Füßen. Weiße Äste recken sich in das Himmelsblau. Weit hinein in die Niederung erstreckt sich die Wasserfläche des großen Sees, in der sich das Blau des Himmels spiegelt. Gelb gefärbte Gräser bilden leuchtende Flecken. Ich benutze den Pfad, den mir bei meinem ersten Aufenthalt in Srednjaja Oljokma Juri Wassilowitsch gezeigt hat. Wate durch den kleinen, versumpften Zufluss, an dem er mir damals einen Stecken reichte. Der Baumstamm, über den wir balancieren mussten, weil der Pfad an dieser Stelle tief mit Wasser gefüllt war, liegt noch ebenso da. Es hat sich kaum etwas verändert – bis auf die Tatsache, dass Juri seit Langem auf dem kleinen Friedhof unter den Kiefern ruht. Namenlos, denn niemand hat eine Grabstele aufgestellt. Ich sitze eine Weile auf dem Baumstumpf am Waldrand, wo wir damals rasteten, und gedenke seiner voller Dankbarkeit. Er hatte mir oft geholfen, mir Wege durch die Taiga gezeigt, mich einiges gelehrt in dieser für mich neuen Welt.

Die Fotos, die ich unterwegs aufnehme, zeigen von der Sonne beschienene Formen in vorwiegend braungelben Farbtönen. Sie zeigen nicht die Wärme der Sonnenstrahlen, nicht die Luft, die wohltuend über mein Gesicht fächelt und die Lungen mit Reinheit und Frische erfüllt, nicht die wellenförmige Bewegung der hohen Gräser, wenn ein Windhauch darüber streicht, nicht das rasche Dahingleiten der weißen Eisschollen, mit denen sich der Fluss allmählich bedeckt.

Leider kann ich mich nicht jeden Tag von der Hausarbeit frei machen. Ich habe einen Berg durchgedrehtes Fleisch vor mir, weil ich Buletten braten will für den morgigen Tag zum Mittagessen und als Vorrat zum Einfrieren, als Ira und Boris zu uns kommen. Während wir uns unterhalten, forme und brate ich nebenbei die Buletten. Nach einer Weile fällt mir ein, dass ich den beiden Essen anbieten muss. Ich stelle die Schüssel mit dem unverarbeiteten Fleisch in den kalten Vorraum, um die Arbeit am nächsten Tag fortzusetzen, brate Gehacktes an, koche Makkaroni, mische beides und serviere es. Außerdem stelle ich Brot, Buletten und Tomatensalat auf den Tisch. Es schmeckt ihnen. Sie essen mit gutem Appetit, obwohl Ira laut Slawas Aussage bei der Schwiegermutter fast den ganzen Tag mit Kochen, Braten und Backen beschäftigt ist. Nun lebe ich schon so lange in Sibirien, und noch immer ist es mir noch nicht in Fleisch und Blut übergegangen, dass man *stets* Essen und Tee anbieten muss. In Deutschland gibt es drei Mahlzeiten, vielleicht noch eine Kleinigkeit zum Kaffee, und kein Besucher würde uneingeladen zu einer der Hauptmahlzeiten erscheinen oder außerhalb derer erwarten, bei seinem Erscheinen verköstigt zu werden. Das wäre un-

höflich. In Sibirien dagegen wäre es unhöflich, den Gast nicht zum „Tee trinken" einzuladen, wobei dies in jedem Fall bedeutet, Essen zu servieren. Das können auch Reste vom Mittagstisch oder der Abendmahlzeit sein. Hier wird bei jeder sich bietenden Gelegenheit und dadurch sehr häufig gegessen. Dementsprechend verwandeln sich die hübschen, schlanken Mädchen mit der Zeit in grobschlächtige, beleibte Matkas mit Hängebacken und Doppelkinn, was auch den vielen Mehlspeisen zuzuschreiben ist. Den dörflichen Hausfrauen ist es nicht lästig, sich neben allen anderen häuslichen Aufgaben den ganzen Tag mit der Essenszubereitung zu beschäftigen. Das scheint ihr Lebensinhalt zu sein. Wenn sie mit der Hausarbeit fertig sind, verbringen sie ihre Zeit mit Fernsehen und Besuchen. Ich aber bin froh, wenn ich meine freie Zeit nutzen kann, um endlich das zu tun, was über das Alltägliche hinaus für mich persönlich wichtig ist. Ich empöre mich innerlich, wenn ich dafür benutzt werde, durch im Grunde inhaltslose Gespräche, anderen die Langeweile zu vertreiben. Selbst wenn ich gerade an meinem Buch schreibe, wird erwartet, dass ich diese unwichtige Freizeitbeschäftigung unterbreche, um mich dem Gast zu widmen. Während eines solchen Besuchs hatte ich für das Buch einen Einfall, den ich nicht vergessen und deshalb sofort notieren wollte. Ich setzte mich an den Küchentisch. Die Besucherin folgte mir, nahm gegenüber Platz und sah mir beim Schreiben auf die Finger.
Ich darf das keinem zum Vorwurf machen, sondern muss mich dem üblichen, geselligen Verhalten anpassen. Gerade Ira und Boris sind überwältigend gastfreundlich und uneigennützig. Wenn wir in Juktali Gäste vom Zug abholen oder sie hinbringen, unterstützen sie uns in jeder Hinsicht. Für unsere Gäste und uns heizen sie die *Banja*, bieten bei Bedarf Übernachtung, und Ira bereitet stets ein großartiges Essen. Slawa nimmt all diese Gefälligkeiten bereitwillig und wie selbstverständlich an, während ich die Reiseorganisation so gestalten möchte, dass wir sie nicht in Anspruch nehmen müssen. Das führt zuweilen sogar zu Konflikten zwischen Slawa und mir.
Ira und Boris sind keine Ausnahme – die sibirische Gastfreundlichkeit ist legendär. Fährt man mit Fremden im Zug, bieten sie einem häufig von ihrem eigenen Essen an. Während der langen Zugfahrten entsteht oft eine recht familiäre Atmosphäre, in der Persönliches erzählt wird. Mich verblüfft immer wieder der krasse Gegensatz zwischen privat gewährter, großzügiger Freundlichkeit und der ablehnenden Distanz im dienstlichen Auftreten.

Auf mich wartet eine stattliche Anzahl von Kohlköpfen, die zu Sauerkraut und *Vinegret*, einer milchsauren Mischung aus Kohl, Möhren und Rote Bete, verarbeitet werden müssen. Mehr als vierzig Kilogramm Weißkohl schneide ich in den nächsten beiden Tagen auf einer großen Raspel, indem ich ganze Kohlköpfe über die drei parallel angebrachten, scharfen Schneidmesser führe.
„Pass auf deine Finger auf!", mahnt Slawa, bevor er in die Garage geht.
„Ja, ja", erwidere ich gelangweilt.
Beim vorletzten Kohlkopf geschieht es dann. Nachdem ich zunächst, gleichsam pro-

beweise, dem rechten Daumen einen leichten Schnitt beigebracht habe, folgt kurz darauf ein tiefer, stark blutender Schnitt in den linken Daumen. Obwohl ich die umwickelten Finger diskret zu verbergen suche, erblickt Slawa sofort die blutenden Beweise meiner Ungeschicklichkeit. „Ich habe dir doch gesagt, du sollst aufpassen!", schimpft er, weil er es nicht ertragen kann, wenn es mir nicht gut geht.

„Ja, ja", erwidere ich. „Ist ja nicht so schlimm, die Daumen sind noch dran."

Indes behindern mich die Verletzungen bei der Hausarbeit und beim Händewaschen erheblich, weil die Pflaster nicht nass werden dürfen. Die Pflaster dürfen nicht nass werden, weil sie sich dann leider sofort ablösen. Sie dürfen sich nicht ablösen, weil wir keinen großen Vorrat an Pflastern haben und im Dorf keine kaufen können. Die Pflaster kann ich nicht vor Nässe schützen, weil ich mehrere Paar Haushaltshandschuhe schon im Sommer verschlissen habe und nun keine mehr da sind. Das war nicht schwierig, denn schon nach drei- oder viermaligem Abwaschen rissen die Fingerkuppen ab. Es sind nicht die einzigen Artikel, deren minimale Halbwertzeit mir zu schaffen macht. Ständig bin ich mit dem Stopfen von Socken beschäftigt. Nach dem letzten Sockenkauf in Deutschland allerdings wäre ich dankbar, wenn es an diesen Socken überhaupt noch etwas zu stopfen gäbe. Fünfzehn Paar schöne, dicke „Norwegersocken" aus 50 % Wolle und 50 % Baumwoll- und Kunstfasern ließen mich hoffen, für ausreichenden Wintervorrat gesorgt zu haben. Doch obwohl ich die Strümpfe nur im Haus trug, haben sich die Fersen nach wenigen Tagen in Nichts aufgelöst. Slawa wird das wohl in zwei Tagen schaffen, wenn er täglich mehrere Stunden zu Fuß unterwegs ist. Wahrscheinlich muss er nach maximal fünf Wochen die Fußlappen um die nackten Füße wickeln.

Nun werde ich selbst Socken stricken müssen. Das habe ich mir schon lange nicht gewünscht.

In unserer von Hightechprodukten überschwemmten Welt ist es ohne Weiteres möglich, zu einem vernünftigen Preis so einfache Dinge wie haltbare Gebrauchsartikel herzustellen, wenn man es denn wollte. Das liegt jedoch nicht im Interesse der Industrie. Die meisten Produkte – und gerade die Dinge, auf die man im täglichen Leben nicht verzichten kann –, werden mit voller Absicht so hergestellt, dass sie mehr oder weniger schnell verschleißen, um wieder neuen Bedarf zu erzeugen und damit den Absatz zu sichern. Da sich die Hersteller darin einig sind und es häufig keine wirkliche Alternative gibt, ist der Verbraucher dem hilflos ausgeliefert.

Unter dem Titel „Kaufen für die Müllhalde" sendete ARTE eine aufschlussreiche Fernsehdokumentation, die sich auf drei Jahre dauernde Recherchen stützte und die geplante Obsoleszenz (künstliche Alterung) von Gebrauchsgütern zum Thema hatte, zum Beispiel bei Glühlampen, Nylonstrümpfen, Druckern, Mobiltelefonen.

Um die wahnsinnige, unnötige Überproduktion zu ermöglichen, werden gewissenlos Rohstoffvorräte geplündert, Energieressourcen verschleudert und die Umwelt sowohl durch die Produktion als auch durch die künstlich erzeugte Abfallflut verseucht. Man begründet das mit der Notwendigkeit, Arbeitsplätze zu erhalten. Arbeitsplätze durch

mechanisierte, automatisierte Produktionsabläufe abzuschaffen oder in Billigstlohn-
länder ohne Arbeitszeitbegrenzung und Umweltschutzauflagen zu verlagern, begründet man wiederum mit dem Zwang, durch Kosteneinsparung konkurrenzfähig zu bleiben.

Das gegenwärtige Wirtschaftssystem wird als schicksalhaft und unabänderlich darge-
stellt, als gäbe es keine Alternative. Es ist aber ein Naturgesetz, dass nichts unverändert bestehen bleibt. Entweder es entwickelt sich hin zum eigenen Untergang oder hin
auf eine qualitativ höhere Stufe.

Unsere „Wegwerfgesellschaft" ist keine Gesellschaft des Überflusses, sondern ein
Zeugnis dafür, dass die wirkliche Macht in den Händen weltweit agierender Konzerne
liegt. Dagegen ist die Macht der von den „freien" Bürgern gewählten demokratischen
Regierungen lächerlich gering.

Die Oljokma – sie ist Schuld, dass ich hier bin. Ich bin ihr dankbar.

170

In der Warteschleife

Unter den Jägern nimmt die Geschäftigkeit zu. Liegen ihre Jagdterritorien am Fluss, bringen sie mit Booten Lebensmittel, Benzin und Gerätschaften dorthin. Andere Jäger, die nicht in Srednjaja Oljokma wohnen, reisen von weither an. Unter ihnen Wasja, der seit langem in Tschita lebt und hier, sozusagen als Basisstation, sein von ihm früher bewohntes, etwas abseits stehendes Haus mit *Banja* und Garage nutzt, bevor er weiterfährt in seine Jagdhütte. Ihn erwartet eine böse Überraschung – im Frühjahr hat jemand seine Garage angezündet. Alle darin befindlichen Gegenstände, unter anderem das Schneemobil, wurden durch den Brand unbrauchbar. Die Flammen war nachts um drei entdeckt worden und konnten nicht mehr gelöscht werden. Es war eindeutig Brandstiftung, denn das Feuer war im Inneren ausgebrochen, obwohl Wasja die Lichtleitung vor seiner Abreise im Frühjahr entfernt hatte, um eine Selbstentzündung auszuschließen. Das große Vorhängeschloss an der Tür war unversehrt, doch diese primitiven Schlösser sind leicht zu öffnen und wieder zu verschließen. Ein Schlüssel passt meistens für mehrere verschiedene Schlösser. Als Wasja die Reste des Schneemobils untersucht, stellt er fest, dass Teile davon fehlen. Offenbar war jemand eingebrochen, hatte Teile ausgebaut und wollte durch das Feuer den Diebstahl vertuschen. Auf den Motor hatte der Dieb keinen Zugriff, denn den und das Benzin hatte Wasja im Schuppen eines Bekannten untergestellt, sicher, wie er glaubte. Doch kaum ist Wasja ins Jagdgebiet abgereist, wird auch dort eingebrochen, Motor und Benzin gestohlen.

Es sind nicht die ersten Diebstähle im Dorf. Im Sommer wurden aus einem am Ufer liegenden Boot ein Zelt und Benzin gestohlen, und auch früher gab es einige Diebstähle. Drei Männer aus zwei russischen Familien werden verdächtigt, weil sie in der Vergangenheit bei Dieberreien beobachtet wurden. Ihnen aber die aktuellen Diebstähle nachzuweisen, wäre schwierig. Nachbarn misstrauen zu müssen, ist ein unangenehmes Gefühl.

„Vielleicht bricht jemand in Schuppen oder Garage ein, während du und die Hunde nicht im Dorf sind. Eventuell könntest du noch eine zusätzliche Sicherung anbringen. Mir ist nicht wohl nach den letzten Vorfällen", gebe ich Slawa gegenüber zu bedenken.

„Das würde keiner wagen. Die wissen ganz genau, dass sie nicht mit heiler Haut davonkommen würden." Vielsagend hebt er die Fäuste.

„Du wüsstest doch gar nicht, wer der Einbrecher war."

Über solche Kleinigkeiten macht sich Slawa keine Sorgen. „Da gibt's nicht viele Kandidaten. Ich wüsste schon, an wen ich mich zu halten hätte. Außerdem sind im Winter immer nur wenige Männer zur gleichen Zeit im Dorf. Dadurch reduzieren sich die Möglichkeiten automatisch."

Während ihm seine Fäuste offenkundig keine gesundheitlichen Beschwerden verursachen, klagt er über Schmerzen am Steiß und meint, da wüchse wohl, wie früher schon geschehen, ein Furunkel heran. Nun sind wieder einmal meine laienhaften medizinischen Kenntnisse gefordert. Slawa redet davon, dass die Stelle geöffnet, der Eiter entfernt und der Knochen abgeschabt werden müsse, um den Herd auszuräumen. Damit wäre ich etwas überfordert. Ein weiteres Hindernis für eine solche Behandlung ist, dass Slawa als trockener Alkoholiker das einzige zur Verfügung stehende Betäubungsmittel, nämlich hochprozentigen Selbstgebrannten, nicht schlucken darf. Eine andere Lösung muss her.

Während unseres Zusammenlebens hatte er an dieser Stelle zwar noch kein Furunkel, aber schon häufig Schmerzen und das Gefühl, es entstünde eines. Eine Möglichkeit wäre, ihm Antibiotika zu verabreichen, aber da in den Jahren zuvor kein Furunkel entstanden ist, bin ich nicht überzeugt, dass das tatsächlich der Grund für seine Beschwerden ist. Auffällig ist, dass die Schmerzen immer erst in der kalten Jahreszeit beginnen. Jetzt hat er mehrere Tage draußen vor der Garage am *Buran* gearbeitet. Ich sah, dass ihm beim vornüber gebeugten Sitzen die Hose runter und die Jacke hoch rutschte, sodass der ganze Lendenbereich nackt der Witterung ausgesetzt war. Das Gleiche passiert, wenn er vorgebeugt auf dem Schneemobil sitzt.

Wenn ich schon nicht in der Lage bin, eine Operation durchzuführen, kann ich ihm wenigstens ein warmes Höschen nähen, das ihm nicht von den Lenden rutscht, denke ich und mache mich ans Werk. Das Ergebnis braucht sich vor keinem Designerstück zu verstecken, das kreative Modeschöpfer auf den Laufsteg schicken, um mit ihren Gruselfantasien unschuldige Menschen zu erschrecken. Demgegenüber hat die Hose noch den Vorteil, dass sie einem praktischen Zweck dient. Sie ist aus rotem Fleecestoff gefertigt und so geräumig wie die Hosen, die Boxer beim Kampf tragen. Dadurch lässt sie sich über die langen Unterhosen ziehen. Ein 15 Zentimeter hoher Bund um die Taille wärmt und sorgt für festen Sitz. Leider zeichnet sich bald ab, dass es allein mit der wärmenden Hose nicht getan ist. Obwohl äußerlich nichts zu sehen ist, schmerzt die Stelle am Steiß bei leisester Berührung, beim Sitzen und Liegen. Der Entzündungsherd scheint sich tief unter der Haut zu befinden. Hoffentlich helfen die Antibiotika in diesem Stadium noch – ich hätte sie gleich verabreichen sollen, denke ich mit Sorge.

Erst Feldscher, dann Schneiderin, schlüpfe ich in die Rolle der Frisörin. Es ist lästig, ständig an den Ponyfransen vorbeischielen zu müssen. In der linken Hand den Rasierspiegel, in der rechten Hand die Schere, setze ich mich vor den Schlafzimmerspiegel, drehe meine linke Hüfte nach rechts und hebe die rechte Hand übers linke Ohr, um mit entschlossenen Schnitten das linke Ohr freizulegen. Nachdem ich die Haare über dem rechten Ohr weggeschnitten habe, sehe ich aus, als ob meine Ohren in unterschiedlicher Höhe am Kopf angewachsen seien. Nun, an den Ohren lässt sich so schnell nichts ändern. Ich schneide die Haare so lange nach, bis es gleichmäßig aussieht. Die Nackenpartie ist einfach zu schneiden. Mit dem Rücken zum Schlafzimmerspiegel stehend fixiere ich mit dem Rasierspiegel meinen Hinterkopf und schneide mit der rechten Hand beherzt die Nackenhaare rechts bis zur Mitte und mit der linken Hand die Nackenhaare links bis zur Mitte. Danach stufe ich das Deckhaar mit der Ausdünnungsfunktion des Haarschneiders ab. Zum Schluss bin ich ganz zufrieden. Jedenfalls habe ich nach dem Besuch eines Billigfrisörs schon schlimmer ausgesehen.

Die Tage sind wolkenlos und sonnig, die Nächte frostig. Morgens sind Äste, Sträucher, Halme dick eingehüllt von Eiskristallen, die sich zu federgleichen, zarten Gebilden zusammengesetzt haben. Die Sonne lässt sie wie eine Unzahl von Diamanten funkeln. Das alte rostige Drahtgeflecht des Zauns verwandelt der Raureif in ein Netz weißer Rhomben von makelloser Schönheit.

Die Jäger warten immer ungeduldiger auf Schnee, um mit den Schneemobilen losfahren zu können. Sie sind enttäuscht, dass nur wenige Zentimeter gefallen sind. Der Fluss ist noch nicht zugefroren, wie es jetzt, Mitte Oktober, normal wäre. Slawa und Boris haben ihre Schneemobile schon vor Tagen mit dem Boot ans andere Ufer gebracht, um von dort aus ins Jagdrevier aufbrechen zu können, sobald die Schneeverhältnisse es zulassen. Slawas Jagdgebiet liegt weitab im Wald. Das Tierleben ist sieben Monate im Jahr ungestört, da das Terrain in der schneefreien Zeit schwierig zu erreichen und damit für die Jagd nach Fleisch uninteressant ist. Man müsste vierzig Kilometer die Oljokma stromab fahren und anschließend mit Gepäck und Lebensmitteln fünfzehn Kilometer durch unwegsame Taiga marschieren, um zur ersten Jagdhütte zu gelangen. Ich bin erleichtert darüber, dass Slawa noch im Dorf bleiben muss. So kann er sich noch etwas schonen. Durch die Behandlung mit Antibiotika hat sich das Furunkel zwar nicht weiterentwickelt, und es schmerzt nicht mehr, aber es hat sich eine deutlich sicht- und fühlbare Verhärtung gebildet. Die Tabletten haben nur sieben Tage gereicht. Es ist zu befürchten, dass der Herd nicht abgetötet ist und wieder auflebt.

Da sich Slawas Abfahrt verzögert und die dringenden Arbeiten erledigt sind, haben wir etwas mehr Muße. Ich genieße die Zeit mit ihm und konzentriere mich auf seine Anwesenheit. Die liebevolle Umarmung, seine Worte, sein Atem, sein warmes, vor Leben pulsierendes Fleisch – ich nehme es dankbar wahr und bin mir dabei schmerzlich bewusst, dass all dies einmal ein Ende haben wird. Weder Gesundheit noch Leben sind von Dauer. Es tut mir leid um die Minuten, Stunden, Tage, in denen ich ihm nicht mit ganzen Sinnen meine Aufmerksamkeit schenke, sondern sie auf anderes richte und mich manchmal dabei sogar von ihm gestört fühle, vor allem, wenn ich schreibe und er mich mehrfach unterbricht. Die Reue über Versäumtes kommt zu spät, wenn der andere nicht mehr da ist. Wenn ich an die Verstorbenen meiner Familie denke, schmerzt mich deren Tod an sich weniger als der Gedanke, dass ich mehr Aufmerksamkeit und Liebe hätte schenken können und es nicht getan habe. Die Gewissheit meines eigenen Todes jedoch belastet mich nicht.

Die Gedanken an die Lebenden sind nicht frei von Schuldgefühlen. Ich fühle mich hin- und hergerissen zwischen Slawa und meiner Tochter mit den Enkeln in Deutschland, denn ich habe die Sehnsucht und den starken Wunsch, am Leben meiner Tochter und der Enkel teilzunehmen und ihnen zur Seite zu stehen, wenn sie mich brauchen. Andererseits bedeutet mir Slava viel, und umgekehrt weiß ich, dass ich seine Lebensmitte darstelle. Es ist unmöglich, diese beiden Welten zusammenzubringen. In Deutschland wäre er wurzellos und könnte seine Talente nicht sinnvoll einsetzen. Dieses unlösbare Problem bereitet mir oft schlaflose Nächte.

Ich schreibe dies, weil es zu meinem hiesigen Leben genauso gehört wie die Luft, die ich atme und auch, weil ich nicht das Gefühl habe, Schwächen und Ängste verbergen zu müssen. Das ist vielleicht etwas, was ich von den Dorfbewohnern gelernt habe, die nicht auf die Idee kommen, besser scheinen zu müssen als sie sind. Im Westen dagegen hatte ich oft den Eindruck, dass sich die Menschen fehlerlos und unverwundbar präsentieren wollen: Sie haben alles im Griff, die Ehe ist wunderbar, die Kinder wohlgeraten, auf der Arbeitsstelle klappt alles. Nur keine Blöße zeigen, in die der feindliche Mitmensch eine Waffe hineinstoßen könnte. Aber der „feindliche Mitmensch" ist auch nur jemand, der glücklich leben möchte und auf seine eigene unvollkommene Art versucht, das zu bewerkstelligen. Möglicherweise ist er erleichtert zu hören, dass es anderen schlechter oder nicht besser geht als ihm selbst. Möglicherweise fühlt er sich überlegen, weil er sich besser, klüger, geschickter dünkt – und vielleicht ist er das sogar. Mich stört das nicht.

Statt meine Energie darauf zu verwenden, den Anschein von Vollkommenheit zu erzeugen, möchte ich sie nutzen, um seelisch zu wachsen. Nichts Schlimmeres kann passieren, als dass jemand nach 20 Jahren sagt: „Du hast dich überhaupt nicht verändert." Was ich allerdings als positiv empfinden würde, bezöge es sich auf jugendliches Aussehen. Falten bedeuten nicht automatisch Altersweisheit. Obwohl ich meine Falten inzwischen akzeptiere, würde ich auf sie ohne Bedauern verzichten, um die Diskrepanz zwischen tatsächlichem und gefühltem Alter wenigstens äußerlich zu mildern. Nicht verzichten möchte ich auf den Reifeprozess, den ich in den Jahren durchlaufen habe und der noch immer unvollständig ist. Buddhas Lehre ist mir eine entscheidende Hilfe. Ohne sie würde ich wohl immer noch in Literatur und Kunst nach dort verstreuten Brotsamen der Erkenntnis und Wahrheit suchen, wie ich es seit frühester Jugend tat und ständig unbefriedigt blieb, bis ich den Theravada-Buddhismus entdeckte. Er stützt sich auf die überlieferten Lehrreden des Buddha Gautama, die im Palikanon etwa 400 Jahre nach seinem Tode erstmals schriftlich niedergelegt wurden. Sie sind die älteste und genaueste Überlieferung seiner Lehre. Diese ist in ihrem Ursprung nicht an später in verschiedenen Ländern entstandene dekorative Anhängsel wie besondere Kleidung, Rituale, Zeremonien und Gebete gebunden, sondern im Gegenteil sehr realistisch und praktisch. Der Buddha lehrt die Selbstverantwortung des Menschen für sein Leben und zeigt den Weg, auf welche Weise Lebensziele wie Tugendläuterung, Herzensläuterung und Nirvana erreicht werden können. Mir kommt besonders entgegen, dass der Buddhismus keine Glaubenslehre ist – es geht um die eigene, direkte Erfahrung durch achtsames, bewusstes Sehen und Erkennen der Wirklichkeit, wobei die Buddhalehre „nur" Hinweise gibt wie ein ausgestreckter Zeigefinger. Der Buddha fordert dazu auf, selbst zu prüfen, welches Verhalten schädlich und welches nützlich ist. Er sagte: „Glaubt mir nicht, nur weil ich als Lehrer vor euch stehe. Glaubt mir nicht, nur weil andere es tun. Und glaubt auch nicht, nur weil ihr es in einem Buch gelesen habt. Verlasst euch nicht auf Berichte oder Traditionen oder Hörensagen oder die Autorität religiöser Führer oder Texte."

Slawa hat zwei Wochen nach mir Geburtstag. Ausdrücklich verkündet er, dass er keine Feier und keinen Besuch will. Ich bewundere, dass er so bestimmt seinem Wunsch Ausdruck verleiht und denke, dass ich es vielleicht auch so hätte machen sollen, um den Tag nach meinen Wünschen verbringen zu können. Trotzdem traue ich der Wirksamkeit seiner Ansage nicht, backe Kuchen und bereite Essen für eventuelle Besucher vor, obwohl Slawa dies alles für unnötig hält. Ich behalte Recht. Seine Schwester erscheint am Nachmittag, um zu gratulieren und ein Geschenk zu übergeben. Am frühen Abend bringen Ira und Boris ebenfalls ein Geschenk. Es wäre äußerst peinlich gewesen, wenn ich kein Essen hätte anbieten können. Wir sitzen um die zwei Stunden zusammen, die meiste Zeit vor dem Fernseher, denn ergiebige Gesprächsthemen sind uns bei den häufigen Besuchen schon lange ausgegangen. Obwohl ich das reißerisch aufgemachte, niedrigste Denkweisen bedienende Programm furchtbar finde – ohne eigene Satellitenschüssel kann man im Dorf nur noch einen Kanal empfangen – muss ich mich dazusetzen.

An einem anderen Abend haben wir uns gerade in die *Banja* begeben. Genussvoll strecken wir uns in der Hitze auf den Holzliegen aus, um vor dem Waschen zu entspannen und zu schwitzen. Plötzlich steht Slawa auf, öffnet die Tür und ruft nach draußen: „Wartet im Haus, wir kommen dann."

„Was ist denn?", erkundige ich mich.

„Besuch ist gekommen. Ich habe die Taschenlampen gesehen."

Ich stöhne unwillig auf, was Slawa mit Unverständnis beantwortet. „Passt dir das nicht? Hätte ich etwa sagen sollen, dass sie nach Hause gehen sollen?"

„Nach der *Banja* wollte ich mich eigentlich hinlegen und mich nicht schwitzend in die Kleidung zwängen müssen", brumme ich vor mich hin.

Da es üblich ist, sich im Haus nach dem Schwitzbad auszustrecken und sich zu erholen, hoffe ich im Stillen, dass das Ehepaar aus Rücksicht darauf weggegangen ist, wenn wir aus der *Banja* kommen. Aber nein, sie warten auf uns – warum sich zu Hause langweilen, wenn man es auch in Gesellschaft tun kann. Ich habe dieses Mal außer Krautsalat kein Essen anzubieten und nicht die geringste Lust, etwas zuzubereiten. Ich stelle den Krautsalat auf den Tisch und biete dazu nur Saft, Tee und Kaffee an. Der Mann und Slawa sitzen vor dem Fernseher, die Frau und ich in der Küche. Nach krampfhaftem Überlegen fällt mir ab und zu etwas ein, was ich sagen kann. Auch die Besucherin kann nicht viel zur Unterhaltung beisteuern. Anfangs dachte ich immer, meine Gesprächsunlust sei darauf zurückzuführen, dass meine Sprachkenntnisse nicht ausreichten, um interessante Themen zu besprechen. Doch dann bemerkte ich, dass die Leute untereinander auch nur alltägliche Ereignisse kommentieren. Ich dachte darüber nach, ob es nicht vielleicht meine Sache sei, gehaltvollere Themen ins Gespräch zu bringen. Den Gedanken ließ ich fallen. Unterhaltungen entwickeln sich abhängig von den Teilnehmern auf ihre eigene, willentlich beinahe unbeeinflussbare Weise. Man fühlt instinktiv, welche Themen auf Resonanz stoßen würden und welche ausgeschlossen sind. Das führt dazu, dass man mit unterschiedlichen Menschen völlig unterschiedliche Gespräche führt. Ich freue mich immer, wenn mir unerwartet ein bereicherndes Gespräch beschert wird, und erinnere mich meistens lange daran.

Aufgezwungene Gesellschaft hat mich schon damals, als ich allein hier im Dorf wohnte, am meisten gestört. Dagegen lebe ich bei meinen Aufenthalten in Hamburg geradezu einsiedlerisch. In meiner WG ist es ungeschriebenes Gesetz, die Privatsphäre zu respektieren. Keine von uns drei Frauen kommt auf die Idee, einfach zu der anderen ins Zimmer zu spazieren und sich dort uneingeladen niederzulassen. Wir helfen uns gern gegenseitig, wenn erforderlich, unterhalten uns, wenn wir zufällig zusammentreffen und laden uns hin und wieder gegenseitig zum Mittagessen ein. Durch unseren buddhistischen Hintergrund haben wir eine gemeinsame Basis, auf deren Grundlage sich inhaltsvolle, erkenntnisreiche Gespräche entwickeln. Die meiste Zeit jedoch geht jede von uns ihren eigenen Beschäftigungen nach.

Ich befürchte, dass ich auch während Slawas Abwesenheit Schwierigkeiten haben werde, meinen Bedürfnissen nachzugehen, wenn ich nicht darauf bestehe, zu gewissen Zeiten ungestört zu bleiben. Ich nehme mir vor, ganz bestimmte Zeiten für Schreiben, Videofilmschnitt, Hanteltraining und Meditation einzuplanen und etwaige Besucher im Voraus zu bitten, mich zu diesen Zeiten nicht zu besuchen. Wie ich das machen kann, ohne jemanden vor den Kopf zu stoßen, weiß ich allerdings noch nicht. Das Ansinnen ist einfach zu unverständlich für hiesige Begriffe. Dem Nachbarsjungen habe ich bereits eine Absage erteilt, als er wieder mit dem Deutschlehrbuch seiner Mutter unter dem Arm auftauchte. Er ist ein aufgeweckter, hübscher, blonder kleiner Bursche von neun Jahren. Im letzten Winter hatte ich mich gutwillig gezeigt und ihn ein wenig Deutsch gelehrt, obwohl ich den Eindruck hatte, dass seine Besuche eher seiner Unterhaltung dienen sollten als dem ernsthaften Lernen. Wenn das Lernen zu einem sinnvollen Ergebnis führen soll, müsste ich nach einem Plan vorgehen und regelmäßig Zeit für das Unterrichten aufbringen. Das meiste würde er dann aber wieder vergessen, weil in der Schule in Tupik nur Englisch, aber kein Deutsch gelehrt wird.

Es ist bereits Ende Oktober, doch noch immer fehlt Schnee, und es ist für die Jahreszeit zu warm. Die Jäger lungern untätig im Dorf herum. Wir fühlen wir uns wie auf dem Bahnhof, wenn man sich bereits verabschiedet hat und nur noch darauf wartet, dass der Zug endlich abfährt. Mir wird plötzlich bewusst, dass ich darauf warte, allein zu sein, um mein straffes Programm aufnehmen zu können, denn ich neige zu Extremen – alles oder nichts. Es macht mir einfach keinen Spaß und bringt wenig, nur ab und zu in Zeitlücken Sport machen zu können oder die Meditation nur dann einzuschieben, wenn der Fernseher gerade einmal nicht läuft und sie abzubrechen, wenn Besuch kommt. Ich brauche einen regelmäßigen Tagesablauf, um alles mit Konzentration und befriedigendem Ergebnis tun zu können.

Wie alle anderen kann Slawa mit seiner freien Zeit nicht viel anfangen und langweilt sich. Während er ungehalten reagiert, wenn ich ihn beim Fernsehen mit einer Frage störe, denkt er sich nichts dabei, mich beim Schreiben ständig zu unterbrechen. Seine Ansprachen bestehen immer aus liebevollen Bemerkungen, Umarmungen oder Küssen, und eine Zurückweisung würde ihn nicht nur verletzen; er wäre sogar beleidigt. Irgendwann schalte ich dann resigniert den Computer aus, weil es schwierig ist, häufig unterbrochene Gedankengänge wieder aufzunehmen.

Ab und zu stelle ich meine unbeliebten Warum-Fragen: „Slawa, warum besucht ihr euch eigentlich andauernd, obwohl ihr dann kaum etwas zu erzählen habt?"

„Das machen wir eben so."

„Ja, das sehe ich. Aber warum macht ihr es?", bohre ich weiter.

Darauf weiß er keine Antwort, ebenso wenig auf meine nächste Frage: „Wenn Arbeit anliegt, gefällt es dir nicht und du stöhnst. Und wenn du keine Arbeit hast, langweilst du dich. Gibt es nichts, was du gern tust, jetzt, wo du Zeit hast?"

Das eher herbstliche als winterliche Wetter nutze ich zu Spaziergängen. Die Mittagssonne vergangener Tage hat das bisschen Schnee beinahe ganz zum Verschwinden gebracht. Auf mit braunen Lärchennadeln bedecktem, weichen Boden gehe ich durch den Wald bis zur ehemaligen Edelfuchsfarm, wo vor der Perestroika weiße und Silberfüchse gehalten wurden. Die zerfallenden Käfige sind um große viereckige Flächen angeordnet, die von trockenem Gras bedeckt sind und wie eine Liegewiese zum Ausstrecken und Sonnenbaden einladen. Hochgewachsene, früher allein stehende Kiefern recken knorrige Äste und gerade, kräftige Stämme mit hellbraun leuchtender Rinde in den blauen Himmel. Um sie herum wachsen inzwischen junge Kiefern aus dem sandigen Boden. Die Abhänge zum See hinunter sind mit *Stlanik* und *Bagulnik* bedeckt. Ich breche einen kleinen Bagulnikzweig in Stücke und atme mit geschlossenen Augen den intensiven, frühlingshaften Blumenduft ein. Ab und zu kommt Bobik herbeigesprungen, wenn ich schon glaube, dass er sich davongemacht hat. Seit einigen Tagen lässt er sich immer nur kurz bei uns sehen und schläft auch nicht in seiner Hütte. Schon früher streifte Bobik häufig allein umher, im Gegensatz zu Katja und Tarzan, die immer zusammen losziehen. Im Moment vermuten wir, dass er sich die meiste Zeit bei der läufigen Hündin im oberen Dorf herumtreibt, wundern uns allerdings, dass er wohlgenährt aussieht, obwohl er bei uns kaum etwas frisst. Tarzan haben wir an die Leine gelegt, damit er sich nicht mit den anderen Rüden um die Gunst der Hündin balgt und Verletzungen davonträgt. Auch Katja ist läufig und sitzt deshalb ebenfalls an der Leine. Ihre beiden Söhne lässt sie nicht an sich heran.

Einen Tag nach unserem gemeinsamen Spaziergang kommt Bobik mit blutigen Ohren und einem sichtbaren Biss im Vorderlauf zurück. Er geht Slawa beharrlich aus dem

Wege, weil er ahnt, dass dieser ihn an die Kette legen will. Das Schicksal Tarzans und Katjas macht ihn vorsichtig. Zu mir kommt er, aber ich muss sein Vertrauen leider enttäuschen. Wir ketten ihn an, nicht nur, um ihn vor weiteren Verletzungen zu schützen, sondern auch, weil er sich wie ein Wildling verhält und lernen muss, dass er zu uns gehört und wir die Chefs sind. Mir tun die drei der Freiheit Beraubten leid. Als ich Bobik tröstend streichle, bleibt er unbewegt liegen, statt sich wie sonst über die Zuwendung zu freuen.

„Der Fluss steht", verkündet mir Slawa eines Morgens. Es bedeutet, dass die Eisdecke geschlossen ist. Zu Fuß kommen zwei Jäger aus ihrer vierzig Kilometer entfernten Jagdhütte an der oberen Oljokma zurück ins Dorf. Sie waren mit dem Boot losgefahren, mussten es aber nach wenigen Kilometern an Land ziehen, weil sie auf geschlossenes Eis stießen.

Ein breiter, dunkler Streifen in der Mitte des Flusses wirkt vom Ufer aus wie offenes Wasser. Quert jemand den Fluss, sieht es aus, als wandle er übers Wasser wie Jesus. Das Eis dort ist knapp zehn Zentimeter dick, spiegelglatt und durchsichtig wie Glas. Sprünge ziehen sich als lange, dünne weiße Linie durch die Fläche. Man kann den Verlauf der Fischnetze und die darin gefangenen Fische gut erkennen. Auch Slawa und Boris haben, kaum dass das Eis sie trug, Netze ausgelegt. Die Fänge sind mager. Die wenigen kleinen Fische erhalten die Hunde, die notgedrungen schon längere Zeit auf Diät sind.

Eines Morgens wachen wir bei Schneefall auf. Endlich Schnee! Doch wieder bleibt es bei nur wenigen Zentimetern. Die Jäger stehen schon seit langem in den Startlöchern und lassen sich nun nicht mehr aufhalten, obwohl die dünne Schneeschicht die Unebenheiten des Bodens nicht ausgleicht. Die Fahrt durch die Taiga wird dadurch zur langwierigen Strapaze, abgesehen davon, dass die teuren Gummiraupen der Schneemobile extrem schnell verschleißen. Slawa fährt ein Stück den Fluss hinunter, um zu prüfen, ob das Eis stabil genug ist, um den größten Teil des Weges auf der Oljokma zurückzulegen. Nein, das ist keine Alternative – schon nach acht Kilometern trifft er auf strömungsintensive, offene Stellen. Am nächsten Tag brechen er und Boris mit insgesamt fünf Hunden auf. Beide Schlitten sind schwer beladen. Tarzan läuft nebenher, während Katja und Bobik angebunden im Schlitten liegen, damit sie nicht auf die Idee kommen, eigene Wege zu gehen.

Alleinsein ist Luxus

Nicht allein zu sein – danach sehnt sich vielleicht manch einer in der Großstadt, der sich einsam fühlt. In einem sibirischen Dorf ist niemand allein, selbst wenn er es sich so heftig wünscht wie ich.

Als Boris und Slawa in meiner und Iras Gesellschaft am Tag vor ihrer Abfahrt die Fischnetze kontrollieren, lassen sie sie anschließend wieder ins Wasser gleiten.

„Warum nehmt ihr denn die Netze nicht raus?", wundere ich mich.

„Die können doch wir beide täglich kontrollieren", sagt Ira.

Ich will schon zustimmen, weil mir diese Tätigkeit wieder ein Stück Selbstständigkeit schenken würde, halte mich im letzten Moment aber zurück. Abgesehen von den Schmerzen, die das Hantieren mit bloßen Händen bei starkem Frost bereitet, müssten täglich die Netze getauscht werden und zu Hause das benutzte Netz von hinein geschwemmten Blättern und Ästen gesäubert werden. Alles in allem müsste ich mich zwei bis drei Stunden mit Ira und der Fischerei beschäftigen und wäre nicht Herr über meine Zeiteinteilung. Dazu kommt, dass die momentan geringfügigen Fänge den Aufwand nicht lohnen.

„Nein, das möchte ich nicht", erwidere ich freundlich, aber bestimmt. „Jetzt, wo ich endlich etwas mehr Zeit habe, möchte ich regelmäßig Sport treiben, meditieren, an meinem Buch schreiben und einen neuen Videofilm machen." Ich beglückwünsche mich im Stillen, Ira bei dieser Gelegenheit deutlich gemacht zu haben, wie ich meine freie Zeit zu nutzen gedenke, ohne dass es direkt nach einer Ausladung klingt. Ich habe dafür ohnehin nur zwei Wochen zur Verfügung, denn bald wird die *Duma* gewählt und Slawa will vor dem Wahltag zurückkommen.

Ira wirkt enttäuscht. „Willst du denn gar nicht draußen sein?"

„Doch, das auch", entgegne ich zurückhaltend und gehe nicht weiter auf das Thema ein. Ich freue mich darauf, allein und schweigend Spaziergänge zu machen, denn dann nehme ich die Umgebung, meine Gefühle und Gedanken intensiv wahr. „In der Stille begegnet man sich selbst", habe ich irgendwo gelesen. Früher, wenn ich in den Alpen wanderte, ging ich oft in die schlichten, weißgekalkten kleinen Kapellen am Wegrand, um in der besonderen Atmosphäre, die solche Orte der inneren Einkehr haben, einige Zeit still zu verweilen.

Schon am Tag von Slawas Abfahrt werden meine Pläne durchkreuzt. Ira und ich begleiten ihn und Boris bis zum Fluss und gehen dann zurück.

„Wollen wir spazieren gehen?", fragt sie.

Wenigstens diesen einen, schon angebrochenen Tag möchte ich für mich haben. „Das passt mir jetzt gerade nicht. Ich will Sport treiben." Ich bringe es nicht über mich, ganz und gar abweisend zu sein und füge hinzu: „Wir können morgen gehen. Ich hole dich zwischen zwölf und eins ab." So habe ich wenigstens die Gewähr, bis dahin ungestört schreiben und Hanteltraining machen zu können.

Boris Mutter, seine Schwester Natalja und Ira sitzen in der *Isbuschka* und trinken Tee, als ich bei ihnen eintreffe. Mir wird natürlich auch gleich etwas angeboten, aber ich bedanke mich und sage, dass mein Magen Urlaub macht von der vielen Esserei. Ira und Natalja bitten mich, mit ihnen und der Lehrerin zur Schule zu gehen. Angeblich soll das Internet funktionieren. Es funktioniert aber nicht, weil die Verbindung zum Satelliten nicht da ist. Ich schaue mir das entsprechende Kabel an, das durch ein Loch in der Wand an der Außenmauer zur Satellitenschüssel läuft. Die Isolierung ist an einer Stelle gerissen und feine Drähte, einige gerissen, schauen hervor – für mich ein Grund, die Finger davon zu lassen und ein intaktes Kabel zu bestellen. Aber hier macht man alles beherzt selbst, zur Not mit Hammer oder Axt. Natalja und Ira drehen und pressen unerschrocken das Kabel zusammen, bis sie es irgendwie geschafft haben, die Verbindung herzustellen. Natalja braucht einige Informationen vom Dienstleister Beeline für ihr Thuraya-Satellitentelefon. Beide sind ungeübt in der Benutzung des Internets, suchen ungeschickt und finden das Gewünschte nicht. Ich kann ihnen nicht viel behilflich sein, weil alles auf Russisch geschrieben ist und ich die speziellen, unbekannten Wörter erst langsam für mich übersetzen müsste. Es dauert insgesamt einige Stunden. Ich würde auch gern einiges nachschauen, will aber die Zeit der Lehrerin nicht noch mehr in Anspruch nehmen. Sie ist sehr hilfsbereit, und als wir zusammen nach Hause gehen, bietet sie mir an, bei Bedarf das Internet zu nutzen. Ich frage sie, ob sie Eier hat, und gebe ihr welche, als sie verneint. Unsere Hühner legen jetzt jeden Tag durchschnittlich sechs Eier, und so kann ich mich für ihr Entgegenkommen erkenntlich zeigen.

Am Haus springt mir Bobik entgegen. Er ist sich keiner Schuld bewusst und wedelt freudig mit dem Schwanz. Ihm hat es wohl auf der Fahrt nicht gefallen, und er ist ausgerissen. Das machen auch erwachsene Hunde manchmal, aber Slawa wird wütend auf ihn sein und mir die Schuld geben, weil ich ihn angeblich verwöhne. Es erleichtert mich zu hören, dass die Hunde der benachbarten Ewenkin und ihres Enkels bereits das zweite Mal heim ins Dorf gelaufen sind. Ich höre sie zwei, drei Tage bellen und heulen, weil niemand da ist, um sie zu füttern, bis der Enkel kommt, um ihnen Futter zu geben und sie wieder in den Wald mitzunehmen.

Slawa erzieht die Hunde mit Strafen, weswegen Bobik ihm nicht ganz traut. An der Leine mag er schon gar nicht sitzen. Sobald er sie in unseren Händen erblickt, macht er einen großen Bogen um uns. Ich nehme mir vor, sie ihm, wie zuvor Tarzan, „schmackhaft" zu machen. Als junger Hund schrie und zerrte Tarzan unablässig, nachdem Slawa ihn die ersten Male angeleint hatte. Daraufhin band ich Tarzan zweimal am Tag an, gab ihm gleich darauf sein Futter und ließ ihn jeden Tag ein wenig länger angebunden auf das Futter warten. Slawa war einige Tage auf der Jagd gewesen und staunte nach seiner Rückkehr, wie ruhig Tarzan an der Kette lag. Er ist unser bester Hund – ein guter Jäger, sehr schnell und ausdauernd, selbstbewusst, anhänglich, gehorsam und freundlich zu den Menschen.

Der Welpe des Onkels freut sich über Bobiks Gesellschaft, wuselt ständig um ihn herum und fordert ihn frech zum Kämpfen auf. Bobik spielt unendlich geduldig mit ihm und knurrt ihn nur dann böse an, wenn er aus seiner Futterschüssel fressen will. Der Kleine wirkt wie eine behände, große, dicke Maus, wozu auch die hellgraue Fellfärbung beiträgt, und scheint einen unstillbaren Appetit zu haben. Ich habe ihn im Verdacht, die ungekochten Gerstengraupen verschlungen zu haben, die der Onkel für eine Taube auf unsere Treppe geschüttet hatte. Bobik verscheuchte sie immer wieder, sodass sie das ihr zugedachte Futter nicht fressen konnte und zu einem anderen Hof flog. Der Onkel war sicher, es sei eine Haustaube, die da plötzlich allein auftauchte und im Hof nach Futter suchte. Welches Schicksal sie wohl hierher verschlagen hat? Den durch die Internetbastelei verpassten Spaziergang holen wir am nächsten Tag nach. Kaum verdeckt durch den Schnee finden wir an den Preiselbeersträuchern Beeren, die vollreif und süß schließlich vom Frost konserviert wurden, und laben uns an ihnen. Der Pfad führt uns zu einem langgestreckten See. Er hat eine feste Eisdecke, auf der wir weitergehen. Jemand hat dort ein Netz für Karauschen ausgelegt und ein Stück weiter eine Reuse für kleine Fischchen, die *Galjani*, ins Wasser gehängt. Daneben liegt ein Kanten angeschimmeltes Brot, das nächstens als Köder in die Reuse gelegt werden soll. Bobik schnappt sich unverzüglich das Brot und bringt sich damit in Sicherheit. Er fürchtet, ich könne ihm die schimmlige Köstlichkeit wegnehmen.

„Ira, morgen habe ich keine Zeit zum Spazierengehen. Ich will *Ikra* zubereiten und konservieren", kündige ich an.

Am nächsten Tag klopft sie gegen Mittag an die Tür. Ich mache gerade Hanteltraining. Wahrscheinlich wirkt meine Miene nicht sehr erfreut, als ich die Handschuhe abstreife und im Begriff bin, mich zu ihr zu setzen.

„Mach ruhig weiter deine Gymnastik", sagt sie.

Es war mir schon bei Dora Michailowna und der Tante aufgefallen, dass sie mein Treiben, bei dem ich an einem Übungstag immerhin über zweieinhalb Tonnen bewege, als Gymnastik bezeichnen.

„Nein, nein, ich mache später weiter. Während der Übungen muss ich mich konzentrieren und kann mich nicht mit dir unterhalten", erwidere ich resigniert.

„Du brauchst dich nicht mit mir zu unterhalten. Ich möchte aus deinem Rezeptbuch zwei Rezepte abschreiben."

Nachdem sie die Rezepte abgeschrieben hat, sitzt sie mucksmäuschenstill da, um mich bei meiner „Gymnastik" nicht zu stören. Anschließend heize ich den Ofen und stelle das bereits am Morgen durch den Wolf gedrehte Gemüsemus zum Kochen auf die Herdplatte. Ira gibt mir einige Tipps, die ich beherzige – nicht zum Schaden, denn die *Ikra* schmeckt dadurch wirklich besser.

Es klopft an der Tür. Ljuba kommt herein. Sie fragt nach Zwiebeln, weil sie ein Gericht für den Leichenschmaus zubereiten will.

Ich bin erstaunt. „Was für einen Leichenschmaus?"

„Ja, wisst ihr denn nicht, dass Polinas Schwiegervater heute Nacht gestorben ist?

Er lag morgens tot im Bett." Der über achtzigjährige Ewenke wohnte zwei Häuser entfernt, aber ich kannte ihn kaum. Manchmal saß er in der Sonne auf der Bank vor dem Haus und schaute mich nur still verwundert an, wenn ich ihn im Vorbeigehen grüßte. Sein Geist war schon etwas verwirrt. Viele Jahre früher hatte er den jugendlichen, vaterlosen Slawa ab und zu zur Jagd mitgenommen. Daran erinnerte er sich wahrscheinlich, wenn er Slava manchmal fragte: „Wann wollen wir denn aufbrechen?" Voriges Jahr im Winter war er unzureichend bekleidet in den Wald gelaufen. Nachdem man ihn gefunden und gefragt hatte, was er dort gewollt habe, antwortete er, Slava habe im Wald auf ihn gewartet, um mit ihm auf die Jagd zu gehen.

In der letzten Zeit war er immer schwächer geworden und schlief fast den ganzen Tag. Er ist leise verlöscht wie eine Kerze im Windhauch. Alter und Tod sind unvermeidbar. Traurig finde ich, dass es vielen Menschen nicht gelingt, den körperlichen Rückgang mit einem Zuwachs an Weisheit zu kompensieren oder dass sie sogar geistig verarmen durch Demenz oder die Alzheimer Krankheit.

Slawa hätte bestimmt gern bei dem Verstorbenen Totenwache gehalten und sich an die Zeit erinnert, in der er noch ein rüstiger Jäger war. Auch die meisten anderen Männer sind in den Jagdhütten, von den männlichen Verwandten ist keiner im Dorf. Glücklicherweise kommt Polinas Bruder Igor zurück, um Lebensmittel zu holen. Er hebt das Grab aus, nachdem er den gefrorenen Boden durch Holzfeuer aufgetaut hat. Polina wird es nun schwer haben, denn sie ist ohne Einkommen und hat von der Rente ihres Schwiegervaters gelebt – und getrunken. Ihr Mann ist schon vor langer Zeit jung gestorben.

Am nächsten Tag wird der Sarg gezimmert. Deshalb läuft fast den ganzen Tag der Stromgenerator. Ich kann länger als sonst am Computer arbeiten und fange mit dem Hanteltraining spät an. Weil ich befürchte, dass wieder jemand kommt und mich unterbricht, bin ich unruhig und wie auf dem Sprung. Doch dieses Mal bleibe ich allein und entspanne mich allmählich. Ich richte meine volle Aufmerksamkeit auf die Muskelgruppen, die ich gerade trainiere und spüre in sie hinein. Dadurch fühle ich genau, ob ich das richtige Gewicht aufgelegt habe, um den besten Trainingseffekt zu erzielen. Die Dehnungsübungen mache ich langsam und konzentriert und merke, wie sich meine Verkrampfungen lösen. Wenn ich regelmäßig üben kann, fühle ich mich sehr wohl. Während körperliche Arbeiten einseitig belasten und ermüden, zum Beispiel den Halteapparat, die Arme – meistens unterschiedlich stark –, den Rücken, führt ein ausgewogenes Training mit Gewichten zu höherer Spannkraft und besserem Körpergefühl.

Das Wetter ist weiterhin unnatürlich schneearm und warm. Igor und andere berichten von mehreren Bärenspuren, auch in Dorfnähe. Die Bären befinden sich noch nicht im Winterschlaf. Da wenig Schnee liegt, finden sie noch Preiselbeeren und Zapfen an den Stlaniksträuchern. Der *Stlanik* hat seine bis drei Meter hohen, starken Äste nach den ersten Nachtfrösten unter minus 20 Grad schon flach auf den Boden gelegt, aber sie sind noch gut zugänglich, statt wie üblich unter einer dicken Schneedecke verborgen zu sein. Dieser Winter lässt sich auch für die Zobel gut an. Sie finden genug Futter auf dem offenen Boden und sind nicht auf die Köder in den Fangeisen angewiesen. Nur die Jäger haben bis jetzt das Nachsehen. Ohne Schnee sind keine Spuren zu sehen, und die Schneemobile sind kaum einsetzbar.

Es wäre schade, wenn ich das angenehme Wetter nicht zu Spaziergängen nutzen würde. Ich habe mich inzwischen damit abgefunden, dass ich sie in Gesellschaft machen muss. Unmöglich zu äußern, dass ich allein gehen möchte – es würde verstanden wie „Deine Gesellschaft ist mir zuwider". Und das stimmt ganz und gar nicht. Ich wüsste keinen lieberen und angenehmeren Menschen als Ira. Bald habe ich mich daran gewöhnt, mit ihr zu gehen. Wir reden nicht viel, machen uns nur manchmal gegenseitig auf etwas aufmerksam. Bobik begleitet uns, jagt in großen Sprüngen über die dünn beschneite Eisfläche des Flusses und wälzt sich glücklich auf ihr herum. Rufe ich ihn, kommt er freudig herbei, lässt sich kraulen und jault mich an, als wolle er mit mir sprechen, wie das die Menschen tun. Ich glaube, er sagt: „Ich liebe dich und bin glücklich."

Ira schmunzelt. „Das ist nicht Slawas Hund. Das ist dein Hund."

Die Sonne strahlt durch die weiß bereiften Verästelungen der Lärchen am Waldrand und umgibt sie wie mit einem Heiligenschein. Blau der Himmel, der Schnee funkelt. Wir gehen auf Slawas Schneemobilspur bis zu der Stelle, an der er auf seiner Probefahrt umgekehrt ist. Der Fluss ist dort noch immer nicht gefroren, und wie es aussieht, wird das auch noch einige Zeit dauern. Am Folgetag nämlich erwärmt es sich unerwartet auf null Grad und kühlt sich auch am späten Abend kaum ab. Der Himmel ist bedeckt, was üblicherweise Schnee ankündigt. Es schneit aber nicht, sondern riecht nach Regen, als ich am frühen Morgen hinausgehe und das Thermometer kontrolliere. Es sind nur minus zwei Grad, ein absolutes Novum für diese Jahreszeit, in der Nachttemperaturen um die minus 15 und, bei klarem Himmel, um die minus 30 Grad und kälter üblich sind. Nun wird es für die Vorräte kritisch, denn ich habe vor Tagen die Kühltruhe geleert und gefrorenes Fleisch, Fisch und Gemüse nach draußen in den Vorratsraum gebracht in der Annahme, dass die Temperaturen weiter absinken. Ich müsste die Lebensmittel jetzt sofort wieder kühlen, kann es aber nicht, weil der Stromgenerator erst um 17 Uhr eingeschaltet wird und es danach noch einige Zeit dauert, bis die erforderlichen Minusgrade in der Kühltruhe erreicht sind. Das Wetter nimmt Vernunft an, nachdem ich die Frostware gerade wieder in die Kühltruhe eingelagert habe. Die Nachttemperaturen sinken unter minus dreißig Grad, und wir können mit dem Zubereiten und Einfrieren von *Pelmeni*, *Wareniki*, *Piroschki*, Broten und süßen Backwaren beginnen.

Ira scheint beschäftigt zu sein, denn sie sucht mich nur einmal auf, um mich zu ihrem Geburtstag einzuladen und mit meinem Telefon nach Hause zu telefonieren. Das neue, öffentliche Kartentelefon arbeitet nicht, und das Thuraya-Telefon ihrer Schwägerin hat schon seit Tagen keine Satellitenverbindung. Manchmal funktioniert es auch deshalb nicht, weil die in Tschita lebende Tochter kein Geld auf das Telefonkonto eingezahlt hat. Zwei Tage später höre ich, dass man das alte Telefon von SibirTelekom, dessen Anlage nicht abgebaut worden war, plötzlich wieder benutzen kann. Der Dorfvorsteher hatte das Kabel zur Satellitenschüssel untersucht und es auf die gleiche Weise „repariert" wie Ira und Natalja das Internetkabel. Warum das neue Telefon nicht funktioniert, bleibt jedoch ein Rätsel.

Zu Iras Geburtstag gibt es neben anderen leckeren Speisen roten Kaviar vom *Taimen*, eine Schokoladentorte und Weißwein aus dem Tetrapack. Ira und Natalja sind schon in Stimmung und singen die Lieder mit, die aus dem MP3-Player tönen. Dann tanzen sie beschwingt dazu, und ich sehe, dass sie, ungeachtet ihrer fünfzig Jahre und der nicht mehr frischen Hülle, ganz jung sind. Sie erzählen, dass es vor der Perestroika, als im Dorf noch über zweihundert Einwohner lebten, im Klubhaus Tanzabende gab und sie unter anderem Walzer und Twist tanzten. Auf einer großen Leinwand wurden jeden Abend Filme vorgeführt. Natalja war die Filmvorführerin. Manchmal kamen von außerhalb Kulturgruppen ins Klubhaus, musizierten, sangen oder führten Tänze vor. Zu den Veranstaltungen kamen immer viele Leute. Es ging freundschaftlicher und herzlicher zu als heute, und es wurde viel gelacht und gescherzt.

Alte sowjetische Filme zeigen diese Form des Dorflebens, idealisiert und ausgestattet mit sozialistischen Gutmenschen, die in der Realität wohl nicht alle ganz so gut waren. Zweifelnd frage ich Ira, ob das Leben tatsächlich ähnlich der Darstellung in den Filmen war. Sie bejaht es.

Die alten Filme haben etwas Aufbauendes an sich, weil sie positive Vorbilder, Menschen mit volkstümlichem Humor, Seele und Idealen, schildern. Die russischen Filme und Serien, die heute im Fernsehen gezeigt werden, haben fast ausschließlich Negatives, Zerstörendes zum Inhalt, sind aber weit entfernt von konstruktiver Kritik. Ich fürchte, dass dies der allgemeine Trend ist und die neuen russischen Kinofilme, mit Ausnahmen vielleicht, inhaltlich kaum davon abweichen.

Es ist noch stockdunkel, wenn ich morgens aufstehe. Ich möchte die beiden Stunden von acht bis zehn Uhr nutzen, in denen wir Strom haben. Russland behält ab diesem Jahr die Sommerzeit bei, weil es angeblich ökonomischer ist. Bobik kümmert sich nicht um solchen Unsinn wie Uhrzeiten. Er schläft zusammengerollt in seiner Hütte auf Sägespänen und Heu, bis die Sonnenstrahlen etwas Wärme spenden. Sich ausgiebig streckend kommt er heraus, das Fell weiß bereift von seiner Atemluft. Immer, wenn er mich im Hof erblickt, springt er herbei und spricht mit mir, indem er eigenartig jaulende Töne von sich gibt. Als Zeichen seiner Zuneigung möchte er zu gern an mir hochspringen und mich mit der Schnauze im Gesicht berühren. Manchmal vergisst er sich, und ich muss ihn daran erinnern, dass er das nicht darf.

Ich übe mit Bobik das Anleinen, anfänglich immer nur vor der Fütterung. Ich zeige ihm die Futterschüssel und das Halsband. Ohne Halsband gibt es kein Futter. Später lege ich ihm erst das Halsband um und leine ihn an, bevor ich das Futter hole. Er ziert sich ein wenig, beißt neckisch hinein und duckt sich spielerisch. Inzwischen aber kommt er bereitwillig herbei, wenn ich ihm Halsband und Leine zeige. Nach kurzer Zeit hat er sich vollkommen daran gewöhnt und lässt sich auch während der Spaziergänge anleinen, wenn weit und breit keine Futterschüssel vorhanden ist.

Am vierten Dezember sollen in Russland die *Dumawahlen* stattfinden, doch in den weitab liegenden, nur mit dem Hubschrauber erreichbaren Gebieten beginnen sie schon Mitte November. Der Hubschrauber wurde uns für den 20. November angekündigt. In den Tagen davor kommen die meisten Jäger aus den Jagdhütten zurück. Obwohl kaum Schnee liegt, ist plötzlich reger Schneemobilbetrieb, denn alle Haushalte benötigen inzwischen Wasser, das die zurückgekehrten Männer aus frei gehackten Wasserlöchern vom Fluss holen. Zu diesem Zweck haben die Haushalte spezielle Schlitten, auf denen liegende Fässer befestigt sind, in die eine Öffnung zum Befüllen und Entleeren gefräst wurde. Das Befüllen geht relativ schnell, weil der Schlitten direkt neben dem Wasserloch positioniert werden kann, doch beim Entleeren müssen pro Fass etwa 15 Eimer ins Haus getragen werden. Slawas Cousin Wowka muss um die zehn Fässer herbeiholen, um den eigenen und den Bedarf seiner Eltern zu decken. Bei vier Kindern ist der Wasserverbrauch hoch. Außerdem hat er zwei Färsen im Stall, die täglich mehrere Eimer Wasser brauchen.

Wowka bringt mir ein Stück frisches Elchfleisch. Er erlegte einen Elch, als er zu Fuß weit von der Hütte entfernt nach Zobelspuren suchte, zerlegte ihn und fuhr erst drei Tage später mit *Buran* und Schlitten los, um das Fleisch zu holen. Er traf einen Vielfraß an, der sich daran gütlich tat und schon einen Teil gefressen, einen anderen weggeschleppt und versteckt hatte. Der Vielfraß floh, denn Wowkas Hunde wagten sich nicht so nahe an das Tier heran, um es auf einen Baum zu treiben. Dort hätte Wowka es abschießen können. Ein Vielfraß kann Hunde tödlich verletzen. Sind ihm die Fluchtwege versperrt, legt er sich abwehrbereit auf den Rücken. Sobald die Hunde sich über ihn beugen, reißt er ihnen mit messerscharfen Krallen den Bauch auf. Wowka berichtet auch, dass er die Spur eines Wildschweins entdeckt habe. Sie kommen hier selten vor.

Die Jäger klagen, dass es sehr wenige Zobel gibt, dafür aber viele Wölfe und Bären. Die Bären liegen um diese Zeit üblicherweise seit vier Wochen schlafend in ihren Schneehöhlen, doch in diesem Jahr streifen sie noch umher. Die Männer befürchten, dass sie auch später, wenn genügend Schnee gefallen ist, keinen tiefen Winterschlaf antreten, da die Erde steinhart gefroren und das Graben von Höhlen kaum mehr möglich ist. Ohne Winterbau verschlechtern sich ihre Lebensbedingungen erheblich, denn sie sind gegen tiefen Frost nicht ausreichend geschützt. Ihre großen, nackten Sohlen sind frostgefährdet und die Haarstruktur des Fells bietet keine besonders gute Isolierung. Das Nahrungsangebot nimmt im Laufe des Winters ab. Auch in den vergangenen Jahren gab es hin und wieder schlaflos umherstreifende Bären, die – meist aus Krankheitsgründen – keine ausreichenden Fettreserven für den Winterschlaf angesetzt hatten. Jetzt sind die Jäger besorgt, dass in diesem Winter Begegnungen mit diesen schlecht gelaunten, hungrigen und aggressiven Tieren nicht mehr die Ausnahme sein werden. Man nennt sie „*Schatun* – Herumtreiber". Slawa und Boris kommen am angekündigten Rückkehrtag nicht nach Hause. Ich bin unruhig und warte nur noch, nachdem ich alles vorbereitet, die *Banja* ordentlich aufgeheizt, frische *Pirogi* gebacken und *Borschtsch* gekocht habe. Einen Tag darauf höre ich endlich sein Schneemobil vor dem Haus halten und laufe hinaus, ohne mich mit dem Anziehen warmer Kleidung aufzuhalten. In der Taiga kann viel Unvorhergesehenes passieren, und nun bin ich froh, Slawa gesund wiederzusehen. Er hat einen Elch erlegt und bringt Fleisch mit. Die Zobeljagd jedoch war wenig erfolgreich. Er erzählt, dass sie einmal 20 Kilometer gefahren sind, ohne eine einzige Zobelspur zu sehen. Dabei ist deren Ernährungssituation gut, es gibt sehr viele nahrhafte Stlanikzapfen – zur Freude auch der Vögel, von denen sich die unterschiedlichsten Arten in Scharen zwischen den Sträuchern tummeln.

„Beinahe hätte mich ein Bär gefressen", versucht Slawa, mir Angst einzujagen. Ich schaue ihn fragend an.

„Ich fand eine Bärenhöhle mit einer noch nicht verschlossenen Eingangsöffnung. Sie schien leer zu sein. An den Spuren ringsum sah ich, dass der Bär als Schlafunterlage Stlanikzweige hineingeschleppt hatte. Dahinter fiel das Gelände ab und war für mich anfangs nicht einsehbar. Erst nachdem ich näher herangekommen war, entdeckte ich den Hausherrn. Er saß in einiger Entfernung hinter dem Unterschlupf auf seinem pelzigen Hintern, die Beine von sich gestreckt, um in der Sonne die Sohlen zu wärmen. Zu meinem Glück rührte er sich nicht von der Stelle, denn ich hatte nur das Gewehr für Kleinwild dabei."

„Und mich ermahnst du immer, vorsichtig zu sein! Warum bist du denn ohne Gewehr überhaupt näher gegangen?"

„Ich war neugierig."

„Da konntest du froh sein, dass es der Bär nicht auch war."

Wie immer, wenn er fort gewesen war, fragt mich Slawa inquisitorisch, wer mich besucht habe.

„Wassili war gestern hier und hat nach dir gefragt. Stell dir vor, er musste mit seinem kleinen Sohn 40 Kilometer zu Fuß ins Dorf zurückgehen, weil der *Buran* entzwei ging. Den Schlitten mit Gepäck und Fleisch hat er selbst gezogen. Er hat keinen einzigen Zobel gefangen, aber einen Hirsch erlegt. So haben sie wenigstens Fleisch."

„Was du alles weißt! Hast du ihn etwa zum Teetrinken eingeladen? Was habt ihr sonst noch gemacht?", verdächtigt er mich.

Ich bin verblüfft und kann wieder einmal nicht glauben, dass er das wirklich ernst meint. Es ist nicht das erste Mal, dass er argwöhnt, ich könnte mit irgendeinem Typen ins Bett gesprungen sein. Sein Verdacht ist so absurd, dass ich anfange zu lachen.

„Das kann doch nicht dein Ernst sein! Wie kommst du auf solch abwegige Gedanken? Du musst mich doch allmählich kennen. Verdächtige ich dich etwa, mit anderen Frauen Sex zu haben, wenn ich in Deutschland bin?"

„Das solltest du vielleicht", meint er provozierend.

„Nein, Slawa, das tue ich nicht. Ich glaube, dass du mich liebst und mir treu bist. Hätte ich Grund, anders zu denken, würde ich dich verlassen."

Am nächsten Tag führe ich Slawa vor, wie gut sich Bobik anleinen lässt. Damit er es auch durch Slawa zulässt, bitte ich Slawa, ihm vor der Fütterung die Leine anzulegen. Als Bobik die Leine in Slawas Hand erblickt, verkriecht er sich sofort in der Hundehütte, worauf Slawa ihn erzürnt am Nackenfell herauszerren will. Ich kann es gerade noch verhindern und ihn dazu überreden, es lieber mit meiner Methode zu üben. Katja steht erwartungsvoll vor der Tür und möchte zu gern ins Haus schlüpfen, was ihr gelingt, als ich mit einem Arm voll Feuerholz die Tür weit öffne. Als Slawa die im Kücheneingang liegende Katja erblickt, schimpft er halbherzig mit ihr. Sie steht auf und versteckt sich hinter mir. Als sie merkt, dass er es nicht ganz ernst meint, dreht sie sich unsicher um sich selbst und legt sich wieder hin. Während Bobik nicht auf die Idee kommt, ins Haus zu dürfen, steht Tarzan hoffnungsvoll draußen auf der Treppe, traut sich jedoch ohne ausdrückliche Einladung nicht herein. Am nächsten Morgen sind alle drei Hunde verschwunden. Slawa vermutet, dass sie zu den Überresten des erlegten Elchs unterwegs sind. Er hält Katja für die Anstifterin.

„Wie weit entfernt ist das denn?", frage ich ihn.

„An die siebzig Kilometer. Und unterwegs werden sie wahrscheinlich wieder die Fangeisen ausrauben", argwöhnt er aufgebracht. „Aber in Zukunft lege ich Katja Tag und Nacht an die Kette, diese listige Räuberin."

Nach zwei Tagen sind die Hunde noch immer nicht zurückgekommen.

„Wahrscheinlich haben die Wölfe sie gefressen." Slawa sagt es vorwurfsvoll, weil er mich dafür verantwortlich macht, dass sie nicht an der Kette lagen. Ich plädiere immer dafür, sie abends festzubinden und am späten Mittag freizulassen, weil sie nur in den frühen Morgenstunden loslaufen, um zu jagen. Slawa ist es zu viel Mühe, sie jeden Abend anzubinden, und deshalb unterlässt er es. Ich hoffe inständig, dass ihnen nichts passiert ist und nehme mir vor, sie in Zukunft selbst abends anzuketten und nachmittags freizulassen. Es tut mir leid, sie gänzlich ihrer Freiheit zu berauben. Besser, sie haben ein Leben in Freiheit, das vielleicht mit einem Unglück endet, als die meiste Zeit gefangen zu sein, denke ich und merke, dass ich bei dieser Überlegung von mir ausgehe. Ich liebe es, mich frei in der Natur zu bewegen und dabei gewisse Risiken auf mich zu nehmen, statt mich nur in einem sicheren Umkreis aufzuhalten.

Am Mittag des dritten Tages kommt Katja zurück, Tarzan trifft am Abend ein. Beide sind unverletzt und wohlgenährt. Bobik ist um Mitternacht noch immer nicht da. Es ist sehr wahrscheinlich, dass er in eine Falle geraten ist, in der er erfrieren wird, wenn er sich nicht daraus befreien kann. In der Nacht herrschen 36 Grad Frost. Ich kann kaum schlafen. Vor meinem geistigen Auge sehe ich Bobik, der verzweifelt versucht, aus der Falle herauszukommen und sich dann ergeben hinlegt, um zu sterben. Meine Tränen rinnen, während ich ihn in Gedanken umarme und mit meinem Körper wärme. Obwohl ich natürlich auch vorher wusste, dass die Tiere, für die die Fangeisen und

Schlingen ausgelegt werden, darin sterben, wird mir erst in diesem Moment wirklich bewusst, was für einen schrecklichen Tod sie erleiden. Das Leid Bobiks ist nur ein winzig kleiner Teil des unermesslichen Leids, das täglich unzählige Menschen und Tiere durchmachen. Es ist entsetzlich.

Als Slawa am nächsten Morgen nach draußen geht, ruft er: „Bobik ist da!"

Ich stürme in den Hof, schließe Bobik in die Arme und vergrabe mein Gesicht in seinem dicken Fell. Er ist mager und zittert vor Kälte. Um seinen Hals liegt eine Drahtschlinge, wie sie auf den Tierpfaden für die Moschustiere aufgehängt werden. Es ist ihm gelungen, den weiterführenden Draht zu zerbeißen oder zu zerbrechen – was für ein Glück. Slawa erzählt mir, dass Tungir, der verstorbene Jagdhund des Onkels, einmal zehn Tage in einer Schlinge saß, bevor er sich befreien und nach Hause laufen konnte. Alle hatten ihn schon aufgegeben. Es war nicht kalt während dieser Zeit, anderenfalls wäre er erfroren.

Später berichtet uns ein Jäger, er habe unsere Hunde 90 Kilometer stromabwärts an seiner *Isbuschka* gesehen. Was sie dorthin gezogen hat, bleibt uns ein Rätsel.

Wir erfahren, dass der Hubschrauber mit den Wahlunterlagen erst eine Woche später eintreffen wird. Normalerweise würden die Jäger nicht so lange im Dorf warten, doch da noch immer kein Schnee gefallen ist, beschäftigen sie sich anderweitig. Boris und Slawa wollen in der Oljokma zwölf Kilometer oberhalb des Dorfes Fischnetze auslegen. Sie müssen viele Löcher ins Eis sägen und hacken und am nächsten Tag kontrollieren, ob es sich lohnt, weitere Netze zu platzieren. Darum wollen sie in der dortigen *Isbuschka* übernachten, um kostbares Benzin zu sparen. Slawa kommt zu meiner Verwunderung am späten Nachmittag zurück.

„Wolltet ihr nicht dort übernachten?"

Er ist mürrisch. „Soll ich auf dem Boden schlafen? Ira ist mitgefahren, da ist es zu eng in der *Isbuschka*."

„Was will sie denn da? Sie kann euch doch nicht helfen."

„Ihr ist langweilig im Dorf. Nun will sie auch noch mitkommen zur Zobeljagd. Dabei haben wir schon genug zu transportieren: zwei Fässer Benzin, die Hunde, Zelt, Ofen, Motorsäge, Lebensmittel. Dazu noch Iras Gepäck, und sie selbst ist ja auch nicht gerade eine Elfe."

Es passt ihm auch deshalb nicht, weil es mit drei Personen und deren Gepäck in einer kleinen Hütte eng ist und bei einem Aufenthalt von mehreren Wochen qualvoll wird trotz des Vorteils, dass dank Ira Essen und Hundefutter fertig sind und die Hütte schon warm ist, wenn sie von ihrer Runde zurückkommen.

„Ich verstehe sowieso nie, wie es einem langweilig werden kann. Warum liest sie nicht, hat sich Handarbeiten mitgebracht oder sonst eine Beschäftigung? Und nun musst du morgen wieder hinfahren?"

„Ja, sie kann das Eis schließlich nicht aufhacken. Wenn der Fang gut ist, werden wir weitere Netze auslegen."

Sie legen insgesamt sieben Netze aus und fangen täglich um die fünfzehn Kilogramm Fisch. Ein großer Nalim hatte einen im Netz verhedderten *Charius* mitsamt den Maschen geschluckt. Es gelang, den noch lebenden Nalim aufs Eis zu werfen, bevor er den *Charius* ausspeien und sich dadurch befreien konnte. Das hätte ich gerne gefilmt, aber ich muss zu Hause bleiben, nach dem Feuer sehen und die Abzüge der Öfen in Haus und *Isbuschka* schließen, wenn das Holz abgebrannt ist, damit Öfen und Räume nicht auskühlen. Und wenn Slava nach vier, fünf Stunden Arbeit und Fahrt in bitterer Kälte heimkommt, muss warmes Essen bereitstehen.

Ein Hubschrauber des Typs MI-8 landet auf der Wiese neben unserem Haus, nachdem er auf der Suche nach dem günstigsten Landeplatz einige Male über dem Dorf gekreist ist. Seine Rotorblätter verursachen einen Schneesturm, eisig umwirbeln uns Wolken von Schneekristallen. Der Dorfvorsteher und einige andere Einwohner haben sich eingefunden. Ich frage den Piloten, wo sich die Hubschrauber-Basis befindet und höre, dass er aus Ulan-Ude kommt, also aus der Republik Burjatien, und im Auftrag unseres Verwaltungsbezirkes die unzugänglichen Ortschaften anfliegt. Es ist also wahr, dass in dem riesigen Zabaikalskij Kraj kein Hubschrauber mehr vorhanden ist. Bei der Unterhaltung mit dem Piloten erfahre ich, dass eine Flugstunde hunderttausend Rubel – beim Kurs von 1:40 ungefähr 2500 Euro – kostet und die Fluggeschwindigkeit 200 Stundenkilometer beträgt. Das große Fluggerät verbraucht viel Sprit. Es ist schon alt und wird „halt immer wieder repariert", wie er sagt. Mich verblüfft abermals, wie wenig wissbegierig die hiesige Bevölkerung ist. Niemandem würde es einfallen, solche Dinge zu erfragen oder sich bei den Monteuren des öffentlichen Satellitentelefons nach den Gründen für die häufigen Ausfälle zu erkundigen.

Die Wahl findet am Folgetag im Klubhaus statt. Eigentlich war Slava zum Wahlhelfer bestimmt und ist deshalb extra pünktlich aus dem Wald zurückgekommen. Daraus wird aber nichts, denn die sehr gut bezahlten Wahlhelferposten hat der Dorfvorsteher seiner eigenen Clique zugeschanzt, allen voran sich und seiner Frau.

Slava holt seine Stadt-Winterschuhe aus dem Schrank und antwortet auf meine Frage, wozu er die braucht: „Soll ich etwa in Filzstiefeln zur Wahl gehen?"

„Warum nicht? Wir sind doch auf dem Dorf, und es ist kalt."

Meine Ansicht stößt auf völliges Unverständnis. Slava behauptet manchmal, ich würde wie ein „Bomschik", ein Obdachloser, herumlaufen, weil ich hier selten einen Anlass sehe, mich fein zu machen. Im Winter trage ich eine Pelzschapka, Filzstiefel oder *Amtschuri*, die weichen Fußbekleidungen aus Rentierfell. Bei längeren Wanderungen ziehe ich feste, gut gefütterte Schnürstiefel mit Profilsohle an, dazu eine wattierte Baumwollhose, eine Daunenjacke und darüber manchmal einen Parka zum Schutz gegen sperrige Äste. Im Winter ist Naturmaterial den Kunstfasern generell vorzuziehen. Ich trage weder Ringe noch Halsketten, meine Armbanduhr ist eine schmucklose Casio-Uhr für nur 15 Euro. Trotzdem ist sie mir hier von unschätzbarem Wert, weil sie eine Datums- und Wochentagsanzeige hat. Diese Daten werden unverständlicherweise im hiesigen Fernsehen nicht gebracht, lediglich die Moskauer Ortszeit. Die zeitliche Ordnung kann dann schon einmal durcheinander kommen, wenn, wie bei uns, jeder Tag wie der andere abläuft. Die Weckfunktion der Uhr erspart einen Wecker, praktisch vor allem auf Reisen. Zudem ist mein kleines Technikwunder vollkommen wasserdicht, und die Batterie läuft im Dauerbetrieb sieben Jahre.

Ich habe auch Slawa eine solche Uhr geschenkt, aber er hat sich „für gut" eine vergoldete Armbanduhr zugelegt und einen goldenen Ring gekauft.

In einer russischen Stadt tausche ich meine Filzstiefel gegen Stiefel aus Rentierfell und die wattierte Hose gegen eine Stoffhose aus. Seit Langem wünsche ich mir eine Pelzjacke. Pelzkleidung – Jacken, Mäntel, Mützen, Stiefel, Handschuhe – ist im sibirischen Winter beinahe unverzichtbar, insbesondere in den nördlichen und östlichen Gebieten. Sie hält Kälte und Wind zuverlässig ab und ist unverwüstlich, sodass man sie fast ein Leben lang tragen kann. Daunenkleidung dagegen verschmutzt und ist hochempfindlich gegen mechanische Beschädigungen und Funkenflug. Ohne strapazierfähige Überkleidung kann man damit weder durch die Taiga streifen noch am wärmenden Feuer sitzen.

Bisher fand ich in der mir zur Verfügung stehenden Zeit keine Jacke ohne die neckischen Verzierungen, die hier für Frauenkleidung obligatorisch zu sein scheinen. Außerdem ist es natürlich eine Geldfrage. Auf die Überlegung, ob es wichtiger ist, das Geld für einen Lastwagen oder Bootsmotor zusammenzuhalten oder es für eine Pelzjacke auszugeben, fiel die Entscheidung leider zuungunsten der Jacke aus.

Auch die Normalbürger unter den Russen können sich kaum noch Pelz leisten. Die bodenlangen, eleganten, warmen Mäntel, die die Damen in den Städten tragen, stammen häufig noch aus der Sowjetzeit.

Nach der Wahl bleiben die meisten Jäger im Dorf, denn die Bedingungen für die Zobeljagd haben sich nicht verbessert. Das Wetter ist nach wie vor schneearm und sonnig, wenn auch kalt. Boris und Slawa haben beschlossen, bis auf Weiteres zu fischen und zu versuchen, die Fänge zu einem guten Preis zu verkaufen. Ira fährt zu ihrer Unterhaltung jeden Tag im Schlitten mit den Männern hinaus. Ich möchte den Vorgang des Eisfischens gern einmal filmen, aber für drei Personen ist kein Platz im Schlitten. Deshalb müssen wir mit einem zweiten *Buran* und Schlitten fahren. Bei unter minus dreißig Grad und Fahrtwind ist es ratsam, sich warm einzupacken. Ich schütze mich zusätzlich mit einer Gesichtsmaske, mit von Slawa genähten Handschuhen aus Hundefell und einer großen Schaffelljacke, in der ich mich kaum bewegen kann. Bei blendendem Sonnenschein gleiten wir in schneller Fahrt über die weiß glitzernde Fläche des Flusses, die von dunklen, fast schneelosen Bergketten gesäumt ist. Auf den Kammlinien hebt sich Baum für Baum deutlich gegen den wolkenlosen, hellblauen Himmel ab. Die Bäume wirken dort oben wie eine Reihe indianischer Krieger in Westernfilmen, die die Höhen besetzt haben und unbewegt auf die Bleichgesichter herabspähen. Tarzan folgt dem Schlitten mit großen Sprüngen und trifft kurz nach uns am Fangort ein, an dem in jeweils hundert Metern Abstand die Netze quer zur Strömung im Fluss hängen. Die Stelle liegt den ganzen Winter über im Bergschatten, und es ist immer besonders kalt dort. Leider trage ich die Hightech-Schnürstiefel statt der Amtschuri und habe nach einiger Zeit den Eindruck, dass meine Zehen trotz der zwei Paar Wollsocken zu erfrieren beginnen. Ich muss ständig umherlaufen und die Zehen unaufhörlich bewegen. Tarzan hat offenbar auch kalte Füße. Er hebt die Pfoten abwechselnd in die Luft und rollt sich schließlich auf dem Eis zusammen, die Pfoten am Bauch geborgen und die Nase mit dem Schwanz bedeckt.

Mit bloßen Händen befreien die Männer die Fische aus den Netzen und wärmen ihre Hände zwischendurch am Holzfeuer, das in einer durchlöcherten, auf einem kleinen, eisernen Schlitten befestigten Blechwanne brennt. Die lebenden Fische werfen sie aufs Eis, wo sie sich eine kurze Weile winden, bis sie erfroren oder erstickt sind. Das mit anzusehen, ist eine andere Sache, als im Geschäft Fischfilet aus der Kühltruhe zu nehmen, ohne sich vor Augen führen zu müssen, dass dieser Fisch an der Luft elend erstickt ist.

Bevor wir zurückfahren, wärmen wir uns in der *Isbuschka* auf. Der Weg dorthin führt über einen zugefrorenen Bachlauf und auf einem ansteigenden, schmalen Weg durch kahlen Lärchenwald. Hinter der Hütte steigt das Gelände langsam zu felsigen Formationen an. Das an der Hüttenwand über dem Schlafplatz zum Schutz gegen Zug befestigte Packpapier ist durch lange Krallen sauber eingerissen – ein Bär hat seine Handschrift hinterlassen. Das Feuer im eisernen Öfchen verbreitet bullernd Wärme, bald kocht das Wasser im Teekessel. Ich habe *Bulotschki*, gezuckerte Hefebrötchen, mitgebracht, und Ira packt Brot, Marmelade, Gebäck und etwa 15 gekochte Eier aus. Slawa langt ungeniert zu und isst unglaublich viele Eier. Sind genug Eier da, braucht er kein Brot. Mein lieber Mann kennt beim Essen oftmals keine Grenze, und man sieht inzwischen auch, wo das alles bleibt. Egal, wie viele Frikadellen ich brate – 15, 20 oder mehr – sie werden in kurzer Zeit aufgegessen.

Obwohl sich Tarzan ausschließlich mit uns auf dem Fluss und kurz in der Hütte aufgehalten hat, muss er Verheißungsvolles gewittert haben. Katja ist angekettet, aber er und Bobik sind am folgenden Morgen verschwunden, und Slawa vermutet, dass sie an den Fangort gelaufen sind, wo sich in den Felsen Moschustiere tummeln. Als Boris und Slawa um die Mittagszeit dort ankommen, laufen ihnen die beiden Hunde fröhlich entgegen. Das Blut um ihre Schnauzen veranlasst die Männer zur Suche nach dem Opfer. Sie finden unter den Felsen auf dem Flusseis einen halb aufgefressenen Moschustierbock mit noch intakter Moschusdrüse, worüber sich Slawa freut. Aus den Spuren rekonstruieren sie, dass einer der Hunde das Tier angesprungen hat und zusammen mit ihm, glücklicherweise nicht allzu tief, von den Felsen gestürzt ist. Nun müssen wir auch Tarzan an die Leine legen, denn überall lauern Schlingen, in die die Hunde geraten können.

Slawa legt die Netze unter dem Eis aus. Was er fängt ist Glückssache.

Die Hunde haben ein Moschustier gerissen. die Moschusdrüse ist nicht verletzt, freut sich Slawa.

Die Außenwelt kommt zu uns

In diesem Jahr ist der Winterweg zeitig befahrbar. Bereits in der zweiten Dezemberwoche treffen Fahrzeuge aus Tupik und Mogotscha ein, bringen Menschen und Neuigkeiten mit.

Auch der Pächter der Jagdterritorien ist angekommen. Vor Beginn der Jagdsaison hat er jedem Jäger dessen zugeteiltes Territorium bestätigt und mit ihm einen Vertrag über die Anzahl der Felle abgeschlossen, die er an ihn zu verkaufen hat. Wie in jedem Jahr hat er den Jägern mit der Begründung keine schriftlichen Lizenzen ausgehändigt, sie bekämen sie später, sobald er seine Lizenz aus Moskau erhalten habe. Bis dahin sind die Jäger quasi gezwungen, als „Brakaneri", Wilddiebe, zu arbeiten und die Gefahr auf sich zu nehmen, bei Kontrollen bestraft zu werden. Immerhin erteilt der Pächter jetzt die Lizenzen. Slawa hat für sein Jagdgebiet laut Vertrag neunzig Zobelfelle abzuliefern, kann zusammen mit Boris bisher jedoch nur fünf vorweisen. Niemand kennt den Grund für den plötzlichen Rückgang der Zobelpopulation. Eine Überjagung wäre denkbar, hätte sich allerdings durch allmählichen Rückgang des Aufkommens bemerkbar gemacht. Wahrscheinlicher ist eine Seuche. Alle hoffen jedoch, dass es sich nur um ein abweichendes Verhalten der Tiere handelt, das sich bei anderen Schneeverhältnissen ändert. Sollte das nicht der Fall sein, gibt es laut Aussage des Pächters bei der für die Jagd zuständigen Behörde in Tschita bereits Überlegungen, die Zobeljagd für fünf Jahre zu untersagen. In diesem Falle wären die Pelztierjäger plötzlich ohne Einkommen und würden vermehrt, wie bereits in diesem Winter, Moschustierjagd und Fischfang betreiben, was nicht ohne negative Folgen für deren Bestände bliebe.

Zu uns kommen Slawas Freund Anatoli mit seinem Begleiter Pawlik. Sie sollen im Auftrag des Rajonchefs zwei Säcke gefrorenen Fischs aufkaufen und, in Konkurrenz zum Jagdpächter, Zobelfelle und Moschustierdrüsen. Slawa hilft ihnen bei der Beschaffung und berät Anatoli, der keine Ahnung von Qualität und Preisen hat, beim Ankauf. Anatoli bringt uns zwei Säcke Hühnerfutter mit, um die wir telefonisch gebeten hatten, weil unseres fast aufgebraucht ist. Gebeten hatten wir auch um ein Medikament gegen Furunkel und sind davon ausgegangen, dass er Antibiotika besorgt. In der Apotheke in Mogotscha hat man ihm stattdessen Vitamin-B-Tabletten mit verschiedenen Mineralstoffen für eine einmonatige Kur verkauft. Schaden wird es nicht, aber auch nicht heilen oder gegen das rezidive Auftreten schützen.

Amüsiert hören wir von Anatoli, dass man in Tupik erzählt, Slawa habe eine französische Geliebte und nehme sie mit in die Jagdhütten, während ich daheim am häuslichen Herd walte. Man weiß auch, dass er mit ihr nach Paris fahren wird. Der Keim des Gerüchts ist vermutlich der Umstand, dass im Sommer eine aus Paris stammende Französin unser Gast war. Unablässig schwirren die farbigsten Gerüchte umher.

Wenn beispielsweise der Rajonchef in Tupik die Absicht äußert, in der nächsten Zeit einmal Srednjaja Oljokma aufzusuchen, erfahren wir, dass er bereits das Dorf Gulja passiert hat und am nächsten Tag bei uns eintreffen wird. Das ist harmlos. Manche Gerüchte jedoch tragen den Keim von Unheil in sich. Tatsache ist, dass sich eine junge Frau mit mehreren kleinen Kindern mit Wassili eingelassen hat, während ihr Mann im Jagdrevier weilte. Bei Wassili gibt es immer Alkohol, und sie trinkt gern. Wassili erzählt herum, dass er sie sehr liebt – drei Monate nach dem Tod seiner Frau. Wer das Gerücht in die Welt gesetzt hat, sie beabsichtige, ihren Mann zu verlassen und mit Wassili zu leben, bleibt unbekannt. Gewiss ist nur, dass es zu Mord und Totschlag kommen wird, wenn ihr Mann davon erfährt. Alle sind erleichtert, als nach seiner Rückkehr nichts geschieht. Offenbar hat ihm niemand etwas von dieser Geschichte erzählt.

Unglaubliches – wären wir nicht in Russland – wird uns über Viktor berichtet. Der frühere Chef der Miliz in Mogotscha, dessen Gunst Viktor genoss, wurde abgelöst. Zwei Nachfolger standen zur Auswahl. Viktor machte seinen Einfluss für den Kandidaten, der schließlich das Rennen verlor, geltend. Ein folgenreicher Fehler, wie sich zeigte. Angeblich wurde Viktor auf Betreiben des neuen Chefs Ende September in Untersuchungshaft genommen. Seitdem wird die Haft immer wieder um die gesetzlich zugelassene 30-Tage-Frist verlängert – ohne Anklage oder Gerichtsverhandlung, weil ihm kein strafwürdiges Vergehen nachgewiesen werden kann. Selbst, wenn er dann irgendwann freigelassen wird, hat der neue Chef damit demonstriert, dass Viktor ein Nichts ist und man ihn besser meidet. Viktors Beziehungsstrukturen nach oben sind zerbrochen, was auch alle anderen automatisch erlöschen lässt. Dann wird sich herausstellen, wie viele „Freunde" er wirklich hat.

Wie beinahe jeden Abend kommen Ira und Boris, und ich stelle fest, dass das vorbereitete Essen nicht für sechs Personen reichen wird. Ich muss mir schnell noch etwas einfallen lassen. Während nach dem Essen alle beisammen sitzen und sich unterhalten, merke ich, wie sehr mich das Zusammensein erschöpft, wie müde und ausgelaugt ich bin. Nicht körperlich, sondern geistig. Selbst in den Jahren gedanklich anstrengender Berufstätigkeit fühlte ich mich nie so ausgebrannt wie jetzt. Ich kenne dieses Gefühl nur aus meiner frühen Jugend, in der ich einige Jahre gezwungen war, mit meinen sehr lieben Großeltern in einer kleinen Zweizimmerwohnung zu leben. Sie öffneten ihr friedliches Nest einem Kuckucksjungen, das dort nicht hineinpasste. Mein Rückzug aus räumlicher und geistiger Enge bestand damals darin, in Tagträume zu flüchten, in denen ich allein in einem Turm am Meer lebte. In Gedanken weilte ich in einem großen Turmzimmer mit Fensteröffnungen nach allen Seiten, dessen Einrichtung aus sehr wenigen, mittelalterlichen, einfachen Holzmöbeln bestand – einer Truhe, einem Bett, einem Tisch und einem Stuhl. Und ich machte im Geiste lange, einsame Spaziergänge am windgepeitschten Meeresstrand. Bereits in diesen jungen Jahren fühlte ich trotz der Liebe zu meinen Großeltern das starke Bedürfnis, mich in meine eigene Welt zurückziehen zu können.

Als Anatoli am Abend seinen Schlafsack aus dem Auto holt und ausrollt, findet er darin eine große Plastiktüte mit Speiseeis, das zerlaufen und in den Schlafsack geflossen ist. Ohne sein Wissen hatte sein Passagier, der Feldscher, das Eis dort verstaut, damit es während der zehnstündigen Autofahrt nicht auftaut. Der Feldscher hatte ganz offensichtlich ein Vertrauensproblem: mangelndes Vertrauen in die Autoheizung und zu viel Vertrauen in die isolierenden Fähigkeiten des Schlafsacks.

Onkel und Tante haben ebenfalls Besuch. Tolja aus Mogotscha und Sergej, ein Bekannter aus Tupik, weilen, wie jedes Jahr, einige Tage bei ihnen. Toljas Mund steht keine Minute still. Wie aus einem Maschinengewehr feuert er unablässig Wortsalven ab. Er ist Alleinunterhalter ohne Bedürfnis nach Antworten. Die Tante schimpft mit ihm, weil dem Onkel der Kopf schmerzt und er Ruhe braucht. Seit seinem Delirium hat er fast täglich Kopfschmerzen und ist merklich schwächer geworden. Er hat auch keine Fischnetze mehr ausgelegt wie in den vergangenen Jahren. Tolja hatte ihm immer beim Leeren der Netze geholfen und durfte den Fisch dann mit nach Hause nehmen. Von Wowka, dem Sohn des Onkels, und von Slawa bekam er ebenfalls Fisch und Fleisch geschenkt, sodass er nach jedem Besuch mit reicher Beute nach Hause fuhr. In diesem Jahr kann es sich niemand leisten, großzügig Geschenke zu verteilen. Die Fische, die Slawa und Boris gemeinsam fangen, sollen in Ust-Njukscha verkauft werden, weil dort ein höherer Verkaufspreis erzielt wird. Der Erlös soll die Kosten decken und etwas Gewinn abwerfen. Über mehr als ein Freundschaftsgeschenk an Fisch und Fleisch kann Slawa nicht hinausgehen. Wowka weilt in einer der Jagdhütten flussabwärts und will erst in zwei Wochen zurückkommen. Von ihm ist demnach nichts zu erwarten.

Tolja hat die Lage noch nicht erfasst. Als Sergej mit einem Sack gekaufter Fische ankommt, fragt er ganz erstaunt: „Bezahlt hast du dafür?"

Er selbst macht keine Anstalten, Fisch zu kaufen. Das ist in seinem Plan nicht vorgesehen. Am Tag vor ihrer Abfahrt beklagt er sich bei Sergej: „Ich habe so viel Benzin verfahren und dafür so wenig Fisch und Fleisch bekommen!"

„Was glaubst du denn? Dass dir die Leute mit ihren Produkten das Benzin bezahlen müssen?", spottet Sergej.

Da „Freundschaften" hier meistens nach dem Motto „Eine Hand wäscht die andere" funktionieren, darf ich bei meiner bevorstehenden Reise nach Deutschland nicht mit seiner Hilfe in Mogotscha rechnen.

Ich binde die Hunde jeden Abend an und löse die Kette um die Mittagszeit in der Annahme, dass sie um diese Zeit nicht mehr in den Wald verschwinden. Tarzan aber hat sich gemerkt, wo Moschustiere umherlaufen und wo er Reste des erjagten Moschustiers versteckt hat. Er entwischt zusammen mit Bobik; sie bleiben die Nacht über aus. Ira und Boris haben in der *Isbuschka* am Fangort übernachtet und sehen die beiden am Morgen, bevor sie gegen Mittag ins Dorf zurückfahren. Bobik kommt am Abend des zweiten Tages zurück und rollt sich sofort müde auf einem Haufen trockenen

Kartoffelkrauts im Garten zusammen. Auf Tarzan warten wir vergebens, er muss in eine Schlinge oder ein Fangeisen geraten sein. Die Nacht ist kalt – minus vierzig Grad zeigt das Thermometer am Morgen. Wir sind bekümmert. Die Hunde sind nicht nur Gebrauchshunde für uns, wie es bei den meisten anderen Familien der Fall ist. Während ich noch hoffe, sieht Slawa wieder schwarz.

„Wenn er in ein Fangeisen geraten ist, ist seine Pfote erfroren. Dann muss ich ihn an Ort und Stelle erschießen", kündigt er an, während er das Gewehr an sich nimmt. Er macht sich auf, um die Pfade abzusuchen, auf denen er und Boris Schlingen für Moschustiere ausgelegt haben. Es gibt jedoch noch viele andere Möglichkeiten, wohin unsere Hunde gelaufen sein könnten, und zu viele Hundespuren überall, als dass er es anhand ihrer Spuren feststellen könnte. Ich bin erstaunt, dass Slawa nach relativ kurzer Zeit zurück ist, und froh, Tarzan im Hof zu sehen. Er kriecht sofort in die Hundehütte. Slawa zerrt ihn am Nackenfell heraus und bringt ihn ins Haus.

„Ist er gesund? Wo hast du ihn gefunden?", möchte ich wissen.

Slawa ist bedrückt. „Er hat ein Loch im Bauch. Wahrscheinlich ist er in einen Stecken gelaufen oder gesprungen."

Mit der Taschenlampe sehen wir uns die Stelle an. Mir wird ganz schlecht. Aus der Wunde hängt ein etwa 3 Zentimeter langes Stück Fleisch oder Darm. Das Gewebe ist mit Sicherheit erfroren.

Slawa fährt zum pensionierten Tierarzt und bringt ihn zu uns. „Das wird wieder", meint der. „Gebt ihm jetzt Penicillin, zwei Tabletten, und morgen ebenfalls."

Ich zeige dem Veterinär die Tabletten, die ich kürzlich vom Feldscher gekauft habe. „Ja, die sind geeignet. Zerkleinert sie", weist er an.

Slawa berichtet: „Tarzan war auf dem Heimweg und nur noch einige Kilometer von hier entfernt. Ich sah in der Ferne einen schwarzen Punkt, um den die Raben schwirrten und immer wieder dicht hinabstießen. Die Biester haben genau gewusst, dass er verletzt und schwach ist. Ich bin mit dem *Buran* langsam vor ihm hergefahren und habe wiederholt gewartet, bis er mich eingeholt hatte."

Nachdem Tarzan getrunken und die Tabletten vermischt mit etwas Futter zu sich genommen hat, breitet Slawa auf dem Boden seine Fellweste als Lager für ihn aus. Vorsichtig lässt sich Tarzan darauf nieder und schläft erschöpft ein. Zweimal geht er zur Tür und will hinausgelassen werden, um sein Geschäft zu machen. Wie kommt es, dass Tiere Krankheiten und Schmerzen so geduldig ertragen? Sie stöhnen nicht, schreien nicht, werfen sich nicht hin und her.

Wir behalten Tarzan im Haus und hoffen inständig, dass die Wunde heilt. Am dritten Tag ist das heraushängende Gewebe abgefallen. Eine eurogroße, rote, sauber aussehende, noch nicht vernarbte Stelle, die er oft leckt, ist verblieben. Seine Selbstheilungskräfte sind erstaunlich. Als ich ihn am Morgen zum Wasserlassen hinauslasse, wird er von Bobik freudig empfangen – und ab geht es in den Wald. Weder die Schlinge noch die Verletzung konnten die Jagdleidenschaft der beiden dämpfen. Sie kommen erst nach vier Stunden zurück. Tarzans Wunde sieht danach schlechter aus. Um zu verhindern, dass der Frost die Wunde schädigt, führen wir Tarzan künftig nur für kurze Zeit an der Leine hinaus. Katja und Bobik ketten wir abwechselnd an, sodass immer einer von ihnen eine Weile frei umherlaufen kann, sie aber nicht zusammen verschwinden können. Das Risiko ist zu groß. Damit es den Hunden auch ohne Bewegung nicht allzu kalt ist, stellt Slawa die Hundehütten an einem Platz im Garten auf, der den größten Teil des Tages von der Sonne beschienen wird.

Boris und Ira entschließen sich, statt kurz vor *Novyj god*, Silvester, *dem* Feiertag in Russland, schon jetzt nach Hause zu fahren. Sie telefonieren von meinem Telefon aus – die beiden Dorftelefone funktionieren nicht – nach Ust-Njukscha. Die Familie ist innerhalb des letzten Jahres auf neun Personen angewachsen. Ein weiteres Enkelkind wurde geboren und der erwachsene Sohn ist ins Elternhaus zurückgekehrt. Das Haus besteht, wie alle klassischen russischen Holzhäuser, aus einem einzigen Raum, der durch dünne Holzwände in Gelasse mit großen Durchgängen ohne Türen unterteilt ist. Privatsphäre gibt es unter diesen Umständen natürlich keine, und sie wird nach meinem Eindruck auch nicht vermisst. Sie bitten den Sohn, sie am übernächsten Tag mit dem Auto abzuholen. Treffpunkt ist eine *Isbuschka* 60 Kilometer flussabwärts. Wegen aufgetürmter Eisschollen können Autos nicht weiter vordringen.
Slawa begleitet Boris und Ira bis zur *Isbuschka*, um Fracht zu transportieren, die auf dem Schlitten von Boris keinen Platz findet. Acht Säcke gefrorenen Fischs, Benzin und persönliches Gepäck wollen untergebracht sein.
Slawa kündigt an, dass er erst am übernächsten Tag zurück sein wird, weil er mit Wowka in der Nähe von dessen *Isbuschka* einen Bären in seiner Winterhöhle erlegen will. Ich hoffe, dass alles gut geht. Die Bärenjagd ist auf Grund der eigentlich unzureichenden Gewehre weit gefährlicher als ohnehin schon. Die Jäger haben nur Gewehre mit Kaliber 7,62 mm, Armeegewehre. Es bedarf in der Regel mehrerer Schüsse, um großes Wild zu töten. Dafür wäre Kaliber 8,2 oder 9 mm nötig, erklärt mir Slawa. Solche Waffen sind sehr schwer und teuer. Außerdem bedarf es dafür einer Genehmigung, die persönlich im weit entfernten Tschita beantragt und abgeholt werden muss. Die Läden in unserer Umgebung führen derartige Gewehre nicht, man muss sie beim Werk bestellen.
Kurz vor Einbruch der Dunkelheit kehren Slawa und Wowka auf ihren Schneemobilen ins Dorf zurück – Augenbrauen, Bärte und Pelzmützen sind mit Eiskristallen dicht verkrustet. Durchgefroren, noch im wattierten Overall, setzt sich Slawa an den Tisch und schenkt sich heißen Tee ein.
„Und? Habt ihr den Bären erlegt?", will ich sogleich wissen.
„Ja, es war eine Bärin, etwa drei Jahre alt."
„Eure Befürchtungen, dass die Bären so spät nicht mehr in den Schlaf kommen und viele den ganzen Winter über umherstreifen, bestätigen sich wohl nicht?"
„Ja, kann sein. So genau wissen wir es jetzt noch nicht", schränkt Slawa ein und erzählt dann: „Wir sind zu dritt zur Höhle gegangen. Boris, Wowka und ich. Zuerst haben wir

den Ausgang mit Baumstämmchen versperrt, damit das Tier nicht schnell herauskommen und uns angreifen konnte, und dann haben wir mehrmals blind hineingeschossen. Als sich nichts mehr rührte und wir die Bärin herausziehen wollten, mochte keiner das Risiko eingehen und in die Höhle kriechen. Manchmal sind nämlich zwei Bären drin. Einmal waren es sogar drei, eine Bärin mit zwei einjährigen Jungen. Weil die Erde hart gefroren war, mussten wir die Äxte zur Hilfe nehmen, um ein großes Loch in die Höhlendecke zu schlagen. Nachdem wir geprüft hatten, ob sie allein und tot ist, haben wir ein Seil um ihren Kopf gelegt und sie daran herausgezogen. Boris hat Pranken und Fell mitgenommen, um es in Ust-Njukscha zu verkaufen. Den Körper haben wir zum Verfüttern an die Hunde hierher gebracht. Er hat eine dicke Speckschicht. Der Speck ist immer frei von Trichinen und schmeckt in diesem Jahr wahrscheinlich besonders gut, weil die Bärin mit Sicherheit viele Stlaniknüsse gefressen hat. Wir können etwas davon, gewürzt mit Salz und schwarzem Pfeffer, auf Brot essen. Die Gallenblase habe ich schon entnommen. Ich werde sie trocknen."

Slawa hängt die Gallenblase im Zimmer an einem nicht zu warmen Platz auf. Sie hat die Größe einer Birne und mag etwa 150 Milliliter Sekret enthalten.

„Was willst du damit machen?"

Slawa ist noch unentschlossen. „Vielleicht verkaufe ich sie. Wir könnten sie auch behalten und bei Magenproblemen einnehmen. Auf die Menge einer Streichholzkuppe getrockneten Sekrets gießt man 200 Milliliter kochendes Wasser und trinkt diese Lösung."

Ich verziehe das Gesicht. Bei einigen Arten von Magenerkrankungen mag das durchaus hilfreich sein, aber bei welchen? Und bei welchen ist es vielleicht sogar nachteilig? Das weiß niemand, und Selbstversuche sind bei unserer abgeschiedenen Lage ohne qualifizierte medizinische Versorgung bestimmt nicht ratsam.

Ich möchte die Speckschicht filmen, und wir gehen hinüber zum Onkel, in dessen *Isbuschka* der Bärenkörper zum Auftauen und Zerteilen liegt. Die schneeweiße Speckschicht überzieht Körper und Nacken und ist mehr als 10 Zentimeter dick.

„Wahnsinn! Das sieht aus wie ein Mastschwein", staune ich. „Slawa, einen Teil von dem Speck möchte ich kochen und verflüssigen. Ich werde Natascha wieder etwas mitnehmen."

Slawa macht eine einladende Handbewegung. „Bedien dich, es ist genug da, wie du siehst."

Nataschas Enkel leidet an Asthma. Sein Arzt empfahl, ihm täglich einen Löffel Bärenfett zu geben. Seitdem nehme ich immer ein Glas davon nach Irkutsk mit, wenn ich vor dem Abflug nach Deutschland bei ihr wohne. Eigentlich müsste ich Bärenöl sagen, denn beim Kochen wird aus dem weißen Speck ein helles Öl. Es soll bei Lungen- und Bronchienerkrankungen wirksam sein. Ich bringe Natascha auch Elchfett mit, das sehr gut gegen schrundige, rissige Fersen hilft, wie wir festgestellt haben. Slawa hat, besonders im Winter bei langen Aufenthalten in den Jagdhütten, häufig tiefe, ins Fleisch reichende, schmerzhafte Risse in der dicken Hornhaut seiner Fersen.

Er meinte anfangs hartnäckig, die Ursache sei eine Pilzerkrankung – ein weiteres Beispiel für die allgegenwärtige Unwissenheit, die sich auch auf körperliche Belange erstreckt. Ich erklärte ihm, er müsse täglich Fußpflege betreiben, das heißt die Füße baden, die Hornhaut entfernen und danach eincremen. Das ist ihm aber zu aufwendig, und er macht es nur sporadisch. Ich brachte ihm aus Deutschland die verschiedensten Fußsalben mit, die allesamt nicht wirksam waren. Dann entsann ich mich, dass in Alpenländern Salben aus Hirschfett angeboten werden. Es war einen Versuch wert – ich stellte Salben aus Elchfett sowie aus Hirschfett her. Beide wirken ausgezeichnet und heilen die Risse in wenigen Tagen. Die Haut meiner Hände profitiert ebenfalls davon und wird glatt und geschmeidig. Die durch das viele Arbeiten in Erde und Wasser aufgeplatzten Fingerkuppen heilen.

Heute hat Slawa „Hausarbeitstag". Er muss Wasser vom Fluss holen, Heu vom Heuhaufen auf der Wiese heranschaffen, den Bären in Stücke zerlegen und einen Teil des Fleisches für die Hunde kochen. Außerdem müssen die Säcke mit Einstreu und Futter aus dem Hühnerstall geräumt werden, damit wir erkennen können, wo die Maus wohnt, die immer das Hühnerfutter stibitzt. Es ist eine ordentliche, umsichtige und fleißige Maus. Das, was sie nicht sofort beiseite schaffen kann, hortet sie in einem nahebei am Boden stehenden kleinen Holzkasten, um es später abzuholen. Erst dadurch wurden wir auf ihr Treiben aufmerksam. Trotz Sympathie für diese arbeitsame kleine Maus möchten wir das Futter lieber an die Hühner verfüttern, die uns dafür Eier liefern. Außer den Eiern kann ich an den Hühnern keine netten Züge entdecken. Mit ihren kräftigen Schnäbeln hacken sie in die Hände, die sie füttern. Der eine Hahn ist ein Wüstling – immer, wenn ich die *Isbuschka* betrete, vergewaltigt er gerade eine Henne – und der andere führt sich auf wie Iwan der Schreckliche. Anfangs kämpfte er nur gegen den Strohbesen, aber inzwischen traut er sich größere Gegner zu. Sobald ich den Stall betrete, um die Eier aus den Nestern zu holen, fliegt er auf die oberste Stange, um genauso groß zu sein wie ich. Dort pumpt er sein Gefieder auf, versetzt sich durch schwingende Auf- und Abbewegungen in Kampfstimmung und fliegt mich direkt an. Ich verpasse ihm dann einen Schwinger, sodass er zu Boden purzelt. Das ist ihm aber keine Lehre. Er hofft wohl immer, den nächsten Kampf zu gewinnen. Wenn Slawa von seinem Verhalten wüsste, läge Iwan jetzt schon tiefgefroren im Vorratsraum.

In der Nacht klopft es heftig an unsere Außentür. Slawa geht hinaus, und ich höre eine helle, laute Stimme rufen: „Helfen Sie!"

Slawa kommt nach kurzer Zeit zurück. „Es war der Nachbarsjunge. Er sagte, Wowa wolle seine Mutter vergewaltigen. Aber als ich ins Zimmer trat, fragte sie mich, warum ich denn käme. Wowa pennte betrunken, und sie war auch bezecht."

Wowa ist vor drei Tagen vom Fischen zurückgekommen und trinkt seitdem in wechselnder Gesellschaft. Am späten Abend kam er schwer betrunken zu uns und wollte Geld für Wodka borgen. Nachdem Slawa ihn wütend weggejagt hatte, hörten wir, dass er zur Nachbarin ging, der jungen Lehrerin, die in der anderen Doppelhaushälfte wohnt. Sie ist immer nett, freundlich, hilfsbereit und sicher auch nicht unintelligent, lässt sich aber mit fast jedem ein, vor allem, wenn derjenige Alkohol mitbringt. Wählerisch ist sie dabei nicht. Wowa wirkt trotz seiner achtundzwanzig Jahre im Gespräch kindlich und etwas albern. Er lacht über die flachsten Scherze, als wolle er damit den anderen einen Gefallen tun. Ein Auge ist milchig und blind als Folge einer Verletzung durch einen Tauchervogel, den er aus einem Fischnetz befreien wollte. Er ist klein und schmächtig, aber zäh. Mit allen hier erforderlichen Arbeiten kennt er sich gut aus und arbeitet flink auch unter schwierigen Bedingungen. Wenn er betrunken ist, wird er oft aggressiv. Seinen Bruder hat er vor Jahren mit einem Messer schwer verletzt, der Schwester und der Mutter schon mehrere Zähne ausgeschlagen.

Im Wissen darum bin ich unruhig und kann nicht mehr einschlafen. Von nebenan höre ich immer wieder Gepolter und Stimmen. Mir tut der neunjährige Junge leid, der Suff und wechselnde Bettgenossen seiner Mutter erleben muss. Damit ist er leider unter den Kindern des Dorfes nicht allein.

Wasja aus Tschita, der Anfang Oktober in sein Territorium aufgebrochen war, kommt mit seinem Jagdgefährten zurück, beinahe hundert Kilometer zu Fuß. Ihr Aufwand hat sich nicht gelohnt, lediglich drei Zobelfelle bringen sie mit. Wasja lebt während der Winterjagd immer sehr spartanisch. Zum einen ist er grundsätzlich übermäßig sparsam, zum anderen kann er nicht viele Lebensmittel und – wegen der im Oktober nicht durchgängig kalten Temperaturen – nichts Verderbliches mitnehmen. Mit einem Boot lässt er sich und sein Gepäck flussabwärts bringen und trägt alles vom Flussufer mehr als zehn Kilometer weit in seine erste *Isbuschka*. Von dort aus schleppt er die Lasten weiter in die anderen Jagdhütten seines Gebiets, das an Slawas grenzt. Slawa erzählt mir, dass er nie Brot oder *Lepjoschki* bäckt, sondern nur Kascha kocht. Ein Topf reicht für drei Tage. Da er keine Hunde hält, kann er kein Großwild erlegen und ist auf das Fleisch von erlegtem Auerwild oder gefangenen Moschustieren angewiesen. Letzteres isst er nur, wenn er das Tier in der Schlinge noch lebend findet, tötet und schlachtet.

Slawa fährt jeden zweiten Tag mit dem Schneemobil dreißig Kilometer stromabwärts, um Netze zu kontrollieren und kommt, trotz der dicken Unterwäsche und des wattierten Anzugs, durchgefroren zurück. „Es fühlt sich an, als ob ich nackt führe", sagt er. Inzwischen herrschen die für diese Jahreszeit normalen Temperaturen. Morgens messen wir zwischen minus 45 und 50 Grad. Wir müssen den Hühnerstall morgens und abends heizen, ebenso das Haus, wo wir abends im Ofen mehrmals Holz nachlegen. Nur die armen Hunde bleiben im Kalten, bis auf Tarzan, der sich wegen der unbehaarten, frischen Narbe noch einige Tage im Haus aufhalten darf. Katja klappert trotz ihres dichten, starken Fells laut und mitleiderregend mit den Zähnen, aber Bobik und Tungir, der kleine, dicke Welpe, springen munter umher. Wjuga hat vor wenigen Tagen Junge geworfen, die gleich die volle Härte des Winters zu spüren bekommen. Sie werden mit voller Absicht nicht ins Warme gebracht, um sie abzuhärten und für das Leben im sibirischen Winter tauglich zu machen. Die Welpen halten sich gegenseitig warm, auch durch häufige Bewegungen. Immer wieder krabbeln sie übereinander, um in den wärmeren Innenkreis zu gelangen. Ein einzelner Welpe würde nicht überleben. Tagsüber im Sonnenschein erwärmt es sich ein wenig. Ich brauche noch einige Fotos und fotografiere wenige Minuten nur mit dem Fingerhandschuh an der rechten Hand. Das reicht, um die Hand vor Kälte so schmerzen zu lassen, dass ich beinahe weine. Mir ist es unbegreiflich, wie Slawa mit bloßen Händen die Fische aus den Netzen pulen kann. Immerhin hat er jetzt Netze mit größerer Maschenweite ausgelegt, sodass er nicht mehr viele kleine, sondern weniger, aber große Fische heraushollt. Slawa berichtet von immer neuen Wolfsspuren, die den Fluss kreuzen. Sie ähneln Hundespuren, sind aber wesentlich größer – wahrscheinlich jedoch nicht so groß, wie er mit den Händen zeigt. Man übertreibt hier gern, auch die Gefahr für Menschen. Die Wölfe finden genügend Wild und weichen den Menschen beharrlich aus. Deshalb habe ich nie Angst, allein durch die Winterlandschaft zu wandern.

Während eines Spaziergangs sehe ich, dass die Frau und die Tochter des Veterinärs in Ufernähe Eisbrocken abhacken und diese in Säcken auf dem Rücken nach Hause tragen. Der Veterinär ist verwachsen und körperlich nicht in der Lage zu helfen. Die Brocken sind kantig und schwer, und ich frage mich, warum sie keinen Schlitten benutzen oder jemanden bitten, gegen ein Entgelt mit dem Schneemobil Wasser zu holen.

Bei meinen Ausflügen mustere ich in letzter Zeit die kleineren Kiefern – klimabedingt wachsen Tannen und Fichten hier nicht –, die als Weihnachtsbaum in Frage kommen, und freue mich schon darauf, sie am 24. Dezember mit dem schönen Weihnachtsschmuck zu dekorieren, den ich letzten Winter aus Deutschland mitgebracht habe. Der Tag naht, doch ich habe keine Lust dazu. Es fehlt die Weihnachtsstimmung, und ich fühle mich nicht imstande, ganz allein dafür zu sorgen. Es wäre, als wollte ein Kölscher Jeck in Norddeutschland rheinischen Karneval feiern. So werde ich mich an die hiesigen Gepflogenheiten anpassen und den Weihnachtsbaum erst zu Novyi god schmücken, das in Russland wie eine Kombination aus Silvester und Weihnachten gefeiert wird – mit Schwerpunkt auf Silvester trotz geschmücktem Nadelbaum, Väterchen Frost, *Snegoroschka* und Geschenken. Väterchen Frost entspricht dem deutschen Weihnachtsmann und *Snegoroschka* ist ein Mädchen. Ihr Name lautet übersetzt „Schneeflöckchen“. Väterchen Frost und *Snegoroschka* verirren sich allerdings nie in unser Dorf, nicht einmal zu den Kindern.

Am Weihnachtstag fühle ich mich bedrückt und niedergeschlagen.

Slawa merkt es. „Was ist los mit dir?“

„Heute feiern sie in Deutschland Weihnachten.“

„Komm, wir holen einen Baum. Und am Abend kannst du den Wein trinken, den ich für dich habe mitbringen lassen“, versucht er, mich aufzumuntern.

„Zu Weihnachten gehört mehr als ein Baum und Wein trinken“, sage ich lahm.

Ich versuche erst gar nicht zu beschreiben, was Weihnachten ausmacht. Advents-sonntage, Lichter, Lieder, Gerüche, Glöckchen, Kugeln und Lametta, geschmückte Wohnungsfenster, Gespräche, Feststimmung.

Der Baum bleibt im Wald, der Wein zugekorkt. Im Fernseher läuft das übliche schlechte Programm, die Werbepausen sind noch das Beste daran. Ich backe Brot und Lepjoschki. Wir essen, nichts Besonderes, aber zu viel, aus Langeweile vermutlich. Ich habe zu nichts Lust. Nicht zum Schreiben, nicht zum Bearbeiten von Filmen, nicht zum Meditieren. Leer, energie- und freudlos fühle ich mich. Meine innere Heiterkeit ist verschwunden. Ich erinnere mich an das Weihnachten, als ich allein hier lebte. Ich hatte einen Strauß Stlanikzweige mit den silbergrauen Flechten des Rentiermooses geschmückt, trank Pfirsichlikör, den ich extra für diesen Abend reserviert hatte und schrieb Briefe nach Hause. Mir war froh, festlich und nachdenklich zu Mute.

Ich weiß, was ich brauche, um mich gut zu fühlen, aber mir fehlt die Kraft, stündlich und täglich den erforderlichen zeitlichen und geistigen Freiraum zu erkämpfen. Indes – kein anderer kann das für mich tun. Ich habe immer noch die Wahl, mich elend zu fühlen und zu jammern oder aber meine ganze Kraft zusammenzunehmen und für mich zu sorgen.

In dieser Weihnachtsnacht habe ich wieder den Traum, der sich in den letzten Jahren häufig wiederholte und den ich nicht zu deuten wusste. Lediglich der Schluss ist dieses Mal ein anderer.

Ich sitze in einem Büro und mache irgendwelche Schreibtischarbeiten. Es ist nicht die Tätigkeit, die ich früher ausübte, und auch das Büro ist ein anderes. Plötzlich wird mir bewusst, dass ich schon seit vielen Monaten Rentnerin bin und seitdem aus freien Stücken ohne Bezahlung weiterarbeite wie vorher, jeden Tag acht Stunden. Ich tue es aus Pflichtgefühl, weil ich glaube, die Arbeiten, die kein anderer übernommen hat, zu Ende bringen zu müssen. Niemand hat mich darum gebeten und niemand hindert mich daran.

In den früheren Träumen sah ich keinen Ausweg aus dieser selbst auferlegten Pflicht. In diesem Traum ist es anders:

Ich erkenne, dass meine Tätigkeit nicht wirklich wichtig ist und dass ich sie von heute auf morgen aufgeben kann. Den Kollegen sage ich, dass ich ab dem nächsten Tag nicht mehr kommen werde und fühle mich plötzlich befreit. Die Aussicht auf die kommenden, selbstbestimmten Tage macht mich froh.

Mein Unterbewusstsein sagt mir, dass ich *das Büro* gänzlich verlassen muss, um ich selbst sein zu können.

Innerer Zwiespalt

Wenn das Freisein im Zusammenleben doch einfacher wäre!

Es fängt schon damit an, dass ich morgens aufstehen möchte, sobald der Strom eingeschaltet wird. Slawa umarmt mich. Er liebt es, eng beieinander zu liegen und möglichst lange zu schlafen. Ich kann aber nicht mehr schlafen, sobald ich morgens einmal wach bin, und will es auch nicht. Ich fühle mich in meiner Aktivität behindert – hauptsächlich von mir selbst. Wie ein zäher Faden klebt das Trachten an mir, Slawa möge es gut gehen. Tagsüber koche ich das, was Slawa schmeckt und womit ich seine Esslust stillen kann, was ich aber um meiner schlanken Linie willen nicht essen will. Meistens bereite ich mehr zu, als wir tatsächlich essen, weil ich nie weiß, wie groß Slawas Appetit sein und wer zum Essen hereinschneien wird. Es bedarf beträchtlicher Disziplin, nur von bestimmten Speisen und davon wenig zu essen. Ich bringe sie häufig nicht auf und so habe ich mehrere Kilo zugenommen.

Ich liebe meinen ungebändigten, unverfälschten, aufbrausenden und doch so liebevollen Mann, aber diese Liebe zu leben, kostet Kraft. Er ist ein Mensch, der nicht allein sein kann und der Aufmerksamkeit an sich zieht wie ein Schwarzes Loch Materie. Seine Liebesfähigkeit und absolute Zuwendung erweist sich auch als Einengung. Ich bin bei ihm, aber selten bei mir. Dass wir verschiedenen Wesenstypen angehören und nur wenige gemeinsame geistige Interessen haben, macht es nicht einfacher. Das Problem besteht nicht nur für mich, sondern auch für ihn. Bei uns sind die Gegensät-

Slawa kümmert sich liebevoll um die Hunde. Sie sichern sein Leben im Ernstfall.

ze besonders stark ausgeprägt, aber auch bei Paaren in Deutschland beobachtete ich große Wesensunterschiede, die eine innere Harmonie im Zusammenleben vermutlich erschweren. Eine Ehefrau sagte mir voller Überzeugung: „Männer und Frauen passen nicht zusammen."

Ich fürchte, das stimmt im Grundsatz. Um zu prüfen, ob man wirklich zusammenpasst, braucht man sich nur eine einzige Frage zu beantworten: Wären wir kein Paar – würde mein Partner dann einer meiner besten Freunde sein?

Slawas Freiheit, etwas zu tun oder zu lassen, ist durch unser Zusammenleben eingeschränkt. Ich würde gern erfahren, ob und wie er anders leben möchte.

„Slawa, wie würde dein Leben ohne mich aussehen? Was würdest du machen?"

Er missversteht mich. „Jetzt möchtest du wohl gern hören, dass es mir ohne dich ganz schlecht ginge?"

„Nein, gar nicht. Ich möchte wissen, ob du anders leben möchtest als jetzt. Mit mir ist es wahrscheinlich sehr anstrengend?", frage ich weiter.

„Na ja, ich hätte es lieber, wenn wir weniger arbeiten und uns mehr erholen würden. Aber es ist schon in Ordnung so", sagt er und umarmt mich. Mehr erfahre ich nicht.

Es ist wahrscheinlich den weiblichen Genen zuzuschreiben, dass es mir trotz aller Bemühungen nicht gelingt, meinen Bedürfnissen mehr Raum zu geben. Meiner Beobachtung nach stellen sich Frauen stark auf die Bedürfnisse des Partners ein, ohne dass dieser es ausdrücklich einfordern muss und ohne dass dies umgekehrt in ähnlichem Maße der Fall ist. Eine alte Dame, eine Deutsche, mit der ich seit mehr als drei Jahrzehnten bekannt bin, sagte mir einmal, dass sie erst nach dem sehr betrauerten Tode ihres Mannes so lebt, wie sie es möchte. Sie hatten sich sehr geliebt und eine ausgesprochen harmonische Ehe geführt.

Die Fürsorglichkeit der Frauen für andere erstreckt sich vor allem auf die Kinder. Häufig konkurrieren deren berechtigte Interessen mit denen des männlichen Partners und bringen die Frau in Konflikte. An mir beobachte ich, dass ich keine Ruhe finde, wenn ich unsere Tiere nicht gut versorgt weiß. Ich kümmere mich um sie, noch bevor ich an mich denke. Slawa versorgt die Tiere in der Regel gut – nach sich, versteht sich –, außer er ist aus irgendeinem Grunde böse.

Ich erinnere ihn: „Du hast die Hunde noch nicht gefüttert."

Unwillig erwidert er: „Die Hunde arbeiten jetzt nicht, sie brauchen nichts zu fressen."

„Du arbeitest heute auch nicht und sitzt außerdem im Warmen statt draußen bei minus 50 Grad. Dann muss ich heute kein Essen kochen?"

Slawa empört sich. „Das ist etwas ganz anderes. Du willst mich doch nicht etwa mit Hunden vergleichen?"

„Warum nicht? So groß ist der Unterschied zwischen uns und anderen Lebewesen nicht. Wir alle wollen Leiden vermeiden, wir alle wollen gut leben. Ich verstehe, dass unsere Tiere nicht verwöhnt werden dürfen. Sie werden ja nie üppig gefüttert, es sei denn, du hast gerade ein großes Tier erlegt. Warum aber sollen sie hungern, vor allem jetzt im Winter? Nur, weil du gerade schlechte Laune hast?"

Ein anderes Mal liege ich schon im Bett, während Slawa noch fernsieht. Ich bitte ihn, Tarzan noch einmal hinauszulassen, bevor er schlafen geht. Slawa antwortet: „Er will nicht." Wenn Tarzan sein Geschäft machen möchte, stellt er sich vor die Tür. Man kann ihn aber auch auffordern hinauszugehen. Meistens tut er es dann.

„Es wäre besser, er ginge jetzt. Sonst müssen wir in der Nacht aufstehen", gebe ich zu bedenken.

Slawa, plötzlich wütend auf mich, schreit den Hund an: „Los, raus mit dir!", nimmt drohend die Leine und scheucht ihn damit, als wolle er ihn schlagen. Tarzan springt verängstigt auf mein Bett. Slawa schleudert die Leine in die Ecke und schimpft weiter.

„Slawa, ich wusste doch nicht, dass du ihn schon aufgefordert hattest. Warum tobst du herum, anstatt einfach zu sagen, dass du es schon probiert hast, er aber nicht geht?" Ich bin deprimiert und denke: „Am besten, ich sage gar nichts mehr".

Es ist schwierig, mit einem solchen Hitzkopf unterschiedliche Meinungen austauschen. Hat man eine, seiner Ansicht nach, falsche Anschauung, reagiert er häufig gereizt, obwohl ich ihn schon oft gebeten habe: „Sag mir doch einfach, wie es sich deiner Meinung nach verhält. Dann kann ich darüber nachdenken und mich entweder berichtigen oder dir erklären, weshalb ich anders denke als du."

Wir haben unterschiedliche Gedankengänge, die vom anderen leicht missverstanden werden oder nicht nachvollzogen werden können. Außerdem herrscht in Russland ein anderes Sprachverhalten vor. Wenn ich Slawa etwas frage, antwortet er oft „Woher soll ich das wissen?" anstatt zu sagen: „Ich weiß es nicht." Nach meinem Verständnis ist das grob und unhöflich, in Russland dagegen eine normale Antwort.

Silvester naht, und wir wollen einen Baum aus dem Wald holen. Es ist für mich ein freudiger, von Vorfreude geprägter Akt und gleicht einem kleinen Ausflug, den wir bei Kälte und Sonnenschein gemeinsam unternehmen.

„Lass' uns zu der Wiese am Waldrand gehen. Dort wachsen sehr schöne Bäumchen, weil sie nicht so dicht stehen", schlage ich vor.

„Das ist so weit zu gehen, und ich muss den Baum nach Hause schleppen. Warum nehmen wir nicht einen aus dem Wald hinter unserem Haus?", wendet Slawa ein.

„In der Nähe unseres Hauses habe ich keine schönen gesehen. Wir könnten mit Schneemobil und Schlitten zur Wiese fahren."

Für Slawa ist das Baumholen eine Arbeit, die er mit so wenig Aufwand wie möglich hinter sich bringen möchte, wie ich seiner Antwort entnehme: „Schön oder weniger schön, was spielt das für eine Rolle?"

Jetzt empfinde ich schon keine Freude mehr. Ich überlege: Slawa will am nächsten Tag an einer anderen Stelle des Flusses Fischnetze auslegen und wird mehrere Stunden unterwegs sein. In dieser Zeit könnte ich mit dem Handschlitten des Onkels zur Wiese gehen und in Ruhe einen Baum auswählen und absägen. Es würde mir gefallen. Stets genieße ich den Gang auf dem von hohen Bäumen gesäumten, stillen Waldweg, an dessen Ende der Blick über einen langgestreckten, mit glitzerndem Schnee bedeckten See fällt, bis er von steil aufragenden Felswänden aufgehalten wird. Auf der unberührten, sonnenbeschienenen weißen Wiesenfläche bilden einzeln oder in Grüppchen stehende, schneebestäubte junge Kiefern grüne Tupfer.

„Ich habe mir in Deutschland viel Mühe gegeben mit dem Aussuchen des Weihnachtsschmucks, habe dafür nicht wenig Geld bezahlt, das empfindliche Zeug sorgfältig verpackt und hierher transportiert. Und jetzt ist es dir zu viel, ein paar Schritte mehr zu machen", sage ich verdrossen und füge dann hinzu: „Ach, lass es. Bleiben wir zu Hause."

„Nein, schon gut. Wir machen es, wie du willst", lenkt er ein, weil er mir den Gefallen tun will. Er ist mir gegenüber nie egoistisch.

Obwohl seine Unlust auf mich abgefärbt hat, machen wir uns auf den Weg. Auf der Wiese schlendert Slawa uninteressiert hinter mir her. Wenn ich ihn frage: „Wollen wir diesen Baum nehmen, was meinst du?", sagt er: „Den oder einen anderen. Such einen aus!"

Zu Silvester bereite ich, in Ermangelung sonstiger zu erwartender Höhepunkte, ein üppiges Abendessen zu und stehe den ganzen Tag am Herd. Nachdem ich zuerst einen Zehnlitertopf mit fettem Bärenfleisch, Kartoffeln und Getreidegrütze für die Hunde und Kartoffeln für die Hühner gekocht habe, koche ich Eier und Rote Bete für Salate sowie Kartoffeln, brate frisch gefangene Äschen, Hähnchenteile und Buletten aus Elchfleisch, backe einen Kuchen und bereite ein glühweinähnliches Getränk aus Preiselbeersaft für Slawa zu. Krautsalat, Gewürzgurken, marinierte Pilze, in Salz eingelegter roher *Taimen* mit Zwiebeln und natürlich Brot ergänzen das Mahl.

Slawa, der morgens die drei Öfen in Garage, Hühnerstall und Haus geheizt hat und dann zu den Fischnetzen gefahren ist, kommt relativ früh zurück und geht mir noch etwas zur Hand.

Die dicht belaubte Kiefer glitzert festlich geschmückt. Wir haben Viktoria zum Essen eingeladen und, ganz gegen unsere Sitte, eine Flasche Wodka für sie auf den Tisch gestellt. Ich trinke Rotwein aus einer Plastikflasche, die in einem schmuckvollen Karton verborgen war. Die Qualität entspricht leider nicht der Umhüllung, sondern mehr der Flasche. Der Wein schmeckt wie mit Sprit versetzter Fruchtsaft, und ich gieße den Rest anderentags weg.

Leider bin ich beim Ausbringen der hier üblichen Trinksprüche unbeholfen und weiß auch nicht, wie schnell und oft ich Viktorias Glas nachfüllen müsste. Schließlich will ich sie nicht in kürzester Zeit betrunken machen. Slawa ist mir keine Hilfe, auch nicht bei der Konversation. Er war vor Viktorias Eintreffen schon eine Weile wie ein Tiger um die Beute hungrig um den Tisch gestrichen und isst sich nun eilends satt. Danach legt er sich auf die Couch und sieht in den Fernseher, der wie üblich die ganze Zeit läuft, wenn auch mit verminderter Lautstärke.

Die Fernsehmacher haben sich wahrscheinlich gedacht: „Es ist egal, was wir heute senden. Die Zuschauer sind doch sowieso alle besoffen." Das Unterhaltungsprogramm legt diese Vermutung nahe und erhärtet den Verdacht, dass „NTV" nur ein Deckname ist für „Idiotskij-Kanal – Idiotenkanal" ist. Es gibt in Russland verschiedene Kanäle, zum Beispiel „Detsjkij Kanal – Kinderkanal", „Kulturnyj Kanal – Kulturkanal" und so weiter. Unsere Dorfantenne ist auf den Empfang des „Idiotskij-Kanal" ausgerichtet. Ich kenne hier allerdings niemanden, dem dieser Kanal gefällt oder der es zugibt.

Die Neujahrsansprache des russischen Präsidenten wird normalerweise in jeder der elf Zeitzonen Russlands um 24 Uhr Ortszeit ausgestrahlt. Zu unserer Verblüffung sendet man sie bereits um 23 Uhr unserer Ortszeit, zeigt die Uhrzeit aber mit 24 Uhr an. In Russland hat man in diesem Jahr die Sommerzeit beibehalten. Hätte man die Zeitumstellung wie im übrigen Europa vollzogen, wäre es erst 22 Uhr gewesen. Greenwichzeit, Winterzeit, Sommerzeit, Moskauer Zeit, Ortszeiten – die Fernsehmacher haben sich offensichtlich vollkommen darin verheddert.
Im Dorf lässt sich niemand beirren. Die Gewehrschüsse knallen wie üblich um Mitternacht. Unsere Hunde schlussfolgern, dass viel Wild erlegt wurde und kommen angerannt, um von der Beute ihren Teil zu erhalten. Sie werden enttäuscht. So viele Schüsse und kein Tropfen Blut! Wir begrüßen Letzteres und auch, dass nicht in die Stromleitung geschossen wurde wie in einem der vergangenen Jahre. Man war damals sehr böse auf den Schützen, denn im Dorf war es ab sofort für einige Tage zappenduster, bis man unter Mühen bei starkem Frost die Leitung repariert hatte. Üblicherweise gibt es die ganze Silvesternacht und den folgenden Feiertag Strom.

Im Winter ist Eisangeln angesagt. Viel Geduld gehört dazu, einen Fisch zu erbeuten.

Märchenhaft liegt der Morgennebel über dem Fluss

Der Fang kann sich sehen lassen

Aufbruch in die Zivilisation

Die Tage von Silvester bis zum russischen Weihnachtsfest am 7. Januar sind arbeitsfrei. Fällt ein Feiertag auf das Wochenende, verlängert sich die arbeitsfreie Zeit um einen Tag. In diesem Zeitraum wird viel gereist, die Plätze in Zügen und Flugzeugen sind meistens ausgebucht und durch einen Preisaufschlag teurer als gewöhnlich. Deshalb will ich erst nach den Feiertagen die Reise nach Deutschland antreten. Es war geplant, mit unserem Lastwagen zu fahren und bei dieser Gelegenheit in Mogotscha unseren Jahresbedarf an Benzin zu kaufen. Wegen der mageren Jagdergebnisse haben wir dafür aber noch nicht genügend Geld. Slawa war bisher nur zwei Wochen auf Zobeljagd, denn die Schneeverhältnisse haben sich noch nicht zum Besseren gewendet. Mit welchem Ergebnis Boris den gefangenen Fisch verkauft hat, wissen wir noch nicht, und den Fisch, den Slawa jetzt fängt, brauchen wir für Geschenke an verschiedene Leute in Tupik und Mogotscha, die uns dafür andere Gefälligkeiten erweisen.

Wenn sich nicht schon vorher eine Mitfahrgelegenheit nach Tupik ergibt, muss ich auf das Fahrzeug warten, das die Schüler aus Srednjaja Oljokma ins Internat bringt. Eigentlich beginnt die Schule am 10. Januar. Das bedeutet jedoch nicht, dass die Schüler rechtzeitig abgeholt werden, um zum Schulbeginn im Internat zu sein. Wir rufen mehrmals in Tupik an, um zu erfahren, wann das Schulauto eintreffen wird. Die Auskünfte sind widersprüchlich und lassen uns im Ungewissen. Schließlich überredet Slawa Verwandte, die zu Viktorias sechzigstem Geburtstag angereist waren, mich am 14. Januar mitzunehmen, obwohl ihr Minibus mit elf Personen bereits überfüllt ist.

Slawa und ich treffen ein wenig verspätet zu Viktorias Geburtstagsfeier ein. Der Tisch ist bedeckt mit verschiedensten Gerichten, und die Wodkaflaschen kreisen. Fortwährend werden Toasts ausgebracht und die Gratulationen immer wieder mit zunehmend undeutlicher werdender Artikulation wiederholt. Auch Tante und Onkel sitzen am Tisch. Während der Onkel nüchtern ist, sitzt das grüne Kopftuch der Tante bereits reichlich schief und gibt ihr ein verwegenes Aussehen. Nach einiger Zeit will der Onkel gehen und zieht sich an. Die Tante aber will noch bleiben und versteckt ihre Überkleidung tief unter den Mänteln und Jacken der Gäste. Der Aufschub ist nur von kurzer Dauer; nach einigem Suchen fördern wir die Garderobe der Tante zutage. Viktorias Tochter, eine Frau mit sumoverdächtiger Figur, und ich haken die Tante unter, um sie sicher nach Hause zu bringen. Ihr Gleichgewichtssinn ist stark beeinträchtigt, und der Onkel ist zu schwach, um sie zu stützen. Anfangs geht die Tante gutwillig mit, doch auf halbem Wege sträubt sie sich mit ganzer Kraft, entwindet sich meinem und dem Griff der Sumofrau und fällt in den Schnee. Ihr Sohn kommt uns zu Hilfe, bugsiert sie nach Hause und verhindert, dass sie ausbricht und zur Geburtstagsfeier zurückkehrt, um dort weiter auf das Wohl des Geburtstagskindes anzustoßen.

Der Tag meiner Abreise ist gekommen. Wie es üblich ist, setzen Slawa und ich uns vor dem Aufbruch einige Minuten still zusammen. Obwohl ich die letzten Tage ungeduldig auf die Abfahrt gewartet habe, fällt mir der Abschied von ihm schwer. Ich schmiege mich in seine Arme und fühle mich warm und geborgen.

„Ich lasse dich nicht fahren, bleib hier!", sagt er. Besorgt um mein Wohlergehen, nimmt er seinem Neffen das Versprechen ab, mich zum Bahnhof in Mogotscha zu bringen und zu warten, bis ich eine Fahrkarte nach Irkutsk gekauft habe und meine Weiterfahrt gesichert ist. Ich quetsche mich in den Bus und erhalte einen Ehrenplatz auf einem zusammengeschusterten niedrigen Stühlchen, das die Unart besitzt, bei den wilden Bewegungen des Wagens hin und her zu kippen oder unter den am Boden festgeschraubten Tisch zu rutschen und mich zwischen Tisch und Lehne einzuklemmen. Die Lehne macht das nicht lange mit, sondern fällt ab, sodass ich mich krampfhaft am Tisch festklammern muss, um nicht hintenüber zu fallen. Die neunstündige Fahrt ist anstrengend, denn die Trasse ist dieses Jahr durch den fehlenden Schnee besonders holprig und verlangt vor allem dem Fahrer viel ab.

Als wir am Abend in Tupik ankommen, eröffnet mir die Frau des Neffen plötzlich, dass sie erst am übernächsten Tag weiterfahren werden. Selbstverständlich kann ich nicht erwarten, dass sie sich nach mir richten, bin jedoch geknickt, entgegen ihrer ursprünglichen Aussage noch einen Tag in Tupik herumhängen zu müssen.

Es gibt am nächsten Tag keine Fahrtmöglichkeit ins 100 Kilometer entfernte Mogotscha. Eigentlich sollte ich mich schon daran gewöhnt haben, dass es in Russland meistens anders kommt, als man denkt. Die Rückkehr in die Zivilisation erscheint mir wie ein langer, schwieriger Geburtsakt.

In der Morgendämmerung sind wir auf der einsamen Trasse nach Mogotscha unterwegs. Die Familie ist noch müde und schweigt. Das gibt mir Gelegenheit, mich, wenn auch nur aus dem Autofenster heraus, in die Landschaft zu vertiefen und sinnend befristeten Abschied zu nehmen von meiner zweiten Heimat. Allmählich wechselt die Farbe des Himmels von grau zu rosenfarben. Vor dem sich erhellenden Hintergrund erinnern die feinen Verästelungen der kahlen Lärchen an dunkle Spitzengewirke. Ein vom Morgendunst verschleierter, orangeroter Feuerball blüht empor und überhaucht das leblose Weiß des Schnees mit einem lebendigen Schimmer. Langsam verblasst die silbrige Mondsichel über den Wipfeln.

Dank

Mein Dank gilt in erster Linie meinem Mann Slawa für die große Liebe, die er mir schenkt, und für sein Bemühen, mir das Leben in diesem einsamen Dorf angenehm zu machen. Seinetwegen lebe ich hier, und nur deshalb konnte das Buch entstehen.

Hans-Joachim Haß redigierte das Buch und gab mir viele wertvolle Hinweise, für die ich ihm außerordentlich dankbar bin. Auch Elke Wurtzel verwandte selbstlos Zeit und Aufmerksamkeit darauf, den Buchtext zu verbessern, wofür ich mich herzlich bedanke.

Danken möchte ich auch meinen Freunden und ehemaligen Kollegen in Deutschland, die mich bei meinen jährlichen Besuchen immer warmherzig aufnehmen und mir das Gefühl geben, willkommen zu sein. Das ist für mich sehr wichtig.
Besonderer Dank gilt meinem Freund Henning, zum einen für die langjährige Freundschaft und zum anderen für die Entwicklung und zuverlässige Betreuung meiner Website. Auch meiner Freundin Heike, die sich uneigennützig und mit Begeisterung um mehrere meiner Belange kümmert und keine Mühe scheut, danke ich sehr herzlich.

Der NWM-Verlag Grevesmühlen war so wagemutig, mit „Fremde Heimat Sibirien" das erste Buch einer unbekannten Autorin, die keine Fürsprecher hatte, zu verlegen. Er gab mir dadurch die Chance, von meinen nicht alltäglichen Erlebnissen zu erzählen und eröffnete interessierten Lesern die Möglichkeit, eine weitgehend unbekannte Welt kennen zu lernen. Dafür danke ich dem Verlagsleiter Herrn Schwarz und hoffe, dass seine Entscheidung, auch das vorliegende Buch zu verlegen, ein Erfolg wird.

Anmerkungen

Für die geografischen Bezeichnungen benutzte ich die Lautschrift. In Atlanten, anderen geografischen Werken oder Computerprogrammen sind die russischen Buchstaben transkribiert, manchmal nach verschiedenen Regeln, sodass man unterschiedliche Schreibweisen vorfindet. Hier einige Beispiele zum leichteren Auffinden:

Blagoweschinsk	= Blagoveschinsk
Chabarowsk	= Chabarovsk
Nowosibirsk	= Novosibirsk
Oljokma	= Olekma
Srednjaja Oljokma	= Srednjaja Olekma
	= Sredn. Olekma (bei Google Earth)
Sabaikalskij Kraj	= Zabaikalskij Kraj
Taischet	= Taishet
Tschita	= Tshita = Chita
Tschara	= Tshara
Ust-Njukscha	= Ust-Njuksha
Wladiwostok	= Vladivostok

In unseren Gewässern vorkommende Fischarten:
Barsch, Hecht, Karausche, Aalquappe, Kleine Bodenrenke, Lenok-Forelle, Arktische Äsche, Sibirischer Huchen.

Die Namen der Gäste und einiger anderer Personen sind anonymisiert, sofern sie nicht auf deren ausdrücklichen Wunsch beibehalten wurden.

Auf unserer Website www.taigaleben.de finden Sie aktuelle, ausführliche Informationen über Möglichkeiten der Kontaktaufnahme, Reisen zu uns, Erwerb meiner Videofilme und Bücher sowie Termine von Buchlesungen beziehungsweise Videofilmvorführungen in Deutschland. Außerdem gibt es dort Links zu Mediatheken/Fernsehsendungen, die unser Leben in Sibirien zum Inhalt haben.

Glossar

Amtschuri	weiches Schuhwerk aus Elch- oder Rentierfell
Banja	russische Sauna
Bagulnik	Rhododendrongewächs
Borschtsch	Suppe mit Fleisch, Roter Bete, Weißkohl und anderem Gemüse
Bulotschki	süße Hefebrötchen
Buran	russisches Schneemobil
Burjate	Angehöriger eines Volkes der Ureinwohner Sibiriens
Charius	Arktische Äsche (Thymallus arcticus)
Datscha	Garten mit Gartenhaus
Duma	Parlament der Russischen Förderation
Ewenke	Angehöriger eines Volkes der Ureinwohner Sibiriens
Feldscher	Arzthelfer, Sanitäter
Ikra	würziges Gemüsemus
Isbuschka	Blockhaushütte
Kabarga	Moschustier
Kraj	Region, Verwaltungsbezirk
Kascha	Brei
Raummeter	ein Raummeter entspricht einem Brennholzstapel von 1 m³
Musher	englisch, Hundeschlittenführer
Lenok	Lenok-Forelle (Brachymystax lenok)
Nalim	Aalquappe bzw. Aalrutte (Lota lota)
Narte	leichter Hunde- oder Rentierschlitten aus gebogenen Ästen
Natschalnik	Vorgesetzter, Leiter einer Behörde
Natschalniza	Vorgesetzte, Leiterin einer Behörde
Novyi god	Silvester/ Neujahr
Oblast	großer Verwaltungsbezirk
Pelmeni	gefüllte Teigbällchen
Pirogi	gefüllte Hefebrötchen
Rajon	Landkreis innerhalb einer Oblast oder eines Kraj
Schapka	Mütze
Sig	Kleine Bodenrenke bzw. Kilch (Coregonus pidschian)
Sowchose	landwirtschaftliches Staatsgut mit

	angestellten Lohnarbeitern
Stlanik	Zwergkiefer (Pinus pumila)
Taimen	sibirischer Huchen (Huchen taimen)
Tschuschatnik	Sibirischer Sumpfporst
	(Rhododenron palustre sibircus)
Wareniki	gefüllte Teigtäschchen
Warenje	Konfitüre

Bildnachweis

Die Fotos Seite 132, 133 und 135 steuerte Hansjörg Eisele bei.

Die Fotos Seite 55, 67, 88, 146 a + b, 156 a, 162, 192 a + b sowie auf der Buchrück-
seite stammen von Claude Wieben.

Alle anderen Bilder wurden von der Autorin aufgenommen.

Fremde Heimat Sibirien

ISBN: 978-3-937431-61-1
Format 16 x 24 cm, 232 Seiten,
gebunden, kaschiert,
50 Abb. an Originalschauplätzen
Preis: 19,90 Euro

Endlos scheinende Taiga, zahllose Flüsse und Seen, Gebiete, die keines Menschen Fuß je betrat – dahin, nach Sibirien, zog es die Hamburgerin Karin Haß.

Ihr Weg dorthin begann mit Paddeltouren durch die Einsamkeit sibirischer Wälder und führte schließlich nach Ostsibirien in ein entlegenes Taigadörfchen am Oljokmafluss, in dem sie acht Monate lang lebte.
Per Boot und zu Fuß erkundete sie die Umgebung, ertrug Temperaturen bis unter minus 50 Grad, lernte das harte Dasein der Dörfler kennen, nahm am Dorfleben teil und schloss Freundschaften.
Sie begegnete dem Ewenken Slava, der seinen Unterhalt durch Jagd und Fischfang bestritt. In ihm fand sie eine große Liebe, die zu suchen sie schon lange aufgegeben hatte. Sie teilt nun sein Leben in dieser abgeschiedenen Welt.

Realitätsnah, offen, empfindsam und unterhaltend beschreibt sie ihre Erlebnisse, die Dorfbewohner mit ihren Eigenheiten, kuriose wie tragische Ereignisse, das mitunter schwierige Zusammenleben zweier so unterschiedlicher Persönlichkeiten, die traumhafte Landschaft im Wechsel der Jahreszeiten sowie die Zobel-, Elch- und Bärenjagd.

*Als mir die Autorin Karin Haß ihr Buch „Fremde Heimat Sibirien" vorlegte und bescheiden anfragte, ob ich dies verlegen würde, war die Entscheidung schnell gefallen. Mein „Bauchgefühl", wie so oft, hatte mich nicht getäuscht. Die große Nachfrage und relativ schnelle Wiederauflage dieses Buches bestätigten einmal mehr, dass der Wunsch des Menschen nach Freiheit und Glück, nach Ausbruch aus selbst auferlegten oder auferzwungenen Schranken und nach Liebe sehr stark in seinem innersten Wesen verwurzelt sind. Selbstverständlich tat das große Medieninteresse ihr übriges, dass „Fremde Heimat Sibirien" so erfolgreich wurde.
Dafür danke ich der Autorin und wünsche „Bärenspeck mit Pfeffer" den selben Weg.*

Ulf-Peter Schwarz • Verleger

Herausgeber: cw Nordwest Media Verlag
Große Seestraße 11 • 23936 Grevesmühlen
Tel.: 03881-2339 • Fax: 03881-79143
E-Mail: info@nwm-verlag.de
Bestellungen über unseren Buchshop unter: www.nwm-verlag.de